ちゃんと歩ける

伊勢参宮道
善光寺街道

日永の追分……内宮宇治橋
関宿東追分……津江戸橋追分

追分宿……善光寺
洗馬宿……篠ノ井追分

奥州道中
陸奥國
白河
白坂
芦野
越掘
鍋掛
大田原
佐久山
喜連川
氏家
白沢
宇都宮
雀宮
石橋
小金井
新田
小山
間々田
下野國
日光東照宮
今市
鉢石
鬼怒川
大沢
徳次郎
板橋
文挟
日光壬生道
鹿沼
奈佐原
楡木
金崎
合戦場
壬生
飯塚
栃木
富田
日光例幣使道
犬伏
天明
梁田
八木
太田
木崎
境
柴
五料
玉村
上野國
倉賀野
高崎
板鼻
安中
松井田
坂本
軽井沢
沓掛
追分
浅間山
妙義山
新町
本庄
深谷
熊谷
鴻巣
桶川
上尾
大宮
浦和
蕨
板橋
利根川
荒川
野木
古河
中田
栗橋
幸手
幸手追分
岩槻
杉戸
粕壁
越ケ谷
草加
日光道中
日光御成道
大門
鳩ケ谷
川口
千住
岩淵
本郷追分
下総國
江戸日本橋
品川
江戸湾
川崎
神奈川
保土ケ谷
戸塚
藤沢
平塚
大磯
小田原
箱根
三島
沼津
原
吉原
蒲原
由比
興津
江尻
府中
丸子
岡部
藤枝
島田
金谷
日坂
掛川
東海道
駿河國
駿河湾
富士川
伊豆國
相模灘
相模國
霊峰富士
甲州道中
内藤新宿
下高井戸
上高井戸
布田五ケ宿
府中
日野
八王子
駒木野
小仏
高尾山
武蔵國
与瀬
吉野
関野
上野原
鶴川
野田尻
犬目
鳥沢
猿橋
駒橋
大月
花咲
初狩
白野
黒野田
阿弥陀海道
駒飼
鶴瀬
勝沼
栗原
石和
甲府柳町
韮崎
台ケ原
教来石
蔦木
金沢
上諏訪
下諏訪
諏訪湖
甲斐國
黒岳
大菩薩嶺
笛吹川
八ヶ岳
守屋山
入笠山
釜無山
甲斐駒ケ岳
大井川
上石原
下石原
上布田
下布田
国領
信濃國
善光寺街道
善光寺
篠ノ井追分
丹波島
矢代
下戸倉
上戸倉
稲荷山
麻績
坂城
上田
海野
田中
小諸
追分分去れ
岩村田
小田井
塩名田
八幡
望月
芦田
長久保
和田

五街道と脇街道 概略図

富山湾
P71
犀川
善光寺西街道
青柳
会田
刈谷原
岡田
松本
村井
郷原
洗馬
本山
塩尻
贄川
奈良井
藪原
宮ノ越
福島
上松
須原
野尻
洗馬分去れ
飛騨川
乗鞍岳
御岳山
若狭湾
揖斐川
長良川
三留野
妻籠
馬籠
木曽川
中山道
落合
中津川
大井
大湫
細久手
御嶽
伏見
太田
鵜沼
加納
河渡
美江寺
赤坂
垂井
関ヶ原
今須
柏原
醒井
番場
美濃國
琵琶湖
鳥居本
高宮
愛知川
武佐
守山
近江草津
京三条大橋
山城國
比叡山
大津
石部
水口
土山
坂下
近江國
関宿東追分
関
亀山
庄野
石薬師
四日市
桑名
三里の渡し
佐屋
神守
万場
岩塚
佐屋街道
尾張國
熱田の追分
宮
七里の渡し
鳴海
知立
岡崎
藤川
三河國
赤坂
御油
吉田
二川
白須賀
新居
舞坂
今切の渡し
浜松
見付
袋井
嵩山
三ヶ日
気賀
市野
浜名湖
姫街道
三方原追分
遠江國
天竜川
遠州灘
三河湾
伊勢湾
神戸
白子
上野
日永の追分
津江戸橋追分
津
楠原
椋本
窪田
伊勢別街道
P9
伊勢國
雲出
松阪
小俣
山田
伊勢神宮
内宮宇治橋
伊勢参宮街道

ちゃんと歩ける

伊勢参宮道 善光寺街道

日永の追分……内宮宇治橋
関宿東追分……津江戸橋追分

追分宿……善光寺
洗馬宿……篠ノ井追分

目次

―本書の使い方とお願い―

●伊勢参宮道、善光寺街道は、五街道に続く脇往還として知られます。本書は可能な限り、江戸時代の道に沿って歩くことをコンセプトにしています。一部、車の往来が激しい道もありますので、無理をせず計画的に歩かれることをお勧めします。

●本書では、伊勢参宮道は東海道・日永の追分から伊勢神宮に向かう伊勢参宮街道と、関宿東追分から向かう伊勢別街道。善光寺街道は中山道・追分宿の追分分去れから善光寺に向かう善光寺街道と、洗馬宿の洗馬分去れから向かう善光寺西街道の4つの脇往還の詳細地図を掲載しています。

●この地図は、著者が実際に歩いて調査した独自の情報を掲載しています。今は消えてしまった道や宿場・名所なども、できる限り（わかる範囲で）紹介しています。

●宿場間の距離（里程）は江戸時代の記録によるものです。km表示は実測によるものです。

●本書に記載したデータは2019年9月現在のものです。ホテルや旅館、コンビニエンスストアなどの施設は変更されることがありますので、事前にご確認の上ご出発ください。

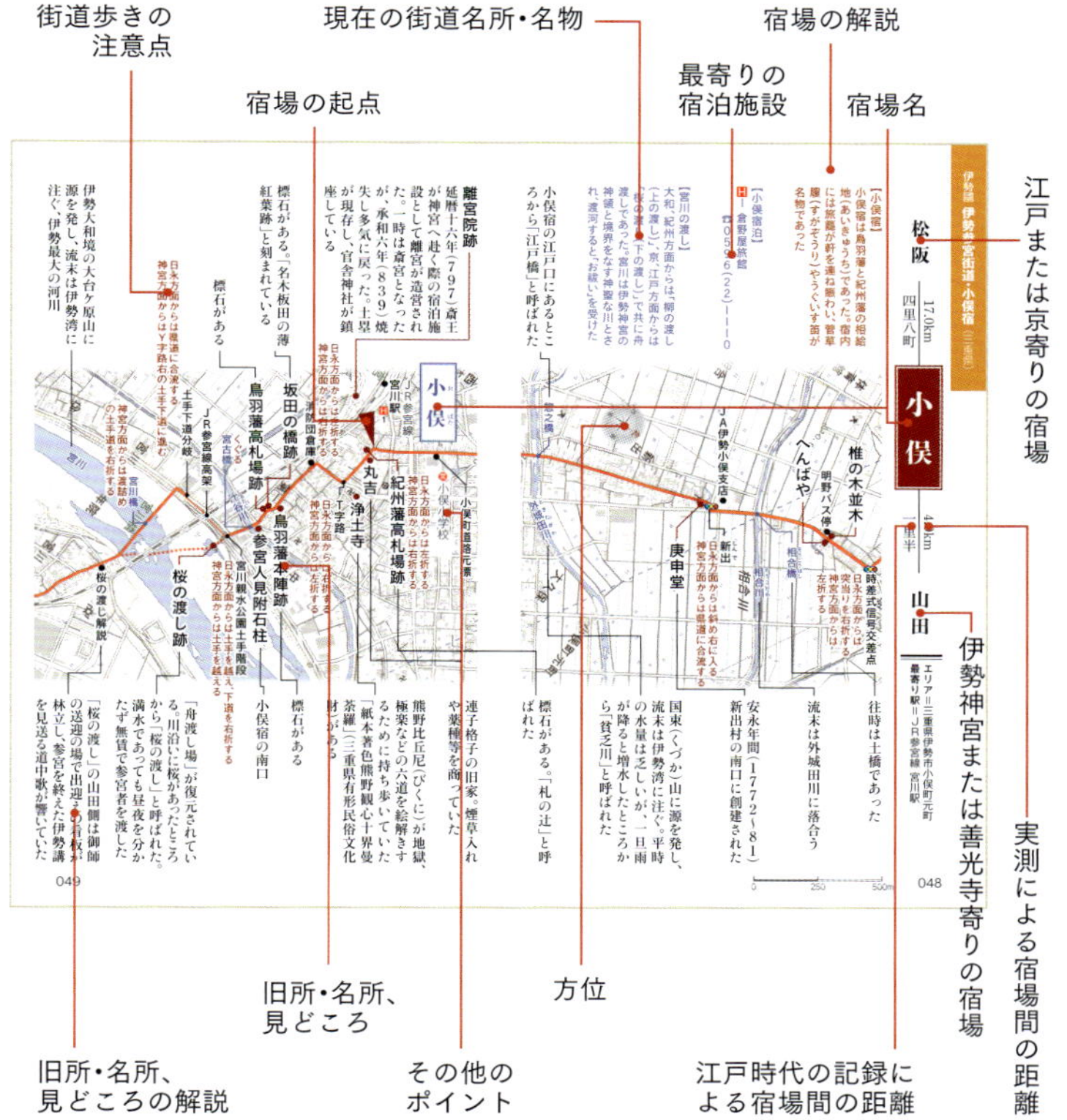
街道歩きの注意点
現在の街道名所・名物
宿場の解説
最寄りの宿泊施設
宿場の起点
宿場名
江戸または京寄りの宿場
伊勢神宮または善光寺寄りの宿場
実測による宿場間の距離
江戸時代の記録による宿場間の距離
方位
旧所・名所、見どころ
その他のポイント
旧所・名所、見どころの解説
小俣
松阪
山田
17.0km
四里八町
4.0km
一里半

凡 例

赤の大文字：宿場の解説

赤の小文字：街道の分岐などの注意点

青の文字：川名・橋名

━━ 伊勢参宮道・善光寺街道の道筋

・・・・・ 通行不可の道筋、その他の街道

Ⓒ コンビニエンスストア

〒 郵便局

文 学校

＋ 病院

信号

● 街道沿いの旧所・名所、見どころなど

● 街道沿いのその他のポイント

▶ 宿場の起点（実測距離の起点）

＊各宿場の起点は必ずしも宿場の中心を示したものではなく、主要な交通機関、もしくは目標になり易い位置に設置している

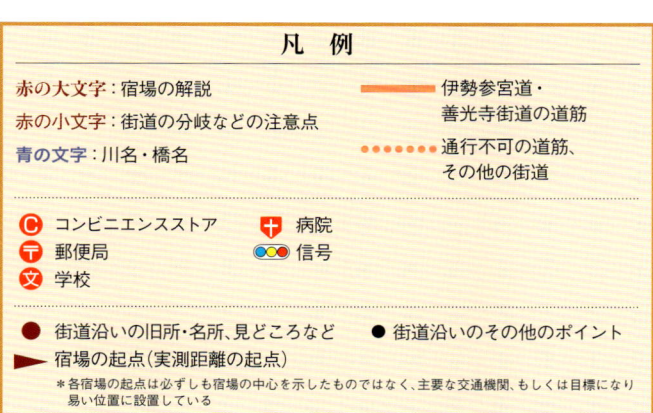

五街道と脇街道の成立

●慶長五年（1600）、関ヶ原の合戦に勝利し天下人となった徳川家康は、その基盤を確実なものにする為、まず諸政策に取り掛かる。その一つが「五街道」の整備だ。天下掌握の根幹は通信網と物流と考え、いち早く東海道の整備に着手し、順次他の四街道を整備。各街道には物資、通信の継立てを円滑に行うため、宿場が設けられた。

●五街道とは江戸日本橋を起点にした東海道、中山道、甲州道中、日光道中、奥州道中の五つを指す。幕府は五街道を道中奉行の管轄下に置くことで、直接管理していた。五街道は今でいう国道であり、諸藩が管轄する街道は県道、市道、町道、村道に該当する。

●また、姫街道や伊勢参宮道、日光御成道、日光壬生道、日光例幣使道、善光寺街道など五街道に付随する主要な街道は、脇街道、また脇往還と呼ばれ、こちらも五街道同様、宿駅、一里塚、並木などが整備されていた。

五街道と脇街道の総距離

【五街道】
- 東海道 五十三次：江戸日本橋～京三条大橋／百二十六里六町一間
- 中山道 六十九次：江戸日本橋～京三条大橋／百三十五里二十四町八間
- 甲州道中 四十四次：江戸日本橋～下諏訪宿／五十三里二十四町
- 日光道中 二十一次：江戸日本橋～鉢石宿／三十六里三町二間
- 奥州道中 十次：宇都宮宿～白河宿／二十一里八町十四間半

【脇街道】
- 姫街道：浜松宿・見付宿～御油宿／十三里三十町
- 佐屋街道：熱田の追分～佐屋宿／六里
- 伊勢参宮街道：日永の追分～内宮宇治橋／十五里三十五町
  伊勢別街道：関宿～津宿／五里十八町
- 善光寺街道：追分宿～善光寺／十八里三十町
  善光寺西街道：洗馬宿～篠ノ井追分／十六里三十二町
- 日光例幣使道：倉賀野宿～今市宿／三十一里十町
- 日光壬生道：小山宿～揄木宿／三里三十町
- 日光御成道：本郷追分～幸手追分／十二里三十町

伊勢参宮道

さあ、伊勢参りの歩き旅に出かけよう

伊勢参宮道

伊勢國　三重県

新版『ちゃんと歩ける東海道　西』P96より続く

日永の追分

神戸
一里九町
6.6km

エリア＝三重県四日市市追分3丁目
最寄り駅＝四日市あすなろう鉄道内部線 追分駅

至　江戸日本橋 ―― **東海道**

【弥次喜多道中】ご両人は茶屋で金比羅参りの男と追分饅頭の食べ比べをし、負けて賭金三百文を取られた。実はこの男、評判の手品使いで、食べたふりをして饅頭を袖の中に入れていた。気を取り直し、ご両人は「神かぜや伊勢と都のわかれ道」から伊勢路へと足を踏み入れた

四日市あすなろう鉄道内部線**追分駅**

密蔵院への道標四基と地蔵尊がある ―― **道標**

寛文十三年（1673）の創建。境内に山ノ神がある ―― **神明神社**

至　京三条大橋 ―― **東海道**

四日市あすなろう鉄道内部線 **小古曽駅**

日永《ひなが》の追分《おいわけ》
伊勢國
江戸方面からはY字路を左に進む
国道25号線高架をくぐる
大治田南
大治田一
追分
追分三
小古曽駅
追分駅

伊勢神宮遥拝鳥居、嘉永二年（1849）の道標「右京大坂道 左いせ参宮道 すぐ江戸道」、御神燈「ひだりさんぐう道」、常夜燈、水屋等がある。名物の「追分まんじゅう」を商う茶屋が軒を連ねていた ―― **日永の追分**

本尊の薬師如来像は蟹が海中より運んで来たところから「蟹薬師」といい、この地の人々は親しみを込めて「大治田の薬師さん」と呼び、蟹を食さなかった ―― **密蔵院**

明治八年（1875）大治田学校が創立され、当初男児三十一名、女児九名であった ―― **高寺**

0　250　500m

【大治田】古代に開墾された小墾田(おはりた)に由来する

木橋が架橋され渡り賃は一人二文であった

石橋の改修に尽力した石崎又兵衛に由来している

天保十四年(1843)の建立で元は内部川橋の袂にあった。並びに役行者像、山ノ神、庚申塔がある

明治四十二年(1909)近隣四ケ村の六社を合祀した。河原田神社が鎮座する三神山の頂に「忘帰處(ぼうきしょ)碑」がある。知多半島から木曽御嶽山までが望める景勝地で、ここからの景色に見とれて帰るのを忘れたところに由来している

燈籠と庚申塔八基がある

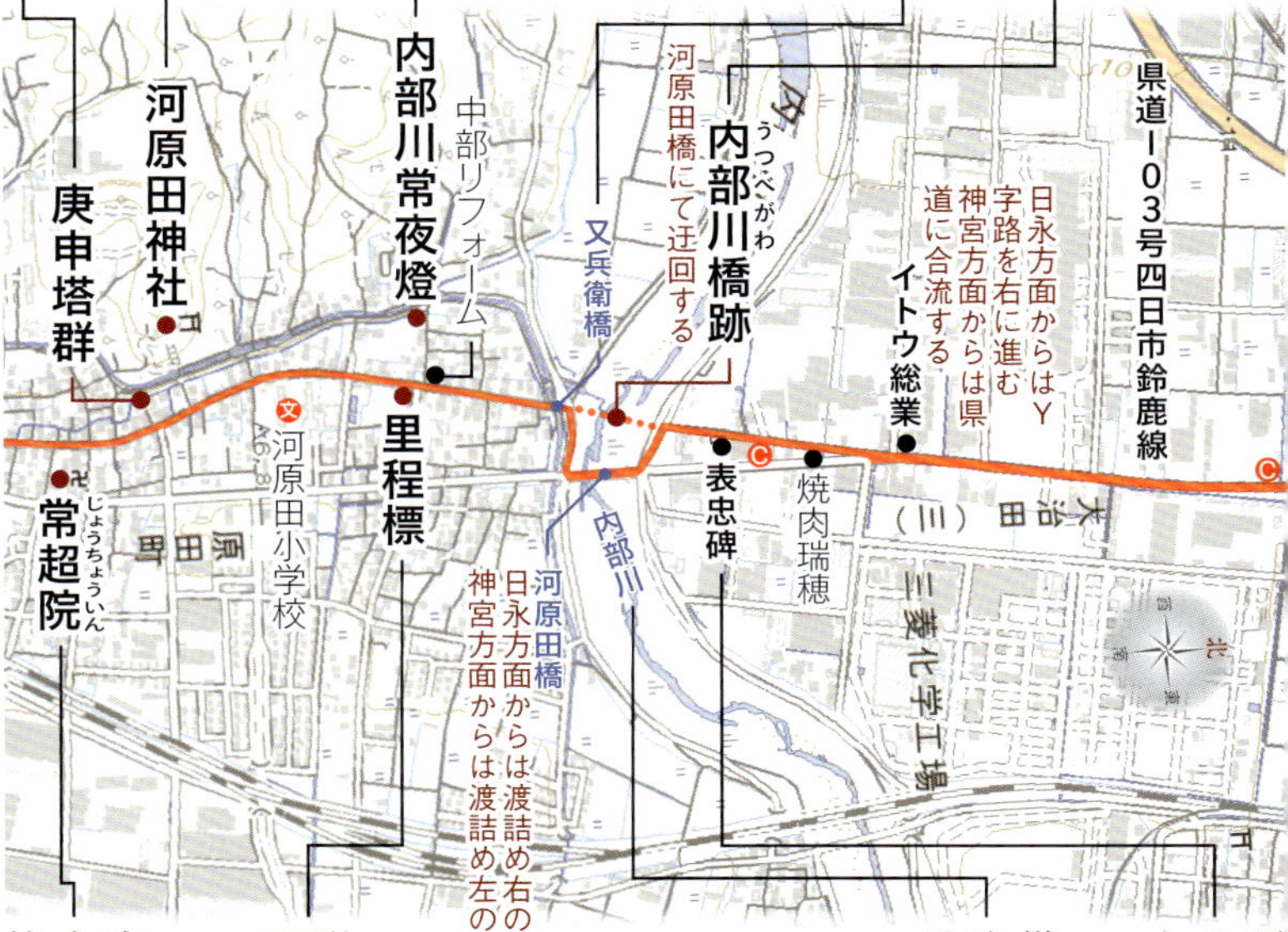
県道103号四日市鈴鹿線
日永方面からはY字路を右に進む
神宮方面からは県道に合流する
イトウ総業
内部川橋跡《うつべがわ》
河原田橋にて迂回する
又兵衛橋
中部リフォーム
内部川常夜燈
河原田神社
庚申塔群
里程標
河原田小学校
表忠碑
焼肉瑞穂
内部川
大治田(三)
三菱化学工場
原田町
常超院《じょうちょういん》
河原田橋
日永方面からは渡詰め右の土手道を進み、左手の石段を下る
神宮方面からは渡詰め左の土手下道を進み、一本目を右折する

西南の役から太平洋戦争にかけて戦死した河原田出身者百十三名の名が刻まれている

鎌ケ岳、入道ケ岳に源を発し、流末は鈴鹿川に落合う。三重川、境川とも呼ばれた

【河原田の一里塚】河原田小学校の西南角辺りにあったともいうが位置は不明。西塚はマツ、東塚はエノキであった。日永から一里、江戸日本橋より百一里目

明治の「津市六里三十二町」「宇治山田市十七里四町」

応安元年(1368)の創建。本尊の乾漆阿弥陀如来像は法然上人が奉安したものという

【河原田《かわらだ》】内部川岸に水田が広がっているところに由来している。河原田は鈴鹿川と内部川に挟まれ度々水害に見舞われた

永禄十一年（1568）神戸具盛の家臣山路弾正は信長の猛攻に耐え和睦に持ち込んだ。本能寺の変後廃城となった

延喜式神名帳記載の古社で高岡町の氏神

寛政十一年（1799）の永代常夜燈。元は高岡橋の北詰めにあった

嘉永六年（1853）神戸藩の町役人が講を組み、無賃の木橋を架橋した。増水時には筏を繋いだ「筏渡し」となった

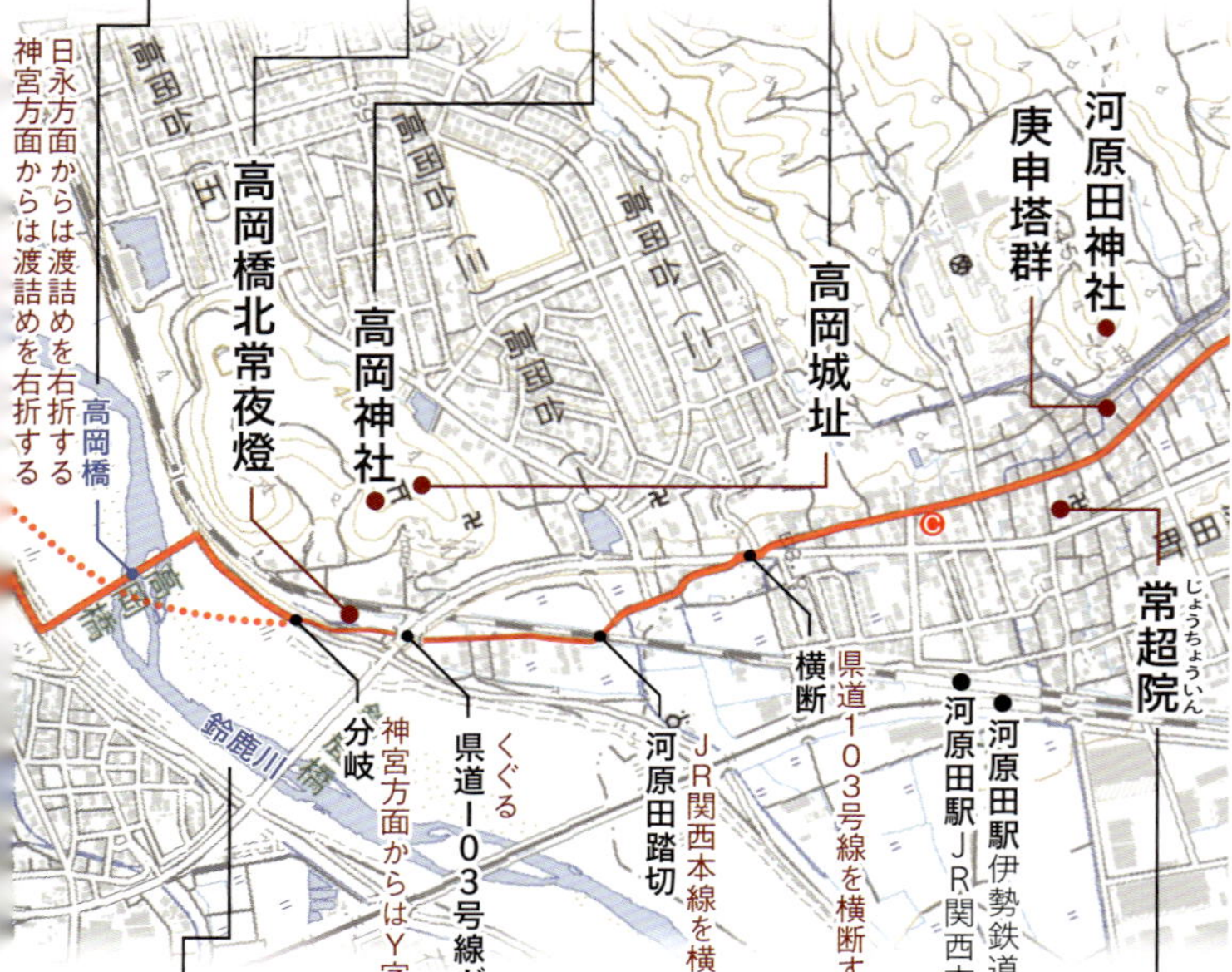
河原田神社
庚申塔群
常超院《じょうちょういん》
高岡城址
高岡神社
高岡橋北常夜燈
高岡橋
日永方面からは渡詰めを右折する
神宮方面からは渡詰めを右折する
鈴鹿川
分岐
県道103号線ガード
くぐる
神宮方面からはY字路を左に下る
河原田踏切
JR関西本線を横断する
横断
県道103号線を横断する
河原田駅伊勢鉄道線
河原田駅JR関西本線
0
250
500m

応安元年（1368）の創建。本尊の乾漆阿弥陀如来像は法然上人が奉安したものという

鈴鹿山系の高畑山に源を発し、流末は伊勢湾に注ぐ。大海人皇子（おおあまのおうじ 天武天皇）が洪水で渡河に難渋していると、鈴をつけた鹿が現れ、皇子を背に乗せ川を渡った

古代条里制の面影が残る畔道跡で一直線になっている。条里制とは耕地を六町(約655m)間隔で縦、横に区切り、この一区画を「里」といった。街道の両側には田園風景が広がり、北西方向には鈴鹿山系の竜ケ岳(りゅうがたけ)が望める

石垣と土塁を残している(三重県指定史跡)。神戸宿の北口で番所があった

現加美亭旅館は創業二百七十年で主屋は明治十三年(1880)築。紙亭辺りは遊郭で神戸宿の北口にして大層賑わったところから「神戸の町は口ばっかり」といわれた H1

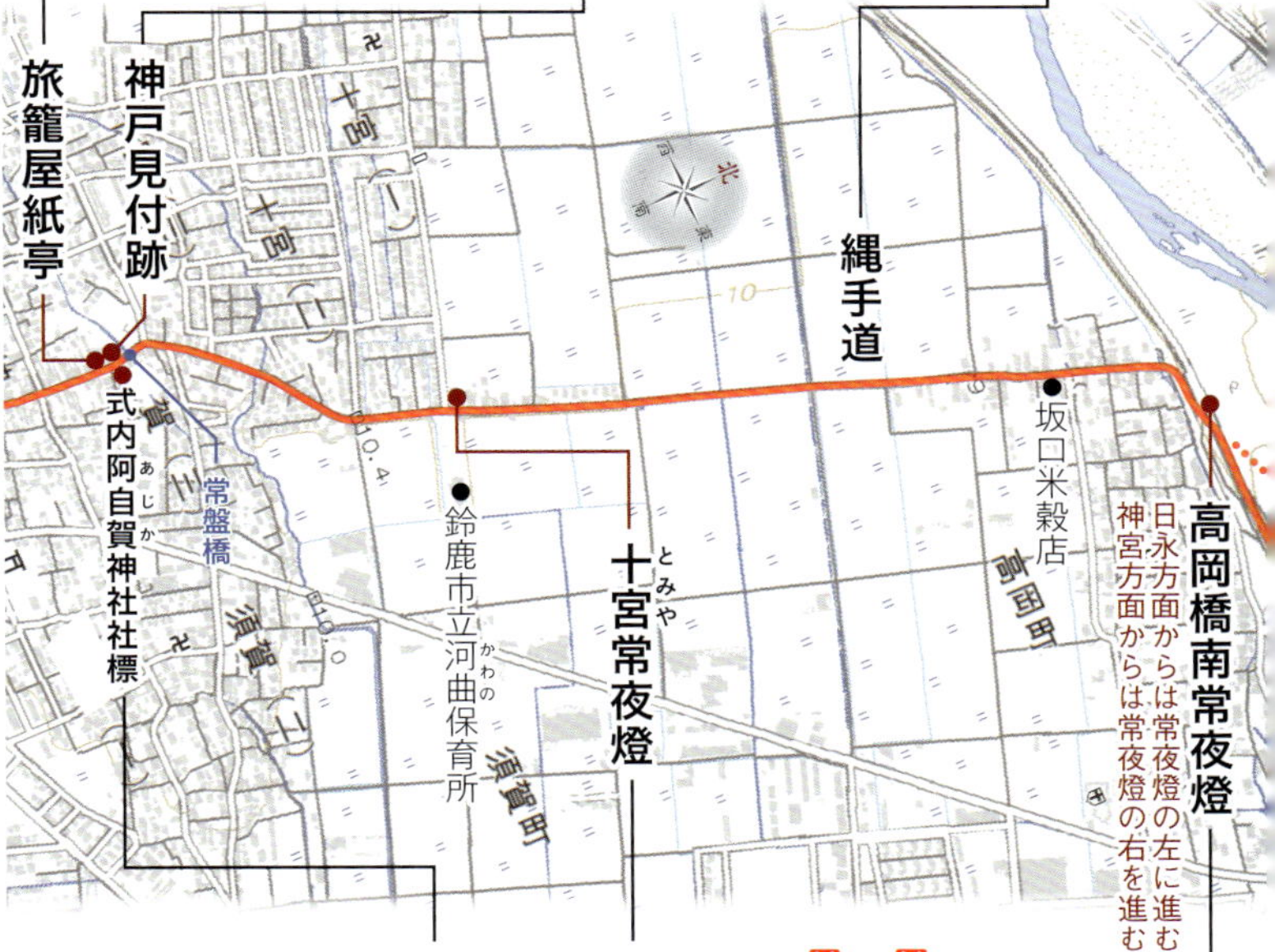

縄手道
神戸見付跡
旅籠屋紙亭
十宮
式内阿自賀《あじか》神社社標
常盤橋
須賀
鈴鹿市立河曲《かわの》保育所
十宮《とみや》常夜燈
須賀町
坂口米穀店
高岡町
高岡橋南常夜燈
日永方面からは常夜燈の左に進む
神宮方面からは常夜燈の右を進む

文化四年(1807)の大神宮常夜燈で「五穀成就 國土安穏」と刻まれている。元は高岡橋の南詰めにあった

【神戸宿泊】
H1 加美亭旅館 ☎059(382)0117
H2 あぶい旅館(P14) ☎059(382)0451

文化十四年(1817)の建立。十宮村には古墳が十ヶ所あった

社標は明治二年(1869)の建立。歴代神戸藩主の崇敬が篤かった

【神戸宿】

神戸宿は神戸藩本多家一万五千石の城下町として発展し、宿並は「町屋千軒」といわれた。本陣や問屋は十日市町にあり、旅籠は十九軒、常盤町には十四軒の旅籠が軒を連ね賑わった

日永の追分
6.6km 一里九町

神戸

7.0km 一里半
白子

エリア＝三重県鈴鹿市神戸二丁目
最寄り駅＝近鉄鈴鹿線 鈴鹿市駅 伊勢鉄道線 鈴鹿駅

大正三年（1914）生まれの抽象画家。刻み煙草商を営んだ生家を残している

近鉄鈴鹿線を横断する

築百五十年で現業。「札の辻」と呼ばれた。里程標と神戸町道路元標がある H2

神戸藩主本多家の菩提寺。札の辻にあった元禄二年（1689）の道標「左参宮かいどう 右ニ京ミち有」がある

仏画の絹本着色光明本尊は鈴鹿市文化財

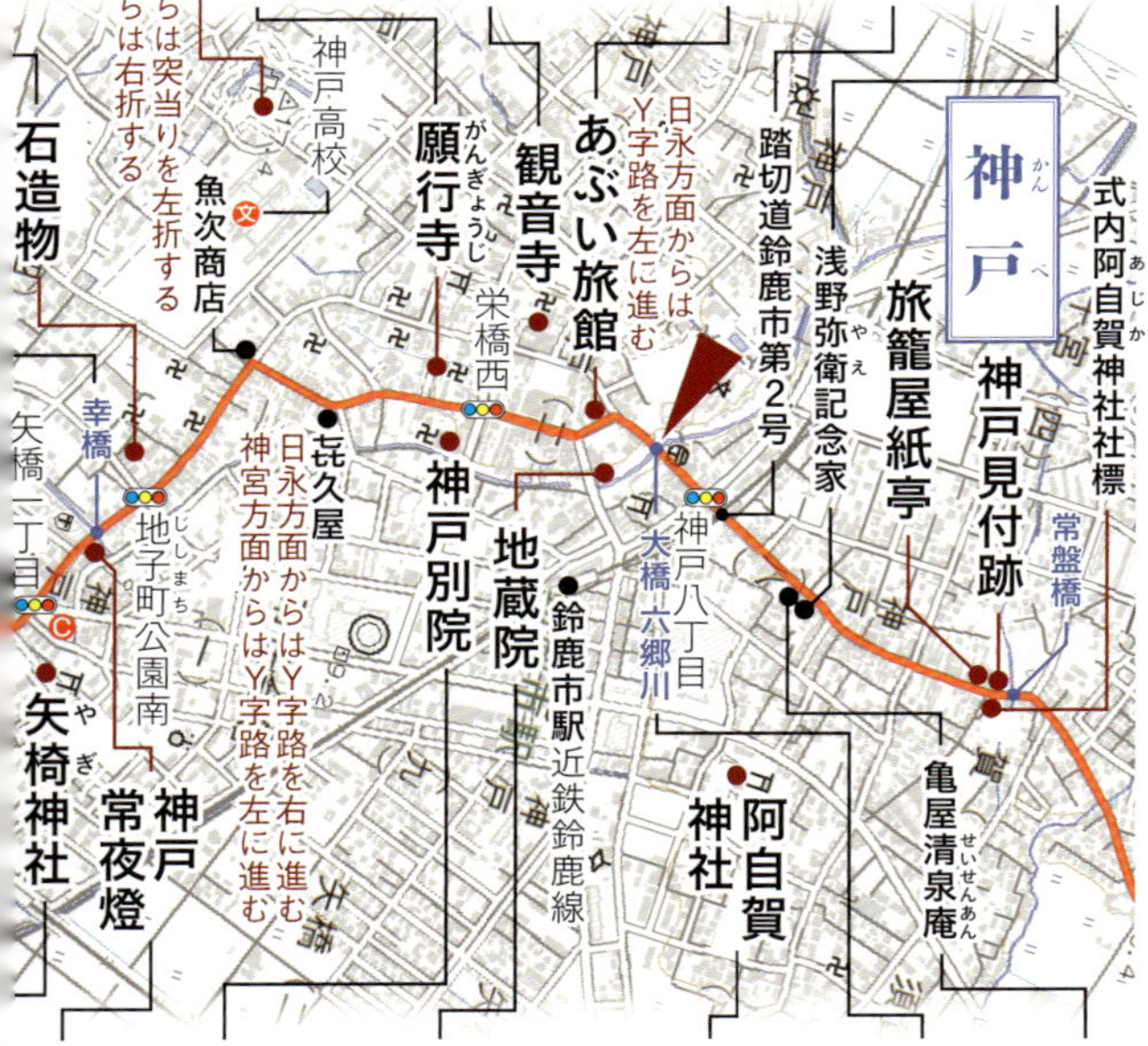

神戸《かんべ》
式内阿自賀《あじか》神社社標
神戸見付跡
旅籠屋紙亭
浅野弥衛《やえ》記念家
踏切道鈴鹿市第2号
日永方面からはY字路を左に進む
あぶい旅館
観音寺
願行寺《がんぎょうじ》
神戸高校
魚次商店
日永方面からは突当りを左折する
神宮方面からは右折する
石造物
幸橋
矢橋一丁目
地子町《じしまち》公園南
栄橋西
㐂久屋
日永方面からはY字路を右に進む
神宮方面からはY字路を左に進む
神戸別院
地蔵院
鈴鹿市駅
近鉄鈴鹿線
神戸八丁目
大橋
六郷川
常盤橋
亀屋清泉庵《せいせんあん》
阿自賀神社
神戸常夜燈
矢椅《やぎ》神社

創業百年、銘菓「亀の子最中」の老舗

神戸藩士の水練場であり、蛍の名所であった

神戸藩主一柳直盛が「大坂の陣」出陣に際し、弓矢を奉納したところから「弓矢八幡」と呼ばれた

東海道中膝栗毛に「安穏に火除け地蔵の守るらん夏の暑さも冬の神戸も」と詠まれている

専修寺別院、門前に明治天皇神戸行在所碑がある

六郷川の洪水で流失、昭和五年（1930）再建

0 250 500m

神戸城址
弘治元年(1555)神戸利盛が築城。弟の具盛は織田信長の侵攻を受け、信長の三男信孝を養子に迎え和睦した。徳川の世になると本多忠統(ただむね)が入封した

幸橋にあった元禄二年(1689)の道標「右いなふ道 左志ろこ道」と嘉永二年(1849)の常夜燈笠石がある

神戸宿南見付で木戸があった

「鎌倉権五郎景政舊跡塚是ヨリ一丁奥にアリ」

露座の大日如来像と寛治元年(1087)の円柱碑「鎌倉権五郎之塚」がある

服部庄右衛門は津藩の大庄屋を勤めた

燈籠と鳥居、肥田村の南口

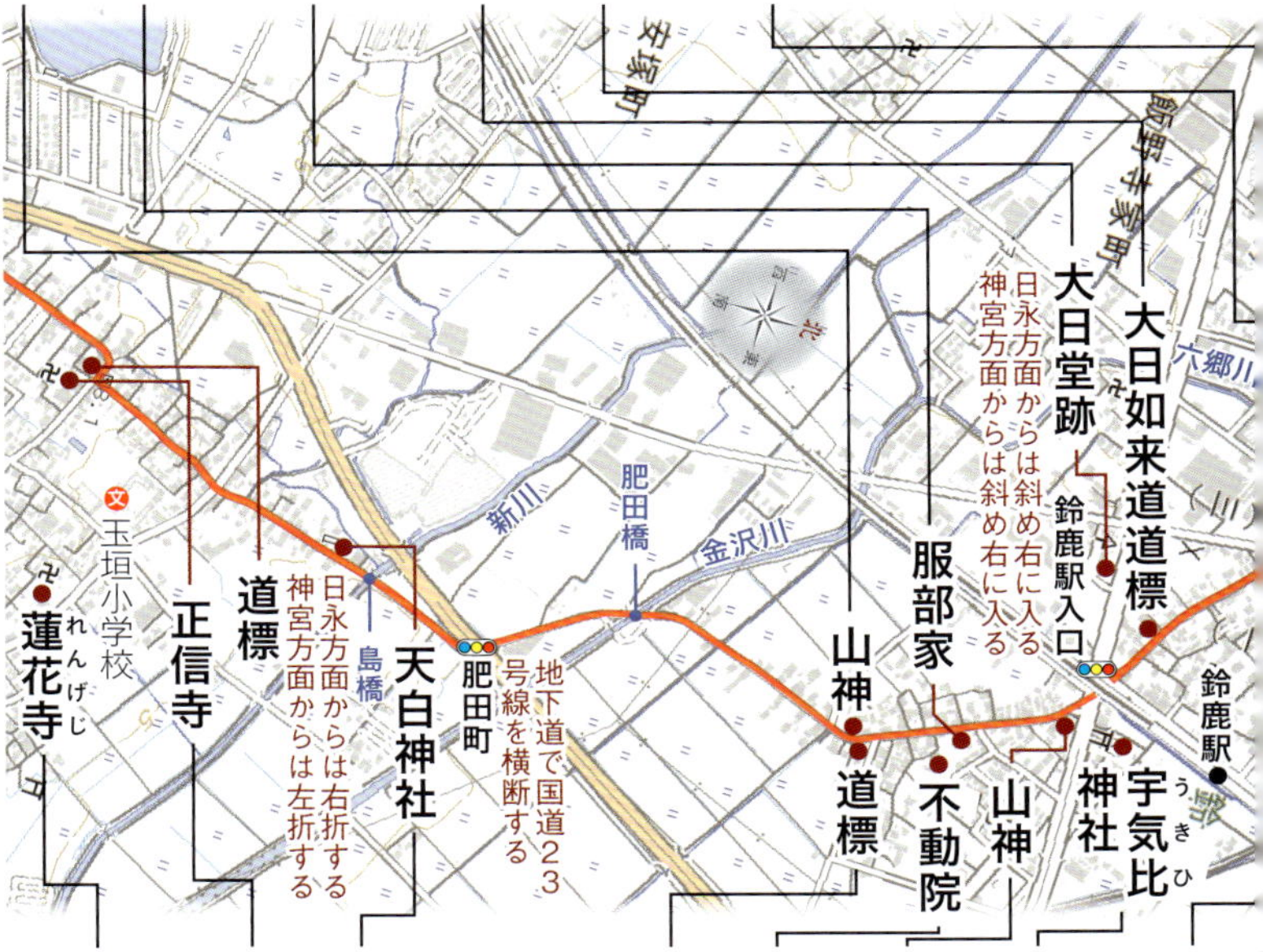
大日如来道道標
大日堂跡
日永方面からは斜め右に入る
神宮方面からは斜め右に入る
鈴鹿駅入口
鈴鹿駅
六郷川
飯野寺家町
安塚町
宇気比《うきひ》神社
山神
不動院
服部家
山神
道標
金沢川
肥田橋
新川
肥田町
地下道で国道23号線を横断する
天白神社
島橋
日永方面からは右折する
神宮方面からは左折する
道標
正信寺
玉垣小学校
蓮花寺《れんげじ》

明治二年(1869)明治天皇東幸の際、奉幣代拝の扱いを受けた

春秋例祭に獅子舞が奉納される

燈籠と鳥居がある。肥田村の北口

秋の大祭に柴燈護摩火渡り修行が行われる

「是より柳大師若松道」

【肥田村】
団子が名物であった。参宮者は土産に持ち帰り、神宮の神符と共に親戚に配り、腹痛の妙薬と吹聴した

伊勢神宮を祀り、境内には燈籠、山神、表忠碑がある

クスノキの巨樹がある

鐘楼は神戸城二の丸の太鼓櫓を移築したもの。軒丸瓦に神戸藩主本多家の家紋「立葵」がある

【玉垣村】神宮領の年貢を収納する玉垣御厨(みくりや)があった

文化四年（1807）の自然石道標「右さんぐう道」

樹高約20m、枝張り約32m、幹の太さ約7mの「大マツ」は三重県指定天然記念物。仏教が渡来すると蘇我氏は仏教以外の信仰を禁じた、村人は地蔵菩薩像を堀に沈め目印にこのマツを植えた

朱塗りの鳥居と燈籠がある、玉垣村の南口。山ノ神は春になると里に下りて来て実りをもたらす

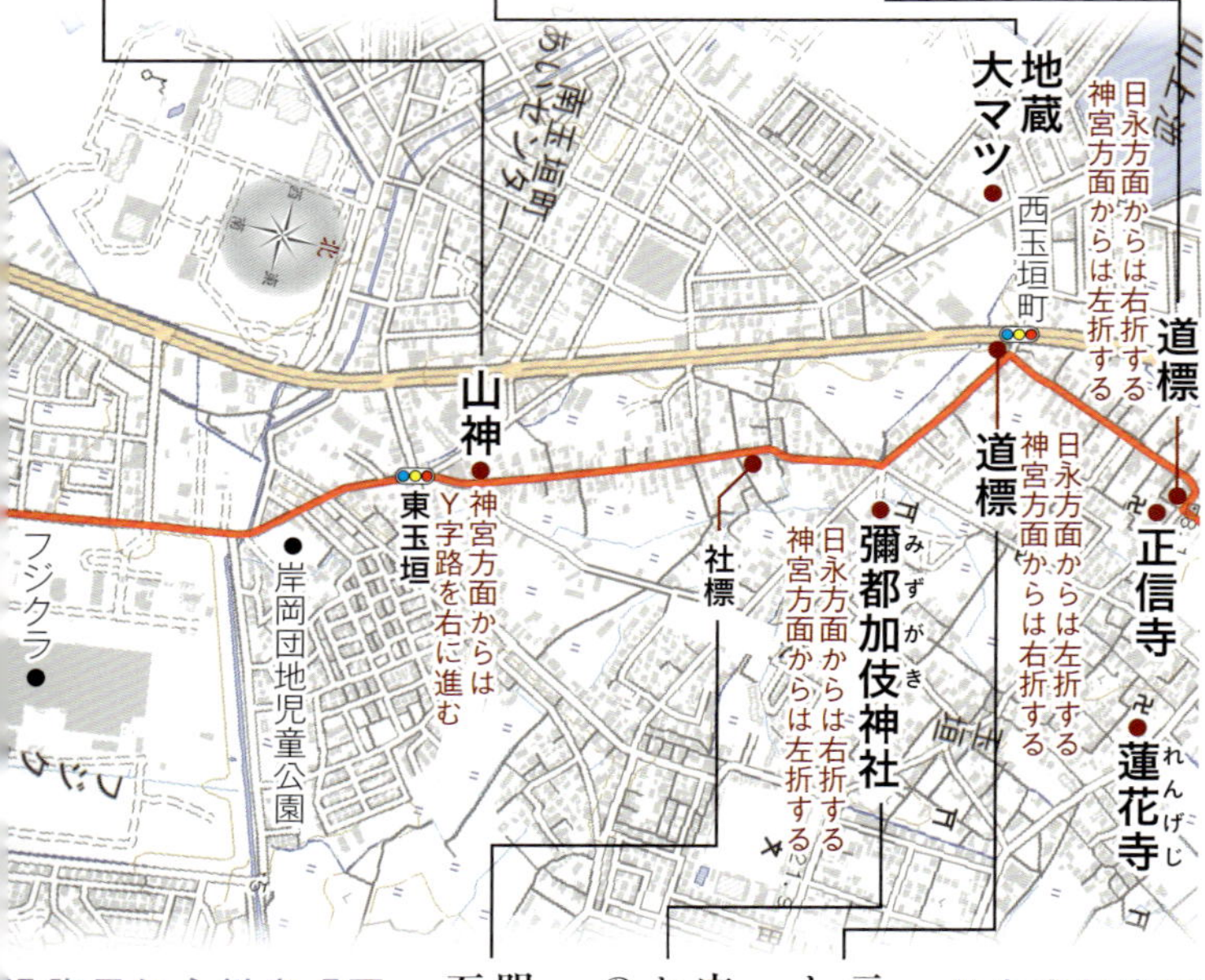
地蔵大マツ
西玉垣町
道標
日永方面からは右折する
神宮方面からは左折する
山神
東玉垣
神宮方面からはY字路を右に進む
社標
道標
日永方面からは左折する
神宮方面からは右折する
彌都加伎《みずがき》神社
日永方面からは右折する
神宮方面からは左折する
正信寺
蓮花寺《れんげじ》
岸岡団地児童公園
フジクラ
南玉垣町
0
250
500m

【弥次喜多道中】喜多さんは神戸宿の外れから馬に乗ったが、馬子が出くわした借金取りからかたに馬を取る取らぬと押問答、喜多さんは馬から降りたり乗ったりと右往左往する

元治二年（1865）の手差し道標「左さんくう道」

内宮に麹を奉献するところから酒、味噌醤油醸造業者の崇敬が篤い

明治二年（1869）の自然石「式内彌都加伎神社」

【徳川家康の伊賀越え】「本能寺の変」に遭遇した家康は泉州堺から伊賀を越え、白子の小川孫三の手引きにより白子湊から船で三河へと脱出した。この功により白子湊の廻船は紀州藩御用の鑑札と旗指物、御用提灯が許され浦賀の海関を優先的に通過できた

神戸
7.0km 一里半

白子

7.4km 一里半
上野

エリア＝三重県鈴鹿市白子本町
最寄り駅＝近鉄名古屋線 白子駅

【白子宿】白子宿は伊勢木綿や紀州藩廻米を積出す白子湊を控え、廻船問屋が軒を連ね伊勢商人の流通拠点として大いに繁盛した

弘化四年（1847）鈴鹿の木田町に生まれ、農学を学び県下初の農事試験場長となり、農業者に新しい米作技法を啓発指導した

敵の侵入に際し、身を隠し迎撃する工夫であった

大正十五年（1926）建立

老農水原政次翁彰功碑
いずれの方面からも近鉄名古屋線を横断し、突当りを右折する
ヘアーサロンマジマ
白子7号踏切
鋸刃状の宿並
枡形
江島本町
江島神社社標
菅原社
北の端地蔵堂
役行者神変《しんぺん》
大菩薩
鈴鹿江島郵便局
神宮方面からは先を左折する
江島若宮八幡神社

菅原道真を祭り、打越村の産土神。打越村は亀山藩の南端であった

鎌倉時代造立の六體地蔵菩薩が安置されている。地蔵には六地蔵が刻まれている。ここが白子宿の北口

山伏は役行者（えんのぎょうじゃ）を修験道の開祖とした

海上安全の守護神。白子廻船業者が航海の安全、商売繁盛を祈願して、奉納した七十一面の絵馬は三重県指定有形民俗文化財

弘法大師の創建で大師作の弁財天が祀られている

ソテツは家康を救った小川孫三の家にあったもの

社名に由来し、鈴鹿サーキット関係者の信仰が篤い

紀州徳川家歴代の位牌があり、白子代官は毎朝の参詣を常とした

寺尾斎兵衛は白子屈指の伊勢型紙問屋であった

白子小学校が跡地でこの地五万石を支配した

社名に由来し、鈴鹿サーキット関係者の信仰が篤い

手差し道標「さんぐう道 神戸四日市道」

目付役人は非違糾察、秩序維持の監察を行った

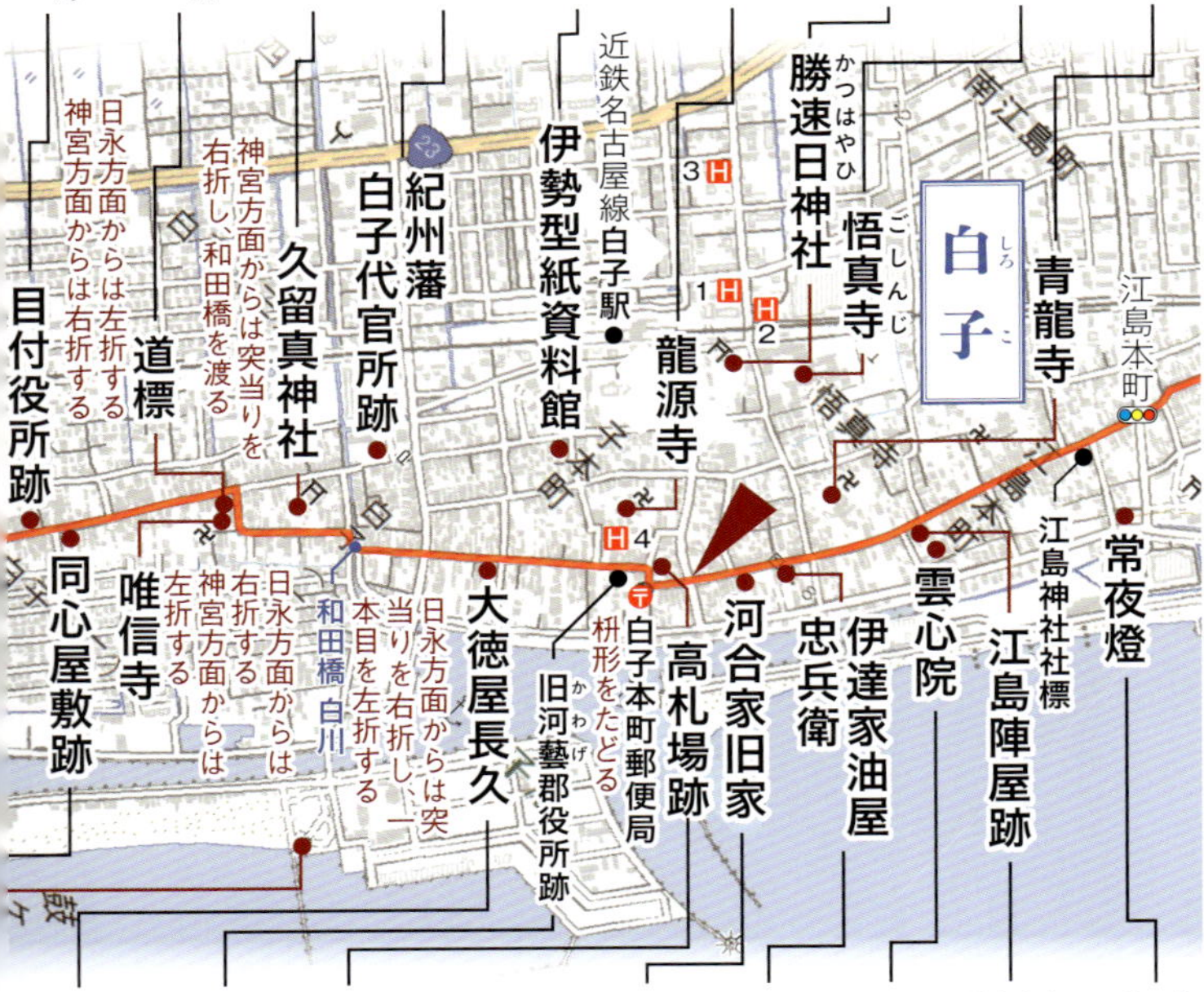
白子《しろこ》
青龍寺
悟真寺《ごしんじ》
勝速日《かつはやひ》神社
南江島町
龍源寺
近鉄名古屋線白子駅
伊勢型紙資料館
紀州藩
白子代官所跡
久留真神社
神宮方面からは突当りを右折し、和田橋を渡る
道標
日永方面からは左折する
神宮方面からは右折する
目付役所跡
江島本町
常夜燈
江島神社社標
江島陣屋跡
雲心院
伊達家油屋
忠兵衛
河合家旧家
高札場跡
白子本町郵便局
枡形をたどる
旧河藝《かわげ》郡役所跡
大徳屋長久
日永方面からは突当りを右折し、一本目を左折する
和田橋 白川
日永方面からは右折する
神宮方面からは左折する
唯信寺
同心屋敷跡
0 250 500m

文政三年（１８２０）伊勢商人が寄進したもの

標識がある。江島は小笠原肥前守の知行地であった

江島領主小笠原氏の菩提寺

廻船問屋と油商を営んだ。虫籠窓建物は築百年

紀州御仕入荷物扱を勤めた

【領地境】
江島領と紀州藩領の境には五本のエノキがあった

標識がある。紀州藩白子代官所の高札場であった

明治廿六年（１８９３）開所

創業享保元年（１７１６）銘菓「小原木」の老舗。紀州藩御用達の菓子司を勤めた

境内に芭蕉雁塚「雁ゆくかたや白子若松」がある

本尊の白衣観音は海中より鼓に乗って示現したという。霊木の「不断桜」は国指定天然記念物、伊勢型紙はこの不断桜の虫喰の葉から思いついたという

日永方面からは仁王門前を左折する
神宮方面からは仁王門前を右折する

子安観音寺の地主神として崇敬されている

「左いせみち右くわんおん道」

【白子宿泊】
H1 白子ストーリアホテル ☎059(368)0465
H2 ホテルハイシティセレンテ ☎059(387)6611
H3 コンフォートホテル鈴鹿 ☎059(387)1818
H4 松葉屋旅館 ☎059(386)0143

西方寺
近鉄名古屋線
鼓ケ浦《つづみがうら》駅
子安観音寺
比佐豆知《ひさずち》神社
道標
日永方面からは左折する
神宮方面からは右折する
横断する
鼓ケ浦保育園
踏切道磯山第7号
寺家地下道
寺家くぐる
交通安全地蔵
日永方面からは斜め右に入る
神宮方面からは堀切橋を渡り、地下道をくぐる
堀切橋
渡る
堀切川
日永方面からは右折する
神宮方面からは左折する
ドン・キホーテ鈴鹿店
鼓ケ浦碑
カーブミラー
日永方面からは突当りを右折する
神宮方面からは左折する
楳荘翁《ばいそう》碑
道標
日永方面からは右折する
神宮方面からは左折する
学進クラブ
日永方面からは右折する
神宮方面からは左折する
釜屋川
釜屋橋
海

大黒屋光太夫碑
廻船頭の光太夫は天明二年(1782)江戸に向けて白子を出港したが遠州灘で難破、八ケ月間漂流し、ロシア領アムチトカ島に漂着した。シベリアを横断し帝都ペテルブルクで女帝エカテリーナ二世に拝謁し、寛政四年(1792)帰国した

同心の配下には十手、捕縄を持った目明しがいた

弘化四年(1847)左くわんおん道右さんくう道

文政十年(1827)の生まれ。若き頃より絵をよくし、生け花、煎茶に秀でていた

海中から鼓の音が聞こえるので漁師が網を入れると、白衣観音が鼓に乗って上がってきたという

【弥次喜多道中】

磯山の立場で吹き矢の矢場に入ったご両人は足元に寝ていた犬を踏みつけ、噛みつかれた拍子に転び、傍らに落ちていた煙草入れを拾おうとすると、するすると動く、よく見ると子供達が糸をつけて引っ張るという悪戯にひっかかってしまった。矢場を出ると煙管が落ちている、「もうその手は食わぬと」拾わずにいると、後からきた親父が拾い懐に入れて何食わぬ顔で行ってしまった

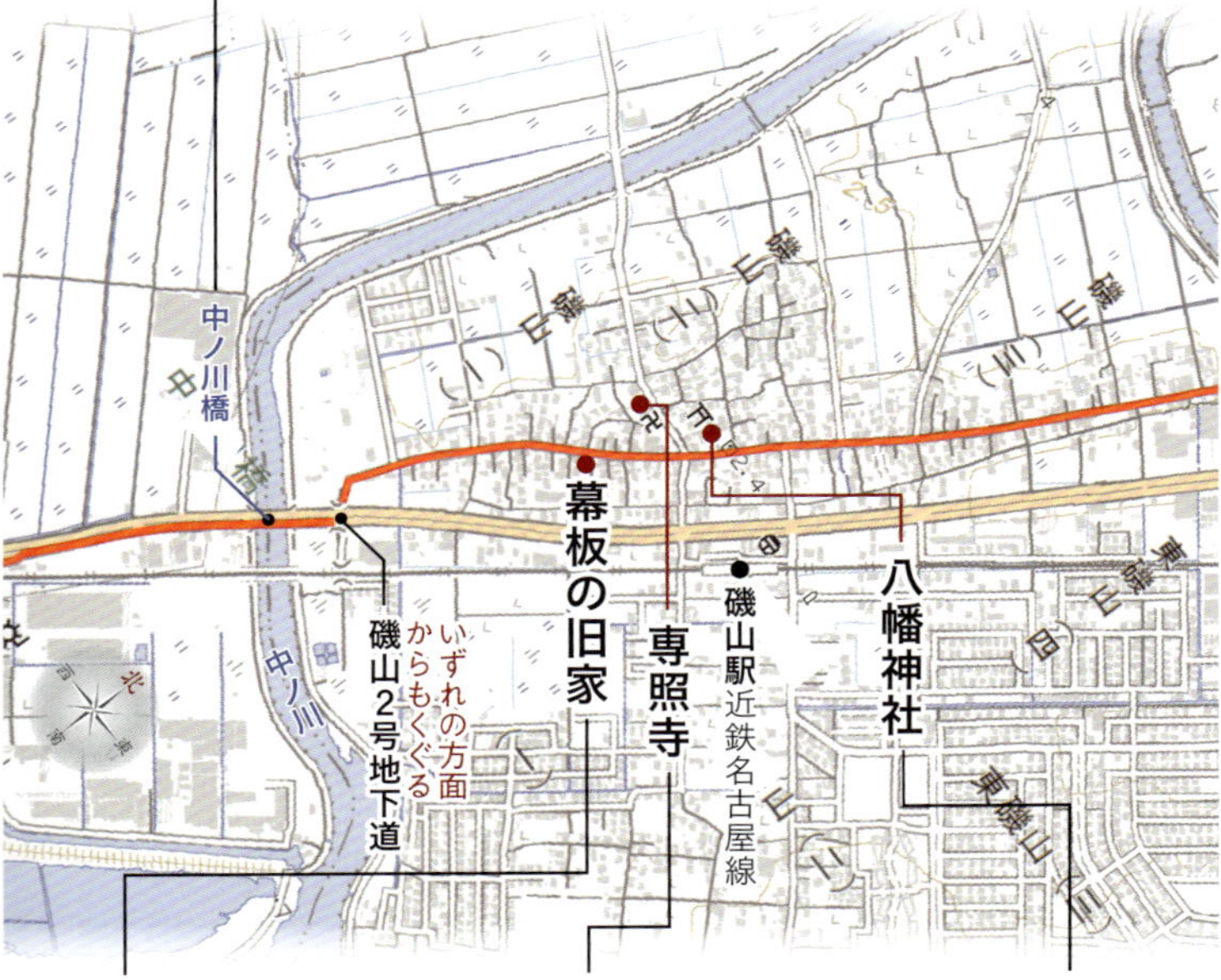
鈴鹿市と津市の境
中ノ川橋
中ノ川
磯山
磯山二
磯山三
東磯山四
東磯山三
磯山一
幕板の旧家
専照寺
八幡神社
磯山駅近鉄名古屋線
いずれの方面からもくぐる
磯山2号地下道
0
250
500m

磯山の総鎮守で境内に狛犬がいない。創祀者の枕元に獅子が現れ「別保（べっぽ）へ連れて行け」と懇願するので、別保村の神社に移したという

鎌倉時代から昭和にかけての代々住職が撰述、書写、収集した経典類は鈴鹿市有形文化財指定

軒下の庇の下に更に庇を追加した建築様式で板暖簾、大垂（おおだれ）とも呼ばれ雨除け、日除けの役目を果たしている

白子 ― 7.4km 一里半 ― 上野 ― 9.6km 二里 ― 津

エリア＝三重県津市河芸町上野
最寄り駅＝近鉄名古屋線　豊津上野駅

元は光明院といい、伊勢参宮者の道中安全を祈願し、茶を接待した

平安時代末、伊勢國に悪疫が流行った時、朝廷より獅子頭が奉納され、獅子舞祈願を行うと平癒した。以来四年に一度、家内安全、五穀豊穣の獅子舞神楽が奉納される

【上野宿】
延享二年（1745）の記録によると上野宿の宿内家数は三百十三軒、うち本陣一、脇本陣一、旅籠十三、茶屋二十九、酒屋五軒で御七里役所があり、宿内人口は千百五十七人であった

東千里
日永方面からは斜め左に入る
神宮方面からは国道23号線に合流する
Y字路
日永方面からは右に進む
甕釜冠《かめかまかぶり》地蔵堂
尾前《おざき》神社社標
日永方面からは斜め右に進む
神宮方面からは左折する
変則十字路
日永方面からは左折する
神宮方面からは右折する
理容チサト
田中地蔵
田中川河川改修竣工記念碑
田中川
上野小学校北
千里駅
近鉄名古屋線
千里《ちさと》駅前
国道23号線を横断する
大蔵橋
日永方面からは渡詰めを右折する
神宮方面からは渡詰めのY字路を右に進む
踏切道千里第一号
近鉄名古屋線を横断する
丹羽君《にわくん》碑
本福寺《ほんぷくじ》
信光寺
巡礼道
瓶冠橋
横断する
近鉄名古屋線踏切

下街道、浜街道とも呼ばれ、古伊勢街道といわれる

聖徳太子の草創といわれる

親鸞の弟子西念坊の創建

紀州藩白子の大庄屋で廻船問屋を営み、五十人同心として白子湊を差配した

南詰が上野宿の北口で常夜燈があり、茶屋があった

明応二年（1493）の創建。上野城内にあった地蔵を延命地蔵として安置している

明応二年（1493）伊勢国司北畠顕能（あきよし）の創建。初代紀州和歌山藩主徳川頼宣が社殿を造営した

上野藩主分部家の菩提寺

道路改修記念碑がある。枡形の辺りが宿の中心で西側に丸屋本陣、東側に脇本陣、問屋場、高札場があった

元亀元年（1570）織田信長の弟信包（のぶかね）が築城し居城とした。天正八年（1580）信包は津城に移り、分部光嘉が城主となった。その後嗣子光信が近江國大溝藩へ移封になると廃城となった

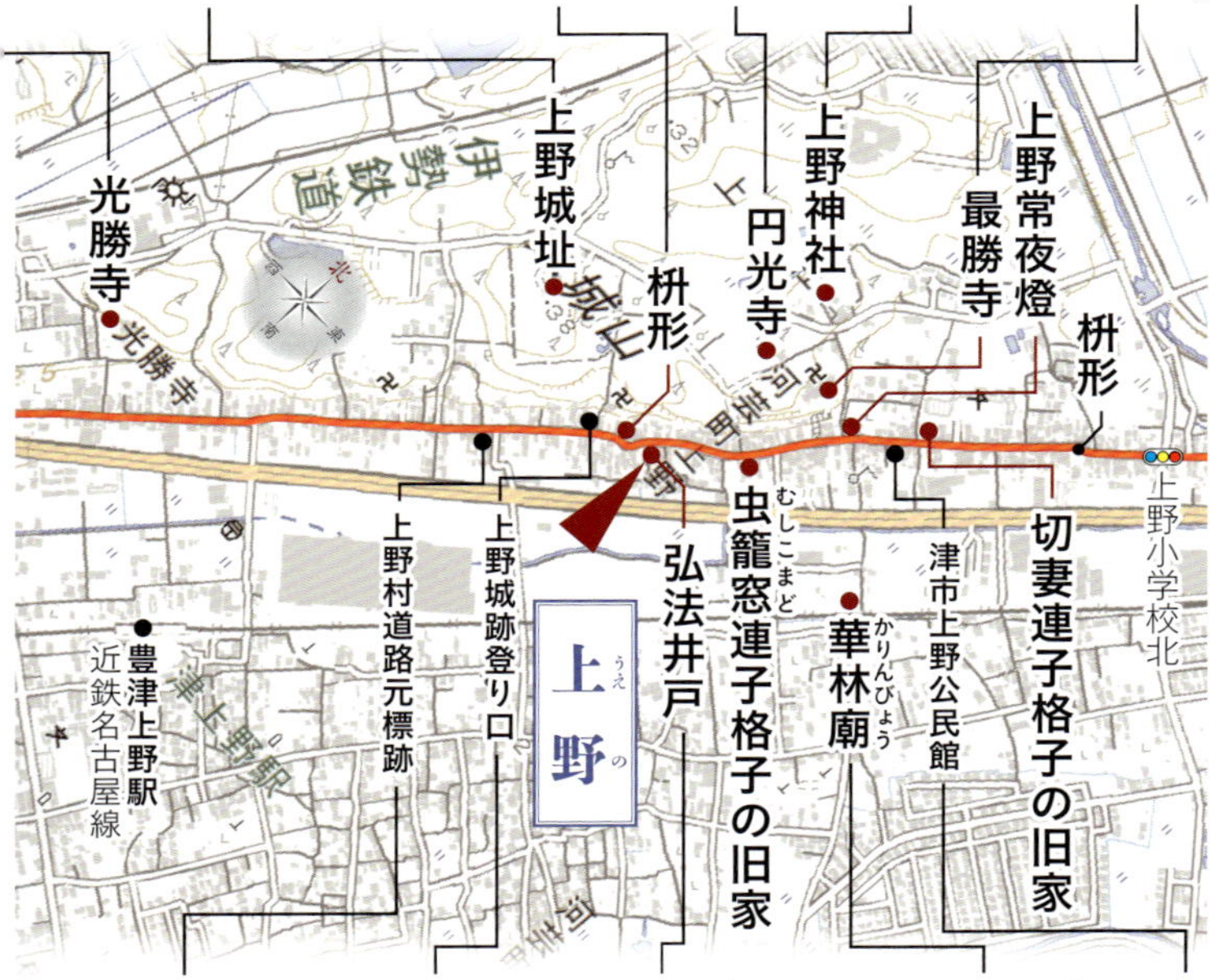
上野常夜燈
最勝寺
上野神社
円光寺
枡形
上野城址
枡形
光勝寺
伊勢鉄道
城山
光勝寺
河芸町上野
上野小学校北
切妻連子格子の旧家
津市上野公民館
華林廟《かりんびょう》
虫籠窓《むしこまど》連子格子の旧家
弘法井戸
上野城跡登り口
上野村道路元標跡
上《うえ》野《の》
豊津上野駅
近鉄名古屋線
津上野駅

上野宿解説がある

初代上野藩主分部光嘉（わけべみつよし）の墓所。慶長六年（1601）五十歳で没し、法名を「華徳院殿華林栄公」と称した

この辺りの地下水は鉄分が多く飲料に適さず難渋した。弘法大師が地面に錫杖を差すと清水が湧き出た。井戸は民家十三軒で維持管理し、弘法大師を祀っている

標識がある

復元道路元標「白子町へ壹里参拾壹町九間」「距津市元標貳里拾六町四拾参間」がある。ここにあった大正二年（1913）の木製道路元標は中央公民館に保存されている

0　250　500m

慶長六年(1601)上野城主分部光嘉が早世した嫡子光勝の菩提を弔う為に創建し祈願寺とした。観音堂の馬頭観世音菩薩は「初午(はつうま)観音」と呼ばれ、近郷近在の崇敬が篤い

罪人の処刑場であった。地蔵は刑死者の霊を慰め菩提を弔っている

日永方面からは国道23号線に合流する
神宮方面からは斜め右に入る
伊勢鉄道線
河芸《かわげ》駅
中瀬地蔵尊
高山地蔵尊
朝陽中学校
体育館
河芸駅
中瀬
河芸町西
松林寺
中瀬八幡神社
痔神社
白塚団地
国道23号線を横断する
河芸交番前
近鉄名古屋線
河芸町東
河芸町
白塚

天台真盛宗

中瀬金城の鎮守

痔神大明神を祀っている。御神体は海を渡ってきた白蛇といわれ、元は「地の神」であったが、今は「痔の神」になっている。毎年四月三日は祭礼日で賑わう

【弥次喜多道中】

上野宿に着くと南瓜(かぼちゃ)の胡麻汁(ごまじる)が弥次さんに声をかけ、道々の狂歌を褒めると、いい気になった弥次さんは十辺舎一九と名乗り、雲出まで同行することになった。上野宿を後にすると胡麻汁が「ここは小川と申すところで饅頭が名物、一つ上がりませんか」とすすめられると弥次さんは「イヤ饅頭には懲り果てた、真直ぐ参りましょう」といい「から尻のうまい名代を旅人にくいつかせんと売れるまんぢう」とひねった

【藤堂高虎】

近江國犬上郡藤堂村の土豪藤堂虎高の次男として生まれ、生涯七人の主君に仕えた。浅井長政の足軽から始まり、浅井氏が滅亡すると旧臣に仕え、やがて近江を離れ信長の甥織田信澄（のぶずみ）、次いで秀吉の弟羽柴秀長に三百石で召し抱えられ、秀長が亡くなると養子の豊臣秀保（ひでやす）に仕えた。その後豊臣秀吉の家臣となり、最後に徳川家康に仕え伊勢津藩の初代藩主となった

道標「是より尓しい志んでん道（是より西一身田道）」がある。古刹真宗高田派本山専修寺への道しるべ

文化三年（１８０６）建立で「太神宮常夜燈」「金比羅大権現」と刻まれている。火袋石は失われている

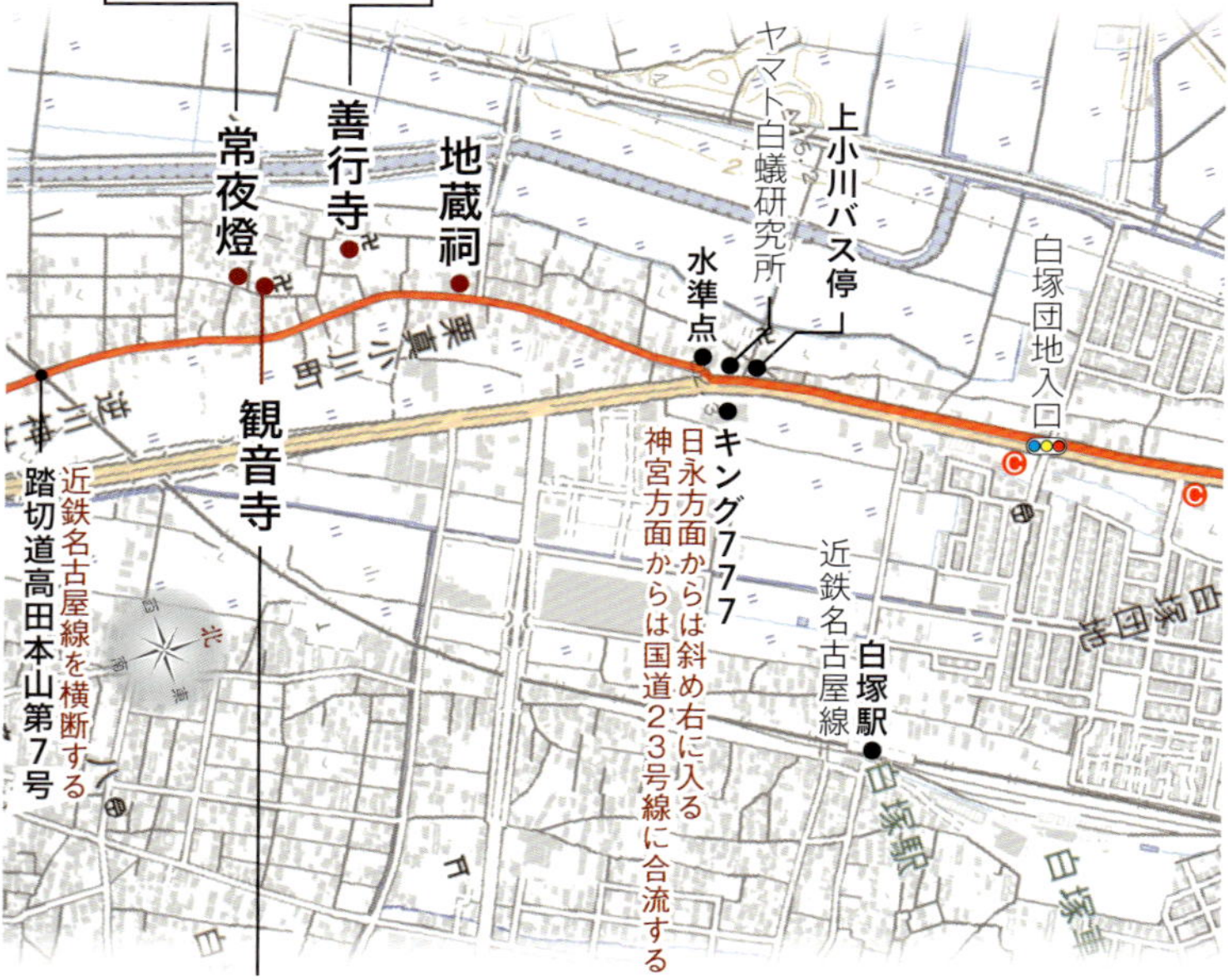

地蔵祠
善行寺
常夜燈
観音寺
上小川バス停
ヤマト白蟻研究所
水準点
キング７７７
日永方面からは斜め右に入る
神宮方面からは国道２３号線に合流する
白塚団地入口
近鉄名古屋線
白塚駅
近鉄名古屋線を横断する
踏切道高田本山第７号

本尊は十一面観音。境内に地蔵堂がある

【津城】

戦国時代に細野藤美（ふじみつ）が安濃、岩田の両川を天然の大外堀として安濃津城を構えたことに始まる。永禄十一年（１５６８）織田信包（のぶかね）が城郭を拡充整備し、上野城から移り居城とした。慶長十三年（１６０８）藤堂高虎が入城して大改修し、輪郭式の城郭に変貌させた。高虎は築城技術に長け、石垣を高く、勾配を直線的に積み上げるところに特徴がある。「武者返し」と呼ばれる石垣の反りを重視する加藤清正と対比され、「清正の反り、高虎の高さ」といわれた

0　250　500m

創業安政元年(1854)銘酒「寒紅梅」の蔵元。街道沿いには高札場があった

甕釜冠地蔵堂前からの巡礼道はここで伊勢参宮街道に合流する。追分には天保十年(1839)の両宮常夜燈、追分道標「右白塚豊津道 左上野白子神戸四日市道」、名残り松がある。巡礼道は下街道、浜街道とも呼ばれ古伊勢街道といわれる

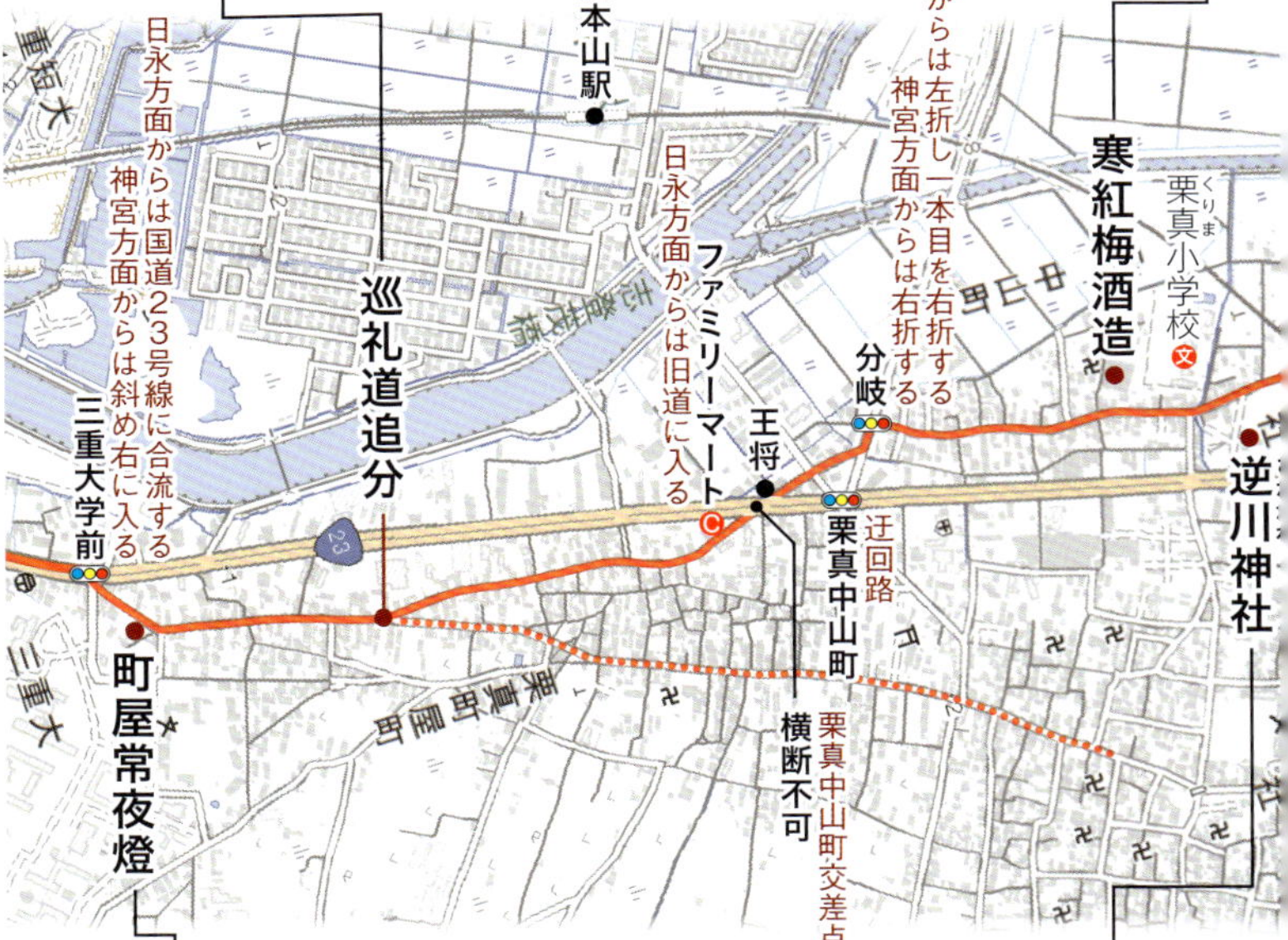

近鉄名古屋線
高田本山駅
寒紅梅酒造
栗真《くりま》小学校
日永方面からは左折し一本目を右折する
神宮方面からは右折する
分岐
日永方面からは旧道に入る
ファミリーマート
王将
志登茂川
巡礼道追分
日永方面からは国道23号線に合流する
神宮方面からは斜め右に入る
三重大学前
23
町屋常夜燈
逆川神社
栗真中山町
迂回路
横断不可
栗真町屋町
栗真中山町交差点にて迂回する

延喜式神名帳記載の古社。境内を流れる川が海とは逆の方向に流れているところに由来している。境内にある弁天池の水は手足のひび、しもやけに霊験あらたかという

嘉永四年(1851)の両宮常夜燈には「五穀成就、孟夏(もうか)津領」と刻まれている。町屋町は往時「根上村」と呼ばれ、路傍に老松があり、その根が六尺も立ち上がり人がくぐれたという

上野
9.6km 二里

津

8.3km 二里
雲出

エリア＝三重県津市大門
最寄り駅＝JR紀勢本線／近鉄名古屋線 津駅

【津宿】

藤堂高虎が海岸沿いの伊勢街道を城下に引き入れ、三十二万石の城下町として発展させた。宿並には工商が軒を連ね繁花富饒（ふにょう）の地で「伊勢は津でもつ津は伊勢でもつ」と詠われ大いに賑わった

椋本に源を発し、流末は伊勢湾に注ぐ

伊勢別街道
京方面からの伊勢参宮道で東海道関宿の東追分に至る

江戸橋常夜燈
安永六年（1777）の常夜燈と明治二十二年（1889）の道標「左高田本山道東京占とをりぬけ」がある

「絹本著色阿弥陀二十五菩薩来迎図」は三重県有形文化財指定

延喜式神名帳に記載された古社で社殿は上浜西の山上に鎮座している

志登茂川《しとももがわ》
江戸橋駅
近鉄名古屋線
津上浜郵便局
深正寺《しんしょうじ》
八百善旅館
小丹《おに》神社拝殿
津江戸橋追分
日永方面からは斜め右に進む 神宮方面からは国道23号線に合流する
日永方面からは左折する 神宮方面からは右折する
江戸橋北詰
江戸橋
大学病院前
栗真町屋町
三重大学
三重大学前
町屋常夜燈
阿部喜兵衛商店
0 250 500m

土橋で津藩主参勤の見送りもここまでであったところから江戸橋と命名された。渡詰めが津宿の北口

伊勢別街道の起点（伊勢別街道69ページ参照）

創業寛永年間（1624～44）酒造業を営み津藩の御用を勤めた。建物は江戸時代後期築で津市指定有形文化財

【津宿泊】
H1 八百善旅館 ☎059(228)2824
H2 ホテルルートイン津駅南 ☎059(246)7777
H3 ビジネスホテル三徳 ☎059(223)3109

本尊は聖徳太子自刻の馬頭観世音菩薩で津藩主藤堂家の祈願寺であった

墓所に織田信長の母土田(どた)御前の墓がある。信長が没すると、津城主の信包(信長の弟)をたよって津に移住した。同じく藤堂高虎の正室久芳(きゅうほう)夫人の墓碑がある

明治十一年(1878)架橋の高欄が保存され、高欄には空襲による被弾痕がある

津藩士の檀家寺であった

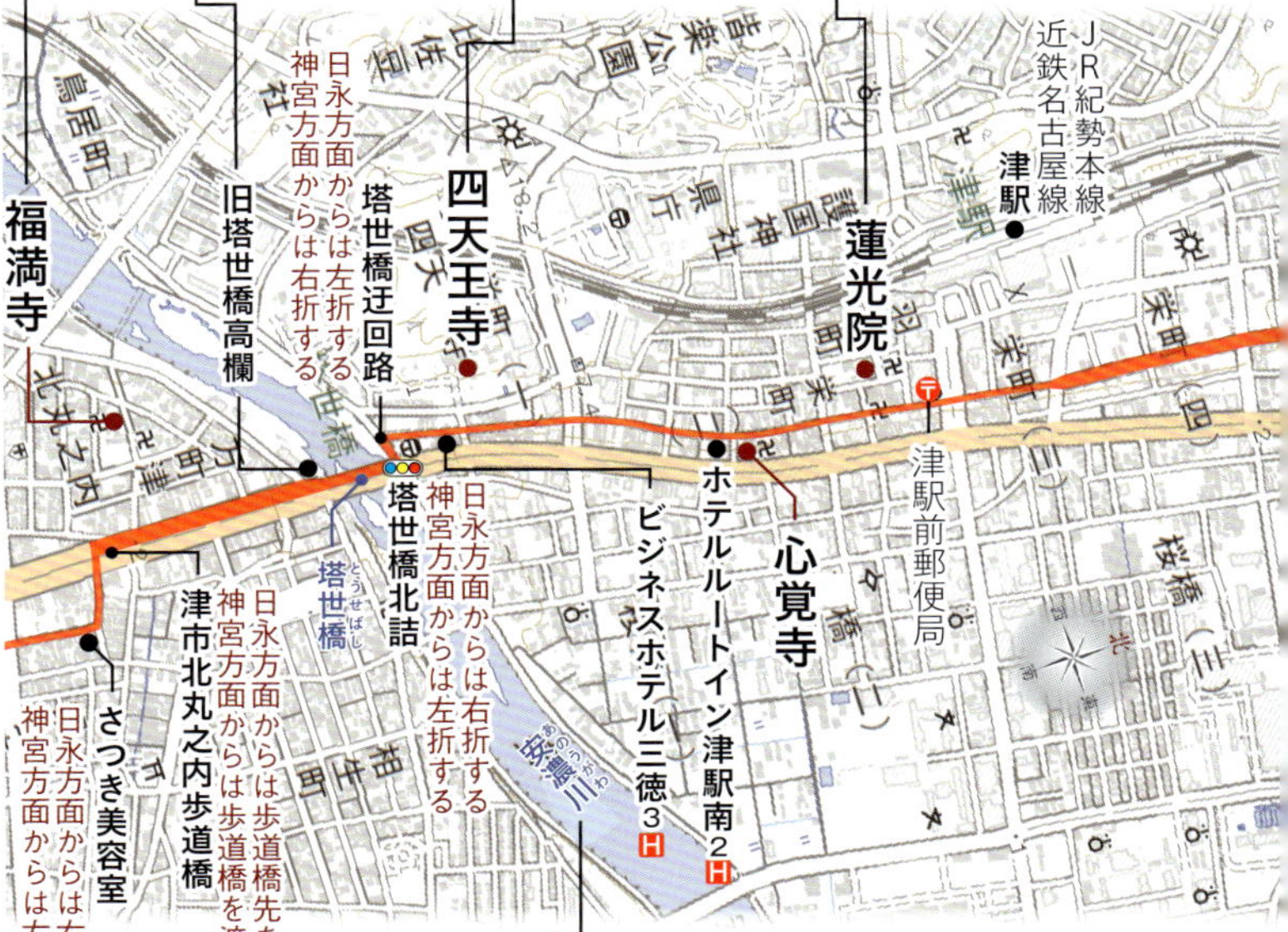

蓮光院
四天王寺
福満寺
心覚寺
旧塔世橋高欄
塔世橋迂回路
日永方面からは左折する
神宮方面からは右折する
塔世橋北詰
日永方面からは右折する
神宮方面からは左折する
ビジネスホテル三徳3
ホテルルートイン津駅南2
津駅前郵便局
津駅
JR紀勢本線
近鉄名古屋線
塔世橋《とうせばし》
津市北丸之内歩道橋
日永方面からは歩道橋先を左折する
神宮方面からは歩道橋を渡る
さつき美容室
日永方面からは右折する
神宮方面からは左折する
安濃川《あのうがわ》
偕楽公園
護国神社
県庁
鳥居町
相生町
桜橋

【弥次喜多道中】

江戸橋追分に到着すると上方筋からの参宮の人々で往来は大層な賑わい。胡麻汁は上方からの者を立派な恰好はしているが銭使いはまるきり「シワイ」という。煙草の火を借りる振りをして煙管の煙草を吸い上げてしまう京の人を「シワンボウ」といった。そのくせ胡麻汁も人の煙草ばかり吸っている

錫杖ケ岳に源を発し、流末は伊勢湾に注ぐ、塔世川とも呼ばれ、津城の天然の外堀であった。古に安濃津(あのうつ)と呼ばれる湊があったが、津のみが地名として残った

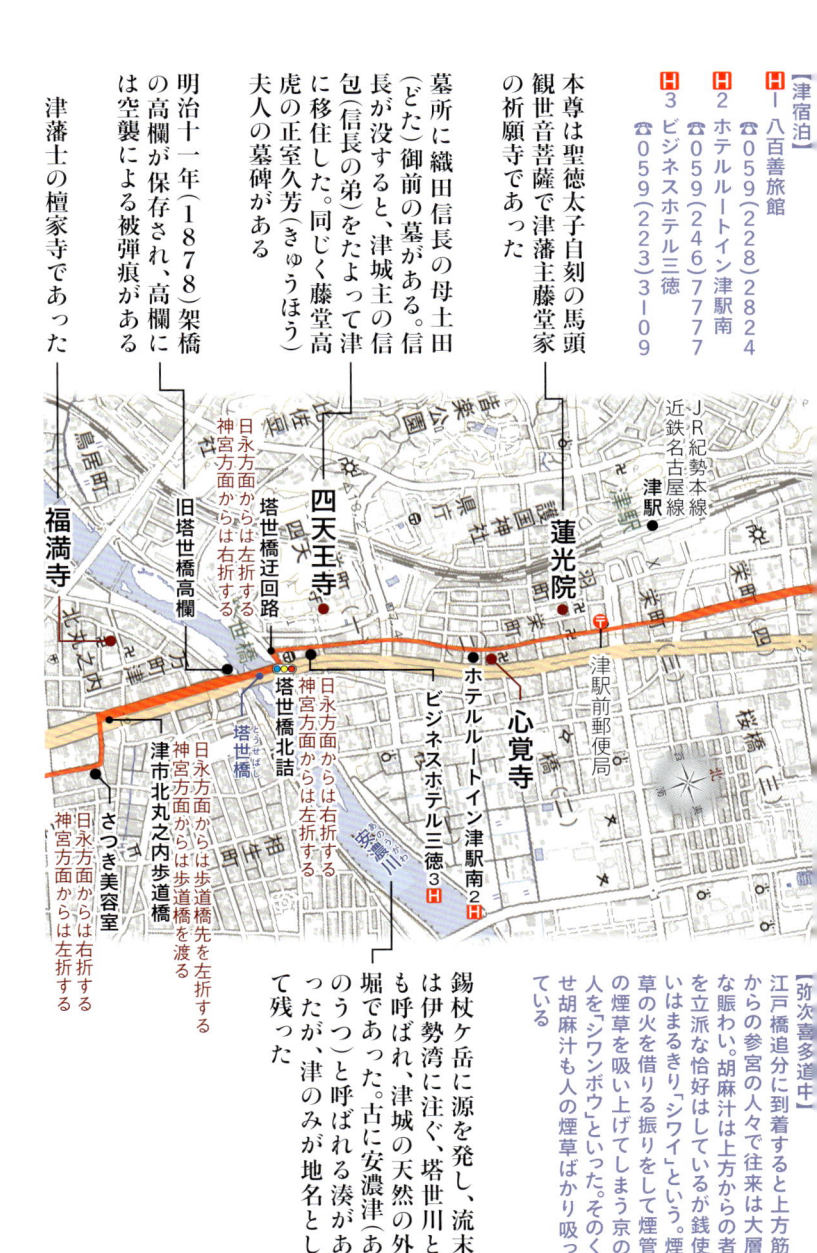

明治二十五年（1892）の「右さんぐうみち 左こうのあみだ」

関ケ原合戦の功により藤堂高虎が入城し、大坂の陣で更に活躍し二十二万石から三十二万三千石に加増され大大名となり、明治維新まで存続した

藤堂高虎の創建。家康が死去すると日蓮宗から家康の宗旨である天台宗に改宗した

参宮者に不浄を消す「清めのお茶」の接待が行われた

藤堂高虎が津に移封になると伊予國から移転した

延喜式神名帳に記載された古社で岩田の産土神

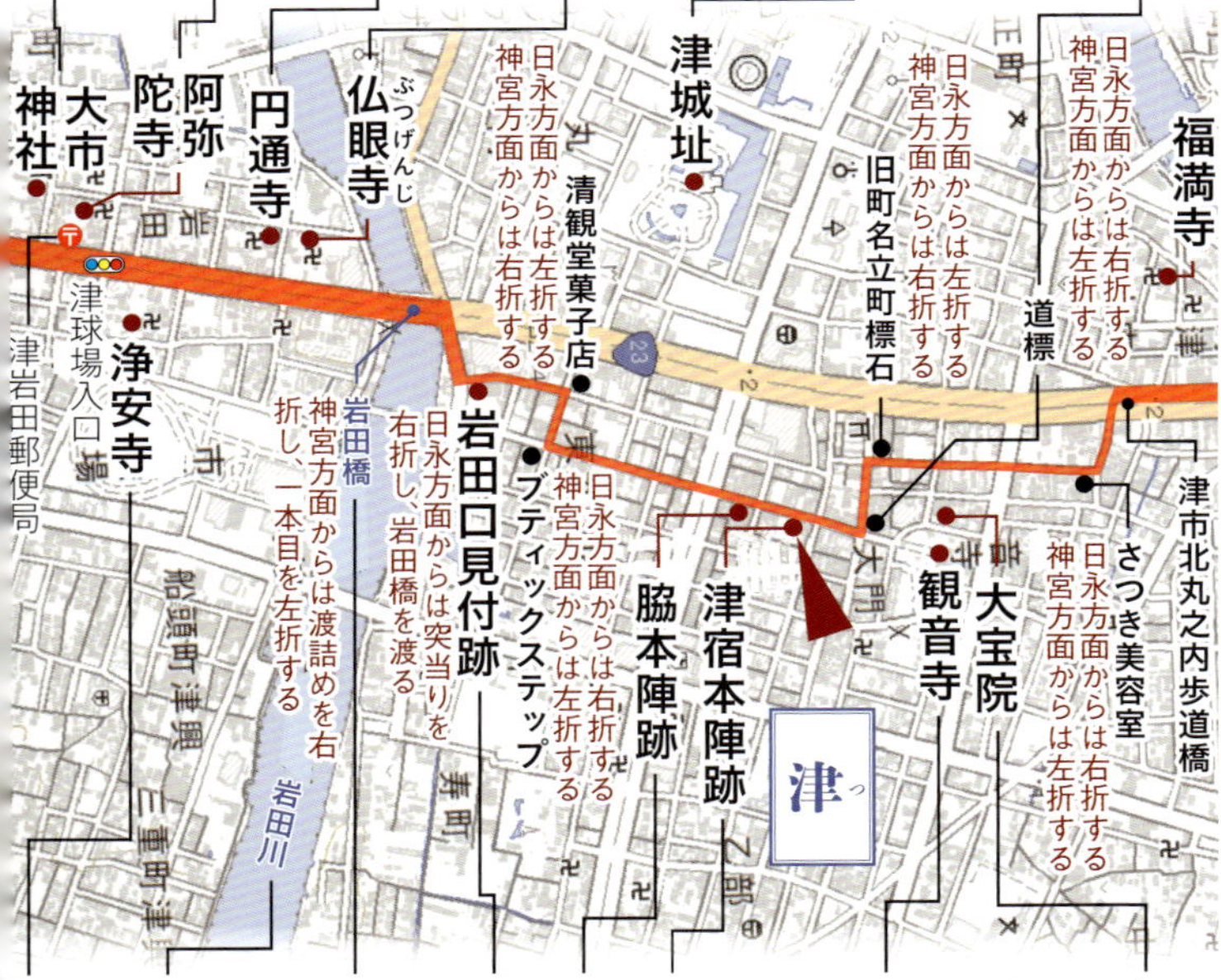
福満寺
日永方面からは右折する
神宮方面からは左折する
道標
日永方面からは左折する
神宮方面からは右折する
旧町名立町標石
津城址
清観堂菓子店
日永方面からは左折する
神宮方面からは右折する
仏眼寺《ぶつげんじ》
円通寺
阿弥陀寺
大市神社
津球場入口
浄安寺
津岩田郵便局
岩田橋
神宮方面からは渡詰めを右折し、一本目を左折する
日永方面からは突当りを右折し、岩田橋を渡る
岩田口見付跡
ブティックステップ
日永方面からは右折する
神宮方面からは左折する
脇本陣跡
津宿本陣跡
津《つ》
大宝院
観音寺
さつき美容室
日永方面からは右折する
神宮方面からは左折する
津市北丸之内歩道橋
岩田川
0
250
500m

元禄八年（1695）の芭蕉句碑「蓬莱に聞かばやいせの初たより」がある

津観音の名で知られ、日本三観音（江戸浅草観音、尾張大須観音）。徳川将軍家代々から寺領百石、津藩主藤堂家からは祈願寺として六十石の朱印を拝領した

現百五銀行

現ニューマツザカヤ

標識等なし。津宿の南口

50mほど下流に二代目津藩主藤堂高次が架橋した木橋があった

片田薬王寺町に源を発し、流末は伊勢湾に注ぐ。津城の天然の外堀であった

街道に面して鐘楼門がある

天保二年（1831）の宝篋印塔がある

悪疫が流行った時に伊勢神宮の神霊を祀ると平癒した。以来阿漕町の守護神として篤く崇敬されている

創業明治二十年（1887）鈴鹿山系の伏流水による酢醸造の老舗

弘法大師作の地蔵尊が安置されている。この地蔵に願をかけ、富士詣でに出た者が山中で道に迷うと旅姿の地蔵に助けられたという

明治十三年（1880）巡幸の際に休息所となった

【阿漕《あこぎ》由来】阿漕ケ浦は伊勢神宮に供える魚を獲るため禁漁区であった。漁夫の「阿漕の平次」は繰り返し密漁を行い高値で売りさばき「阿漕な商売」の語源となった

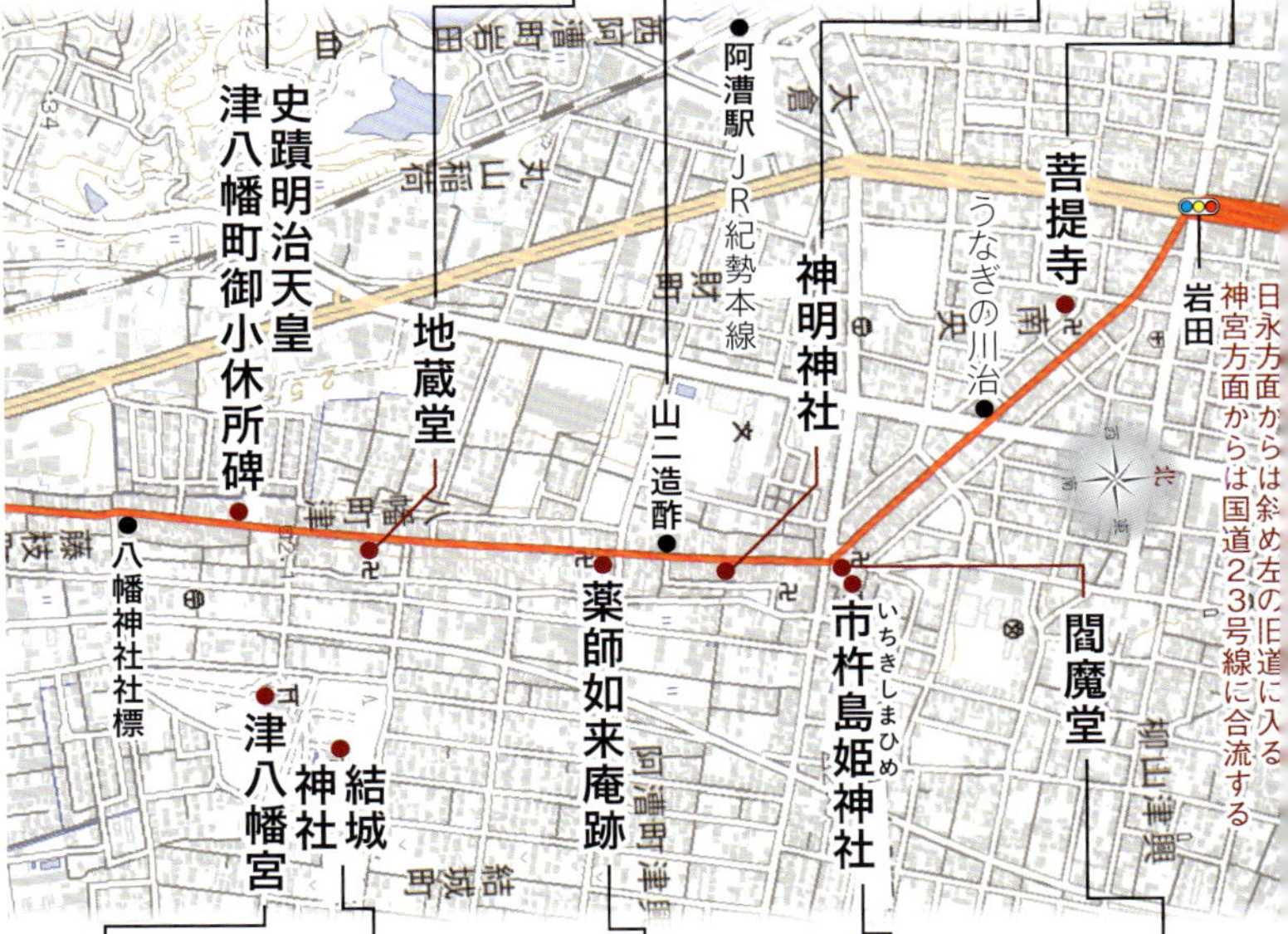
菩提寺
神明神社
地蔵堂
史蹟明治天皇津八幡町御小休所碑
八幡神社社標
山二造酢
薬師如来庵跡
市杵島姫《いちきしまひめ》神社
閻魔堂
津八幡宮
結城神社
阿漕駅
JR紀勢本線
うなぎの川治
岩田
日永方面からは斜め左の旧道に入る
神宮方面からは国道23号線に合流する

二代目津藩主藤堂高次が角町の守護とした。閻魔大王坐像と円空作の十一面観音立像を安置し、堂脇には子育延命地蔵尊がある

北畠氏の守護神。御神木の大イチョウは津空襲の際に湯気を発し、社殿を包み込み類焼を防いだという

伊勢国司北畠氏の祈願仏薬師如来像を安置していたが、平成十八年（2006）の火災で焼失した

文政七年（1824）十代目津藩主藤堂高兌（たかさわ）の創建。鎌倉幕府を倒し、津で病没した結城宗広を祭っている

二代目津藩主藤堂高次が寛永九年（1632）に還座させ、高虎の神霊を合祀して藤堂家の鎮守社とした

参宮者はここで香良洲に詣でるか否か思案したという。この辺りは遊郭で文政六年（1823）架橋の欄干には妓楼の屋号「山半」が浮彫りされている

本尊は行基作の大日如来坐像。境内に西行法師所縁の「さる稚児桜」がある

旧成就寺七堂伽藍の塔頭（たっちゅう）であった。境内に台石念仏塚がある

水に不自由した垂水村の産土神で水源地に祀られている。境内の「首なし地蔵」は織田信長の北畠氏攻略の際に斬られたという

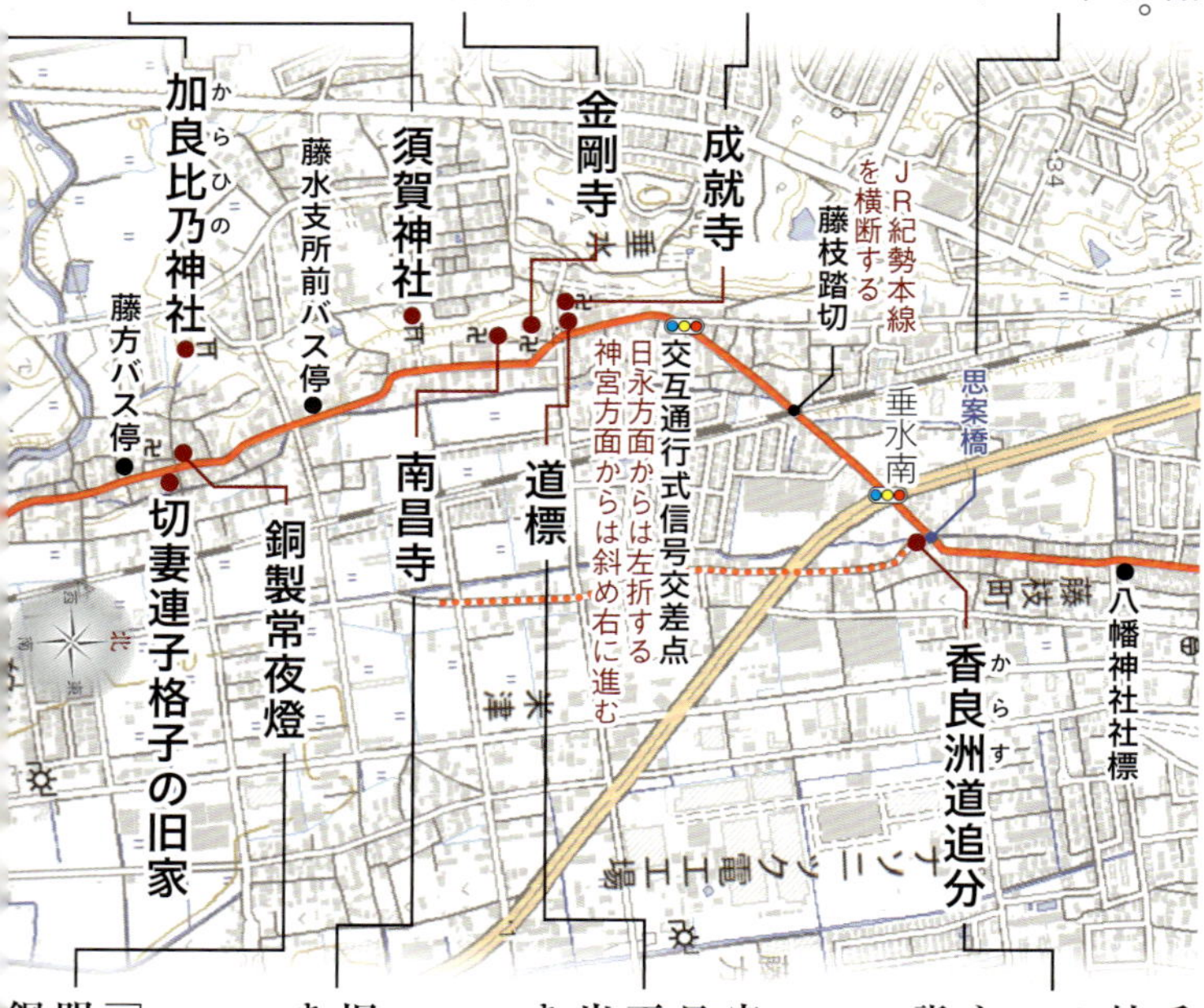
思案橋
成就寺
金剛寺
須賀神社
加《か》良《ら》比《ひ》乃《の》神社
藤水支所前バス停
藤方バス停
JR紀勢本線を横断する
藤枝踏切
交互通行式信号交差点
日永方面からは左折する
神宮方面からは斜め右に進む
垂水南
道標
南昌寺
銅製常夜燈
切妻連子格子の旧家
香良《から》洲《す》道追分
八幡神社社標
藤枝町
垂水
米津
0
250
500m

香良洲神社は天照大御神の妹神稚日女尊（わかひるめのみこと）を祀っていることから「お伊勢詣（まいり）ならば香良洲に詣れ、香良洲詣らな片参宮」といわれた

安永二年（1773）の「大日如来出現所香水道従是四丁」行基が大日如来を掘り出すと痛みがある病に霊験あらたかな香水が湧き出た

旧成就寺七堂伽藍の塔頭であった

「式内加良比之神社」社標と明和元年（1764）鋳造の銅製常夜燈がある

遍歴中の倭姫命が天照大御神を神殿に鎮座させた。水利が不便なため樋で水を引いたところから片樋宮（かたひのみや）と称された

正平九年（1354）念仏道場として開基され、文明十年（1478）一身田専修寺第十世真慧（しんね）上人より「浄円寺」と称せられた

文政八年（1825）の建立。大正初期まで木札を回し当番制で燈明をあげていた

参道口に六阿弥陀堂があり、脇に石標「円光大師 津 二十五霊場十五番」がある。円光大師は浄土宗開祖の法然のこと

鳥居前に文久三年（1863）の「十三社」と刻まれた春日型常夜燈がある。伊勢参宮勅使の休泊所であった

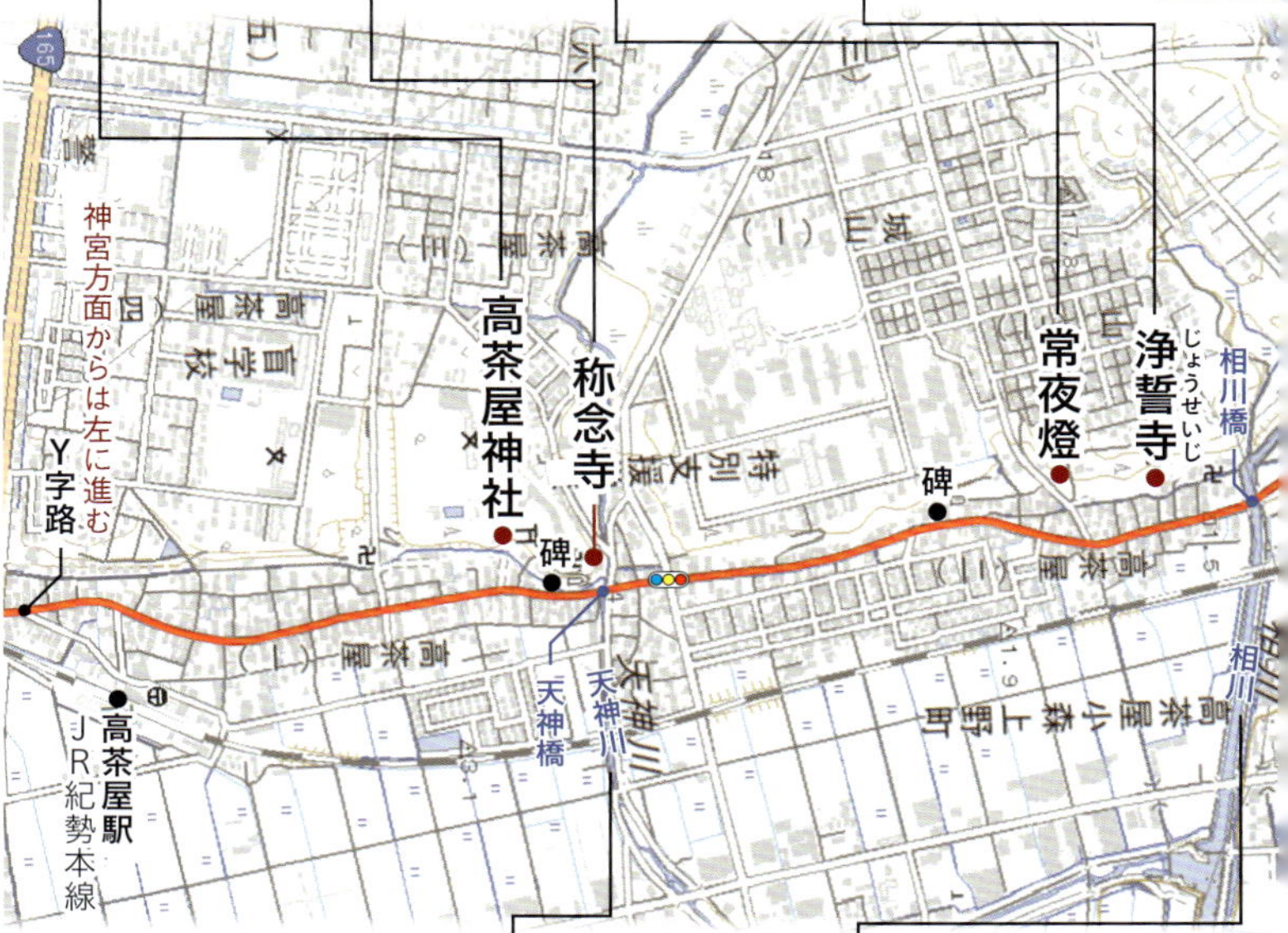

【藤方】藤潟とも書かれ、中世から近世にかけて製塩が行われた

風早池に源を発し、流末は伊勢湾に注ぐ。安濃郡と一志郡の境を流れているところから「間の川」と呼ばれた

野田池に源を発し、流末は相川に落合う

【高茶屋《たかぢゃや》村】津と雲出の中間にあたり、桜茶屋と呼ばれる立場茶屋があった。富士が遠望でき、ねり酒と貝焼きが名物で、白木の小樽と染貝が名産であった

津
8.3km 二里

雲出

10.3km 二里
松阪

【雲出宿】

雲津とも書かれた。雲出は雲出藩蒔田広定一万石の所領であったが、慶長十年（1605）備中國浅尾藩に移封し廃藩となり、津藩領となった。雲出宿は雲出川の渡しを控え賑わった

新四国八十八ケ所の石柱と石仏が並んでいる

集落の南北口に安置されていた山ノ神四基が移設されている

津市殿木地区圃場整備事業

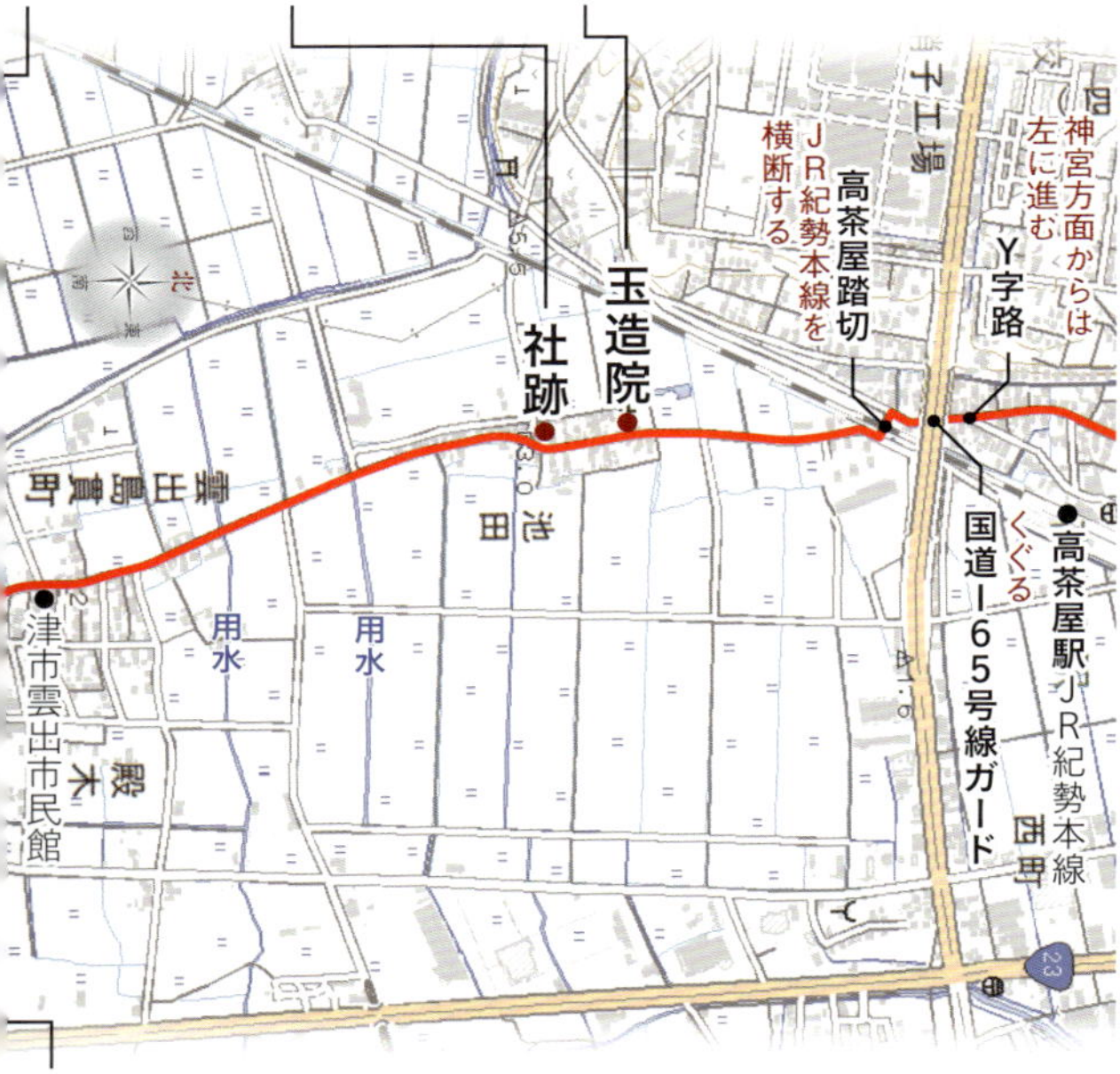

神宮方面からは左に進む
Y字路
高茶屋踏切
JR紀勢本線を横断する
子工場
玉造院
社跡
雲出島貫町
池田
用水
用水
津市雲出市民館
殿木
高茶屋駅 JR紀勢本線
くぐる
国道165号線ガード
西町
23
0
250
500m

境内のソテツは津市天然記念物

エリア＝三重県津市雲出島貫町
最寄り駅＝JR紀勢本線　高茶屋駅

【弥次喜多道中】

弥次さんは「十返舎一九」に、喜多さんは弟子になりすまし、雲出宿に到着。道連れになった南瓜の胡麻汁の家に案内され、運ばれた膳の中に石があった。二人は不思議でならなかったが見栄をはって食ったとすましていう。ところがこれはコンニャクを叩く焼石だった。さらに江戸から本物の十返舎一九がやって来て化けの皮が剥がれ、夜中嘲笑を背に追い出された。ご両人は旅籠も見つからぬまま夜道を歩いていると、軒下の犬がいっせいに吠えかかってきた。弥次さんは盛んに宙に「虎」の字を描いて追い払おうとするが、いっこうに逃げない「こいつらみんな無学な犬らしい」とひと騒ぎ

史蹟明治天皇島貫御小休所阯碑がある。明治二年（1869）、同十三年（1880）同家で休息した。脇の小路に入るとマキの大樹があり、山ノ神がある

天保五年（1834）の建立で元は渡しの北岸にあった

三峰山（みうねやま）に源を発し、流末は伊勢湾に注ぐ。北勢と南勢の境、今は津市と松阪市の境

寛政十二年（1800）建立で元は渡しの南岸にあった

板橋であったが、水嵩が増すと舟渡しになった

日永方面からは下って左折する
神宮方面からは石段を上り、土手道を左折する

明治元年（1868）近隣十一社を合祀し八王子神社から小野江神社と改称された

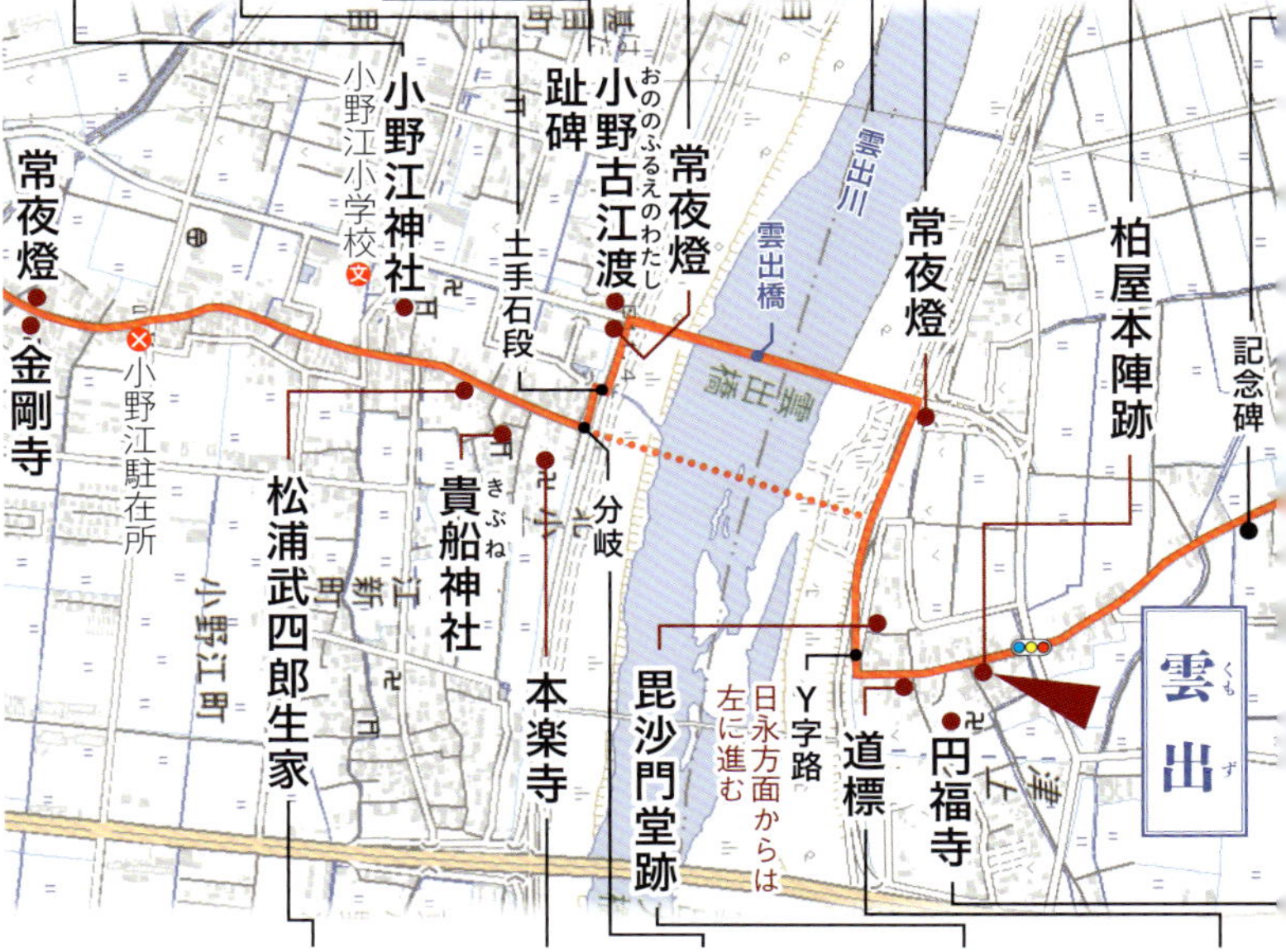
記念碑
柏屋本陣跡
常夜燈
雲出川
雲出橋
常夜燈
小野古江渡《おののふるえのわたし》
趾碑
小野江神社
小野江小学校
常夜燈
金剛寺
小野江駐在所
土手石段
分岐
松浦武四郎生家
貴船神社《きぶね》
本楽寺
毘沙門堂跡
日永方面からは左に進む
Y字路
道標
円福寺
雲出《くもず》
小野江町

「神明道」雲出長常（ながつね）村の神明社へ至る

「開運毘沙門天霊場　三十三所観世音分身安置　北畠大納言の守護尊」標石と「島貫の松」碑がある。この松は伊勢湾台風で被害を受け枯れてしまった

日永方面からは一本目を右折し旧道に復帰する
神宮方面からは突当りを左折する

慶長八年（1603）の創建で本尊は来迎阿弥陀如来

弘化二年（1845）蝦夷地から択捉（えとろふ）島や樺太まで探検し、幕府の蝦夷御用御雇に任命され、蝦夷地を「北海道」と命名した

【須川村】現小野江には旅籠があり雲出川が川留めになると賑わった

常夜燈　文政七年（1824）の建立で台石には「江戸乾物問屋中」と刻まれている

大和國奈良へ至る ― **奈良街道**

月本追分道標　天保十三年（1842）の道標「月本おひわけ、右いがご江なら道、右さんぐうみち、左やまと七在所順道」は伊勢参宮街道中最大のもの。並びの変形宮立形燈籠道標「右大和七在所道ならはせかうや道いがごゑ本道」は明治十六年（1883）の再建。月本追分には立場茶屋があり賑わった

道標　「からす道　一志驛跡」、御門橋付近には曽原茶屋があり、強飯、田楽、サザエのつぼ焼きが名物であった

金剛寺　本尊は来迎阿弥陀如来立像

香良洲道道標　文政四年（1821）建立の「旅神社　小舟江村是より三丁右からすみち」

香良洲道枝道　至 香良洲道

両宮常夜燈　明治三年（1870）の建立

勅使塚　源氏追討祈願のため神宮に赴く勅使大中臣定隆が一志駅で亡くなり、埋葬したところという。天保三年（1832）の常夜燈がある

香良洲道枝道　至 香良洲道

「左さんぐう道 右津みち」

道標「右さんぐうみち」、常夜燈、金毘羅大権現、山ノ神が二基ある

小路口の左にある。「左からす道」

大正三年（1914）の「右松阪及山田道」「左津及香良洲道」。竿長の常夜燈は明治四十五年（1912）の建立。参宮線が開通しても白装束姿の参宮者は六軒駅で降り、徒歩で神宮に向かった

「い加ごへ追分六けん茶や 右いせみち六軒茶屋 やまとめぐり加うや道 大和七在所順道（じゅんどう）」奈良、大阪への初瀬街道追分

道標・燈籠・山神
日永方面からはY字路を左に進む
日永方面からは右折する
神宮方面からは左折する
石造物群
道標
中勢バイパス高架
くぐる
六軒駅
JR紀勢本線
道標・常夜燈
小津西
六軒郵便局
旧法導寺
小津一里塚跡
的屋跡
養命寺跡
香良洲道枝道 ― 至 香良洲道
六軒追分道標
大坂屋
常夜燈
三渡橋
三渡川
小津町
六軒町
小中新田
166

青面金剛像庚申塔、大日如来像、六地蔵等がある

標識がある。中道には機関（からくり）の的屋、文楽芝居小屋等があった

昭和五十四年（1979）の標石「一里塚竜宮橋より南凡そ95m」がある

境内に大日如来碑や小倉新田村の道脇から移設した庚申塔がある

潮の干満による渡し場が三ケ所あった

文政元年（1818）大阪の商人が二反の田を付けて寄進したもの

妻入り幕板の旧家

大正三年（１９１４）築、向屋敷と呼ばれた妻入り格子戸の旧家

妻入り幕板連子格子の旧家

宝暦元年（１７５１）の「忘井之道」

【市場庄】茶屋や旅籠が軒を連ね、的に当たると仏や鬼の顔が出る機関的（からくりまと）などの遊技場があった

久米村の北口に安置された陽刻地蔵立像

庚申堂、行者堂、山ノ神二基、道標「左さんぐう道」、いおちかんのん道標、嘉永五年（１８５２）の常夜燈は江戸日本橋室町の商人が建立したもの

六軒追分道標
大坂屋
大清
天満屋
合羽屋
いちのや
清遠堂
道十
道標
門前
中屋
ふろや
殿村屋
南出
磯八
地蔵尊
近鉄山田線ガードくぐる
石造物群
日永方面からは左折する
神宮方面からは右折する
格子戸の街並み案内解説板
石甚
かご兵
仙台屋
ランプ屋
古木屋
はこや
市場庄公会堂
神楽寺
米之庄《よねのしょう》神社
忘井《わすれい》
蛸路屋
米銀跡
ふろ屋
山彌
常夜燈
三渡橋
三渡川
市場庄

【六軒茶屋】雲出、松阪の中間に位置し、立場であった。伊勢音頭に「明日はお立ちか、お名残おしゅうや、六軒茶屋まで送りましょう・・・」と唄われ賑わった

井戸と歌碑がある。斎王群行に随行した官女甲斐が都を思い涙ながらに「別れゆく都の方の恋しきにいざ結びみむ忘れ井の水」と詠んだ

三渡で水揚げされた魚の市が立ち、市場庄の起源となった。社頭に文政五年（１８２２）の永代両宮常夜燈がある

境内に村口にあった庚申塔や青面金剛像がある

大正七年（１９１８）築で米ノ庄村役場であった

0　250　500m

南北朝時代から続く名家で藤堂藩の家老や御典医を勤めた

観音堂には十一面観音像が安置されている。松阪の豪商三井家、小津家の帰依を受けた

所々に「塚本氏子中」と刻まれた石柱がある。これは祭礼の際に幟（のぼり）を立てる支柱

この辺りでは村単位で富士講が行われた

行基の開基と伝わる。織田信長は大河内城を攻めあぐね、次男の信雄（のぶかつ）を北畠家の養子に入れ和睦した。信雄は当寺で義父になる北畠具房（ともふさ）と対面した。境内に芭蕉句碑「梅が香にのっと日の出る山路かな」がある

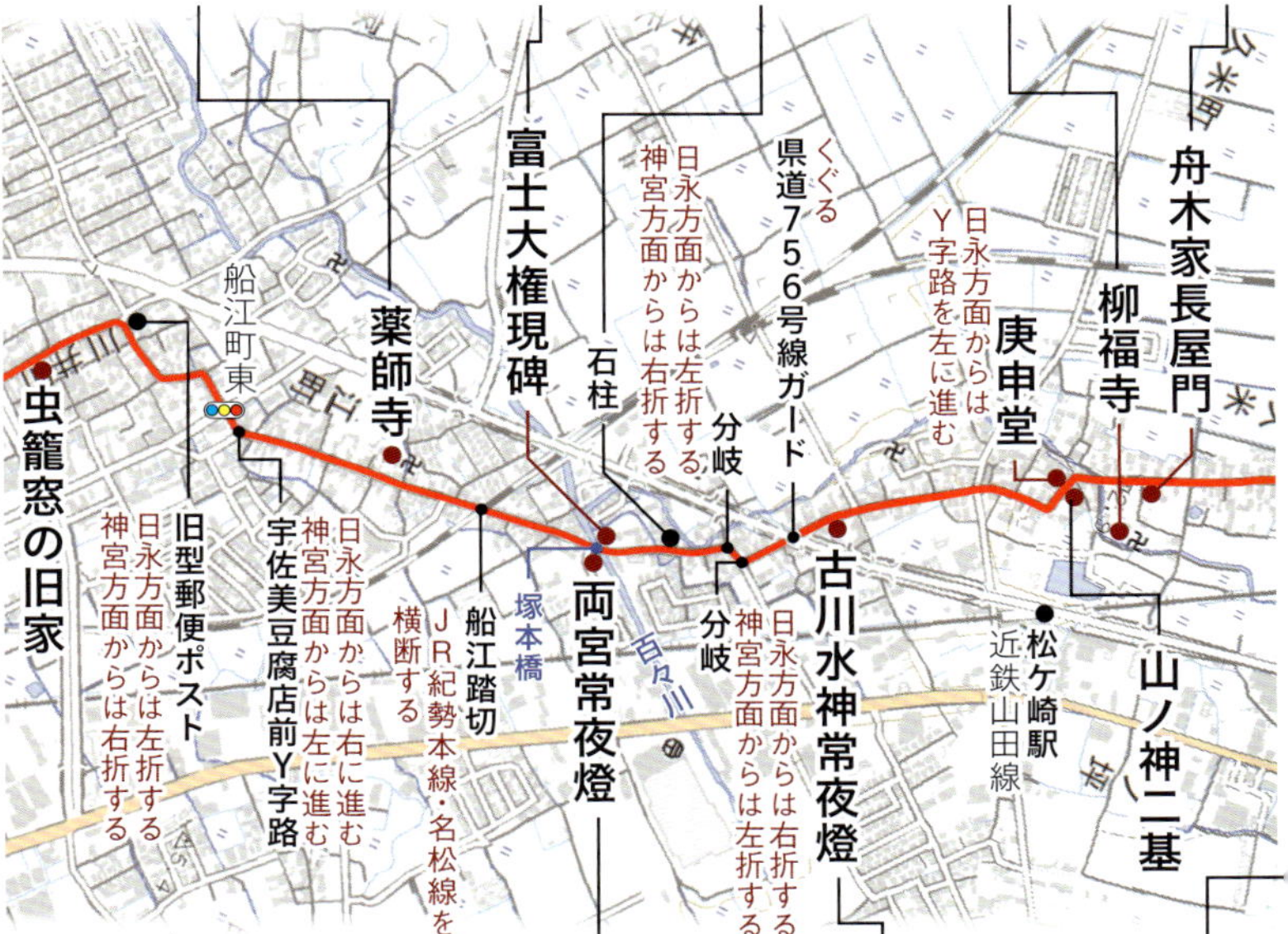

舟木家長屋門
柳福寺
庚申堂
日永方面からはY字路を左に進む
山ノ神二基
松ケ崎駅
近鉄山田線
くぐる県道756号線ガード
日永方面からは左折する 神宮方面からは右折する
石柱
分岐
分岐
古川水神常夜燈
日永方面からは右折する 神宮方面からは左折する
富士大権現碑
両宮常夜燈
塚本橋
百々川
船江踏切
JR紀勢本線・名松線を横断する
薬師寺
宇佐美豆腐店前Y字路
日永方面からは右に進む 神宮方面からは左に進む
船江町東
旧型郵便ポスト
日永方面からは左折する 神宮方面からは右折する
虫籠窓の旧家

六軒～市場庄～久米間の街並み図の旧商家に旧屋号が記されている

万延二年（1861）の建立。小さな祠と古川水神遥拝所碑、山ノ神が二基祀られている

嘉永五年（1852）建立

【弥次喜多道中】雲出を追い出されたご両人は夜道で松阪に帰る臆病な大男と一緒になり、草鞋を焼く白煙を幽霊と見間違えたりしながら、松阪へは夜更けに到着し、松阪大橋手前の木賃宿に泊まった。明け方には早くも宿を出立、松阪をろくに見もせず通り過ぎてしまった

雲出 —— 10.3km 二里 —— **松阪** —— 17.0km 四里八町 —— 小俣

エリア＝三重県松阪市中町
最寄り駅＝JR紀勢本線／近鉄山田線 松阪駅

【松阪宿泊】
H1 ビジネス和風旅館満喜 ☎0598(21)0034
H2 鯛屋旅館 ☎0598(23)1200
H3 松阪シティホテル ☎0598(23)5151

【川井町】
松阪宿の北口手前で黒門があり「酒楼妓院軒を並べて弦歌湧くが如く、遊客群集す」といわれた

白猪山（しらいさん）に源を発し、流末は伊勢湾に注ぐ

七十二歳で生涯を閉じるまで過ごした

松阪御三家木綿商であった

蒲生氏郷は北畠（織田）信雄が海寄りに築いた松ケ島城を廃し、現在地に松坂城を築いた

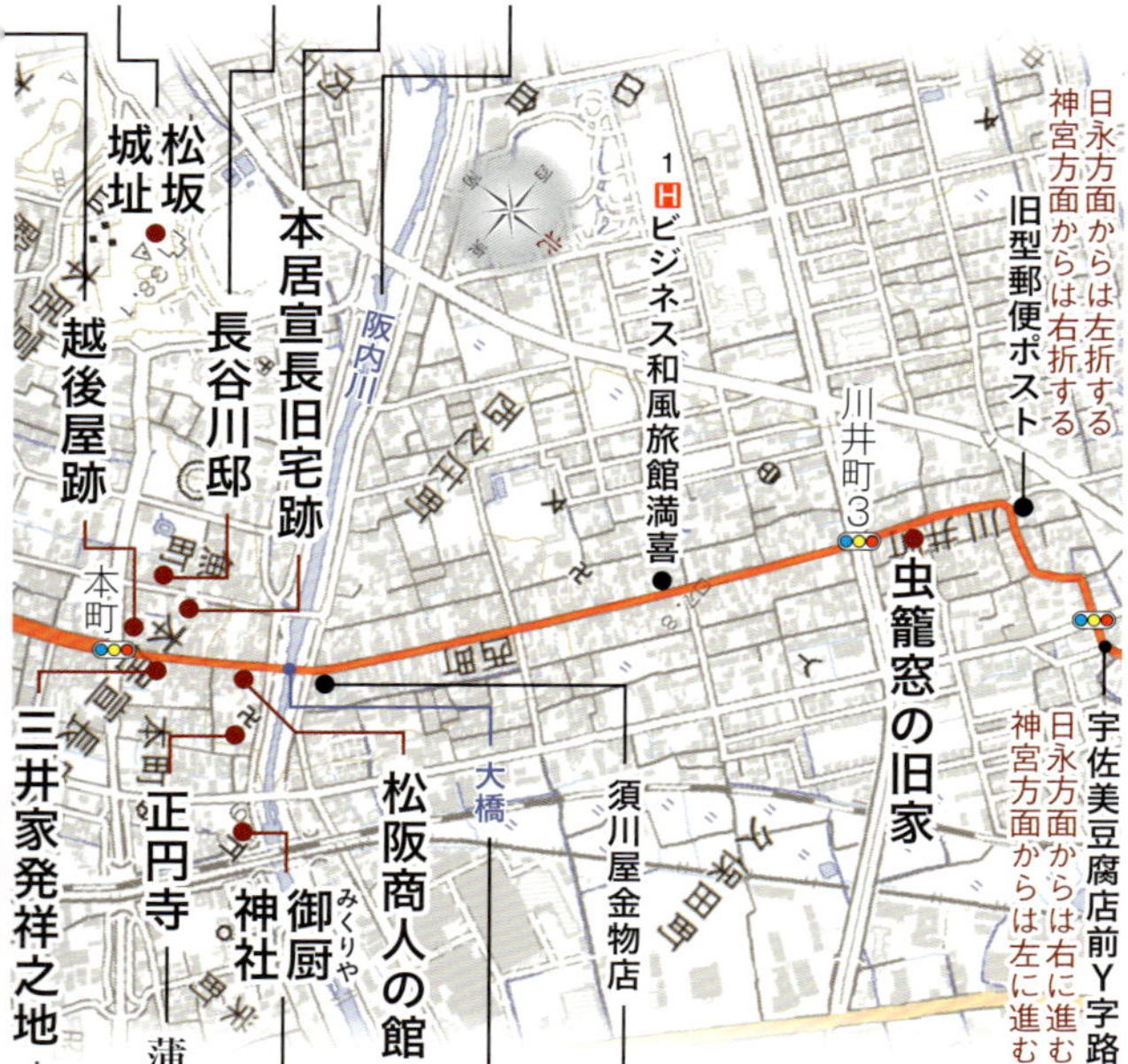

日永方面からは左折する
神宮方面からは右折する
旧型郵便ポスト
1 H ビジネス和風旅館満喜
川井町 3
虫籠窓の旧家
宇佐美豆腐店前Y字路
日永方面からは右に進む
神宮方面からは左に進む
須川屋金物店
大橋
阪内川
松阪商人の館
御厨《みくりや》神社
正円寺
三井家発祥之地
越後屋跡
本町
長谷川邸
本居宣長旧宅跡
松坂城址

【松阪宿】

天正十二年（1584）秀吉の命により蒲生氏郷が松坂城主となり、海寄りの街道を城下に引き入れ、故地である近江の日野から商人を移住させ城下町を発展させた。徳川の世になると紀州藩領となり松坂城二の丸に陣屋が置かれた

卯建を上げ土壁に虫籠窓の町屋建築を残している

松阪宿の北口で南詰に高札場があった

松阪御三家紙問屋小津家邸宅、江戸店を構えた

松坂城鬼門の鎮守

蒲生氏郷が松ケ島から移した

松阪御三家三井財閥の礎を築いた三井高利の生家

0 250 500m

現松阪もめん手織りセンター、三井高利が最初に構えた店跡、江戸店を構えた

創業明治十一年（1878）「松阪牛寿き焼」の老舗

標石がある。美濃屋庄右衛門が勤めた

標石がある。問屋場跡

標石がある。本居宣長は賀茂真淵と対面し、入門した

「右わかやま道　左さんぐう道」紀州藩道であった

本居家の菩提寺で宣長夫妻の墓がある

境内に元治元年（1864）の芭蕉句碑「春もややけしきととのふ月と梅」がある

映画監督の安二郎は豪商小津家の末裔で青春時代の十年間を松阪で過ごした

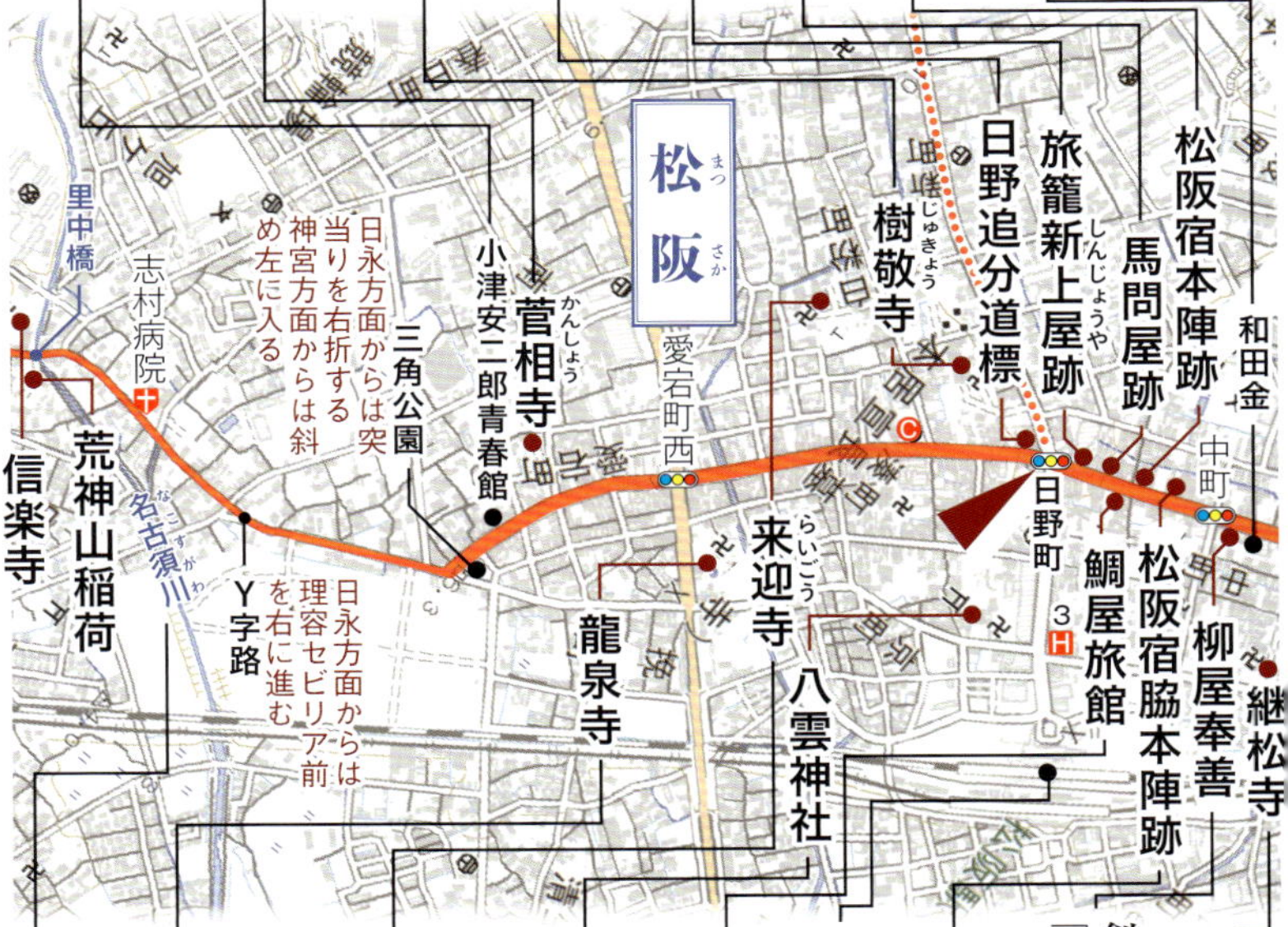

松阪《まつさか》
和田金
松阪宿本陣跡
馬問屋跡
旅籠新上屋《しんじょうや》跡
日野追分道標
樹敬寺《じゅきょう》
菅相寺《かんしょう》
小津安二郎青春館
三角公園
日永方面からは突当りを右折する神宮方面からは斜め左に入る
志村病院
里中橋
荒神山稲荷
信楽寺
名古須川《なこすがわ》
Y字路
日永方面からは理容セビリア前を右に進む
愛宕町西
来迎寺《らいごう》
龍泉寺
八雲神社
日野町
3 H
鯛屋旅館
松阪宿脇本陣跡
柳屋奉善
中町
継松寺

行基創建の古刹で日本初の厄除観音として賑わう

創業天正三年（1575）銘菓「老伴（おいのとも）」の老舗

快楽亭辺り。大和屋与兵衛が勤めた

松阪駅 ＪＲ紀勢本線／近鉄山田線

創業文化文政年間（1804～30）で築百年 H2

本居宣長が奉納した二巻の百首歌がある

本堂は国重文。境内に寛政五年（1793）の芭蕉句碑「たわみてはゆきまつ竹のけしきかな」がある

薬医門は松ケ島城裏門を移築したもので市内最古の木造建築物

流末は伊勢湾に注ぐ

【垣鼻町】松阪宿の南口に位置し、北の川井町と共に紅灯を競う歓楽街であった

門前に仏足石（ぶっそくせき）、山門脇に閻魔堂がある

金剛橋から極門橋間の直線道。名物の白酒を商う茶屋が数軒あった

文政十二年（1829）江戸干鰯（ほしか）問屋が建立し、嘉永二年（1849）に修理された。干鰯とはイワシを乾した魚肥で綿花栽培の肥料に適し需要が高かった

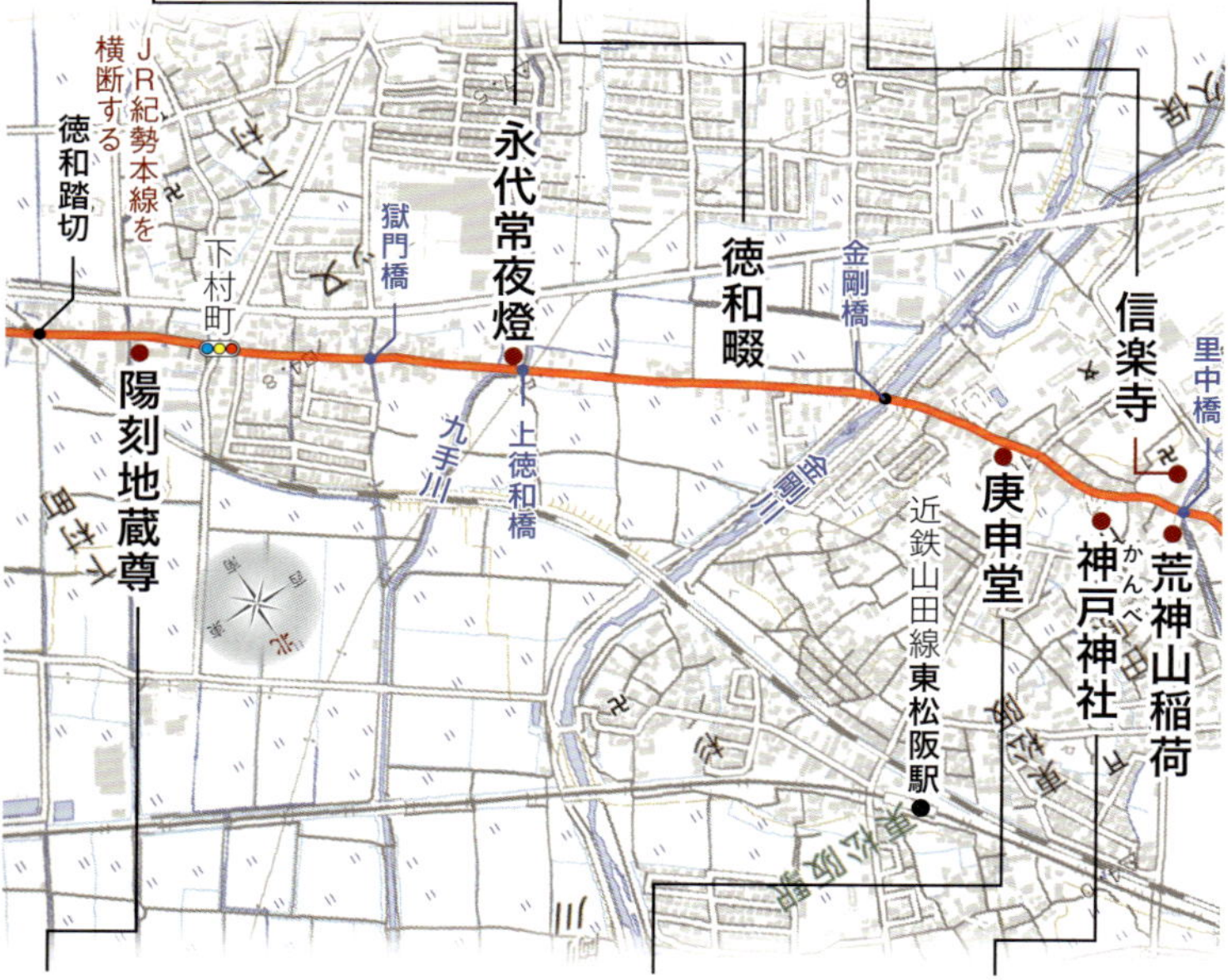
信楽寺
里中橋
荒神山稲荷
神戸《かんべ》神社
庚申堂
近鉄山田線東松阪駅
金剛橋
金剛川
徳和畷
永代常夜燈
上徳和橋
九手川
獄門橋
下村町
陽刻地蔵尊
JR紀勢本線を横断する
徳和踏切

垣鼻村の鎮守で祭神は香具土命（かぐつちのみこと）で、元は香具土神社と称したが明治四十一年（1908）神戸神社と改称された。境内社に御乳母稲荷神社がある

徳和坂の北側段上にある。青面金剛像を安置している

【白酒《しろざけ》】白く濁った甘味の強い酒。蒸したもち米と米麹（こめこうじ）を混ぜ合わせ、焼酎あるいは酒を加えて熟成させ、石臼で挽いた酒

神戸保育園と用水路の間に安置されている

0 250 500m

「片岡山大日如来是より三丁」と刻まれている。大日寺はJR紀勢本線を越えた先にある

「禁酒の神　沖玉夫婦石」標石がある。この石に酒をかけ、酒を預かって頂くよう願を掛けると禁酒が出来るという

参道口に明和五年（1768）の常夜燈と青面金剛像を安置した庚申堂がある

参道口に石造太鼓橋がある

JR紀勢本線徳和駅
大日寺寺標
万人講常夜燈
加茂川橋
上川西
沖玉の夫婦石
八柱神社
連子格子の旧家
浄林寺
ふなだ外科内科クリニック
連子格子の旧家
道標
連子格子の旧家

天保二年（1831）の建立。万人講とは講を組み（講中）神社仏閣に参詣し、堂塔の建立修理等の寄進を行なった

弘化三年（1846）建立の「従是外宮四里」。江州（ごうしゅう）玉造講が寄進したもの

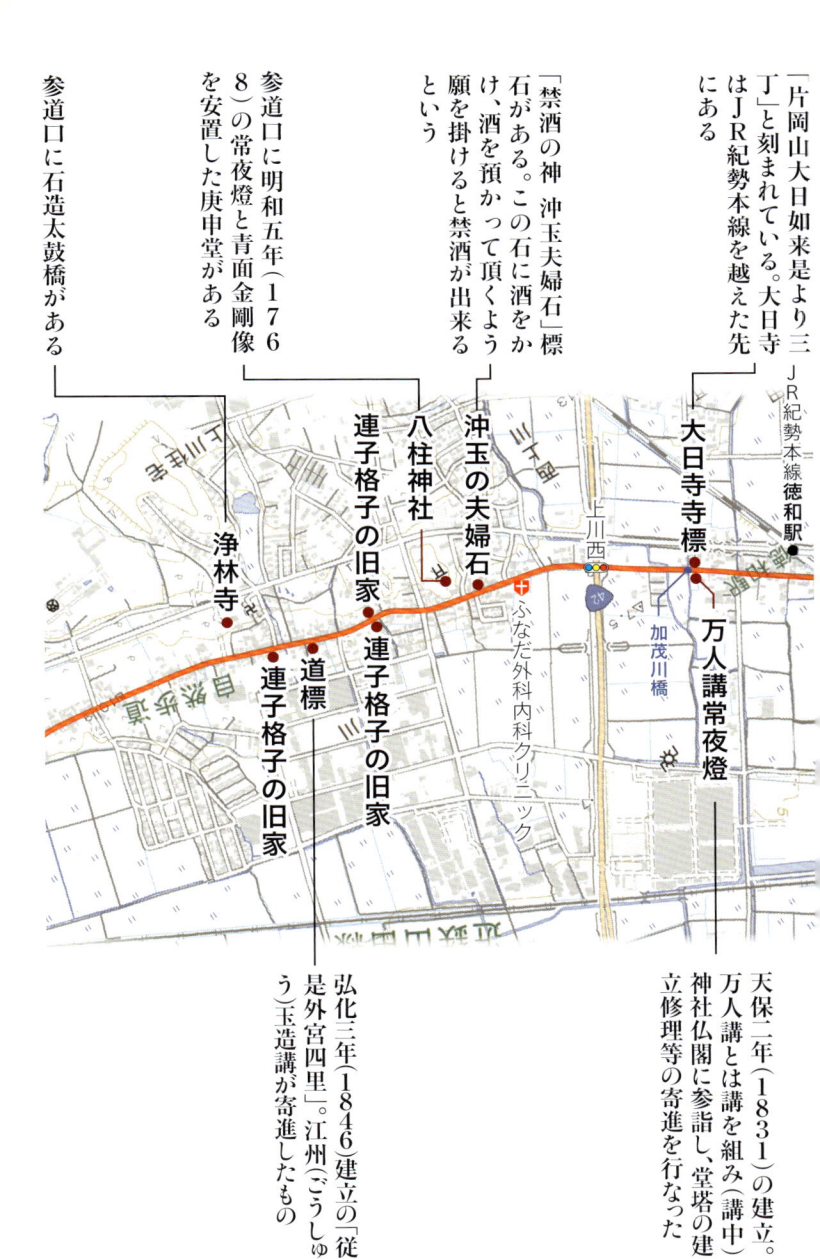

地蔵堂や庚申堂がある

赤鳥居が並ぶ豊養稲荷大明神の前に「式内大櫛神社」「櫛田大市」の石碑がある。延喜式神名帳に記載された大櫛神社の旧地で、かつてはここで市が立った

流末は伊勢湾に注ぐ。倭姫命（やまとひめのみこと）が櫛を落としたところに由来する。冬は仮橋、夏は舟渡しで共に渡し賃が徴収された

願證寺
連子格子の旧家
櫛田橋親柱
豊原南
県道37号鳥羽松阪線を横断する
豊養稲荷神社
櫛田
櫛田川
日永方面からは左折する 神宮方面からは右折する
櫛田橋
櫛田橋北詰
おもん茶屋跡
日永方面からは左折する 神宮方面からは右折する
道標
虫籠窓の旧家
櫛田駅
近鉄山田線
里程標
0 250 500m

白壁虫籠窓の旧家で「へんば餅」が名物であった。豊原村は松阪と小俣の中間に位置する「間の宿」で櫛田宿と呼ばれ旅籠や茶屋が軒を連ねていた

文政二年（１８１９）の「左さんくうみち 右い賀みち」

豊原村は「間の宿」で旅籠もあった

大正三年（１９１４）の「距宇治山田元標参里二十町四十一間」「距松坂元標一里二十九町三十四間」「距津元標六里十二町八間」この辺りに櫛田川の渡し場があった

日永方面からは土手石段を上る 神宮方面からは土手石段を下る

境内に「櫛田川の渡し」にあった文化十三年（1816）の道標「右けのう・左さんくう・」がある

創業天明年間（1781～89）「壺屋の煙草入れ」は伊勢参宮土産として広く知られ評判であった。壺屋紙は和紙を固めて油を引き、型押しした擬革紙（ぎかくし）で、太田南畝は「夕立や伊勢の稲木の煙草入れ古（降る）なり（鳴り）光る強い紙なり（雷）」と詠んだ

櫛田川の分流で流末は伊勢湾に注ぐ。斎王群行の際、ここで「お祓い」をして斎宮に入った。冬は仮板橋、夏は舟渡しで、渡し賃が徴収された。松阪市と多気（たき）郡の境

日永方面からは左折する
神宮方面からは右折する
櫛田橋南詰
早馬瀬神社
県道428号伊勢小俣松阪線
壺屋池部清兵衛邸跡
大稲木
祓川橋
祓川《はらいがわ》
道標
漕代《こいしろ》駅
近鉄山田線
名号碑
旧家
地蔵尊
大乗寺
日永方面からはY字路を右に進む
松阪市漕代《こいしろ》水防倉庫

明治政府の学制発布により、明治七年（1874）本堂を校舎として早馬瀬（はやませ）学校が創立された

天保九年（1838）の陽刻地蔵立像。機殿（はたどの）神社への機殿道の分岐に安置されている

稲木（いなぎ）村には茶屋や旅籠があった

文化十四年（1817）の梵字名号碑。参宮旅の道中で亡くなった人々を供養している

弘化四年（1847）の「従是外宮三里 宮川へ二里半」

弘化四年（1847）の「従是外宮三里 宮川へ二里半」

【竹川村】村内には立場茶屋があり駕籠屋の溜まり場や馬の取次ぎ場があった。明治になると人力車、馬車の溜まり場となった

【斎王村】村内に斎王の御所があったところに由来する

天正四年（1576）斎宮の乾源休が菩提寺として創建。明治元年（1868）廃仏毀釈により廃寺となった

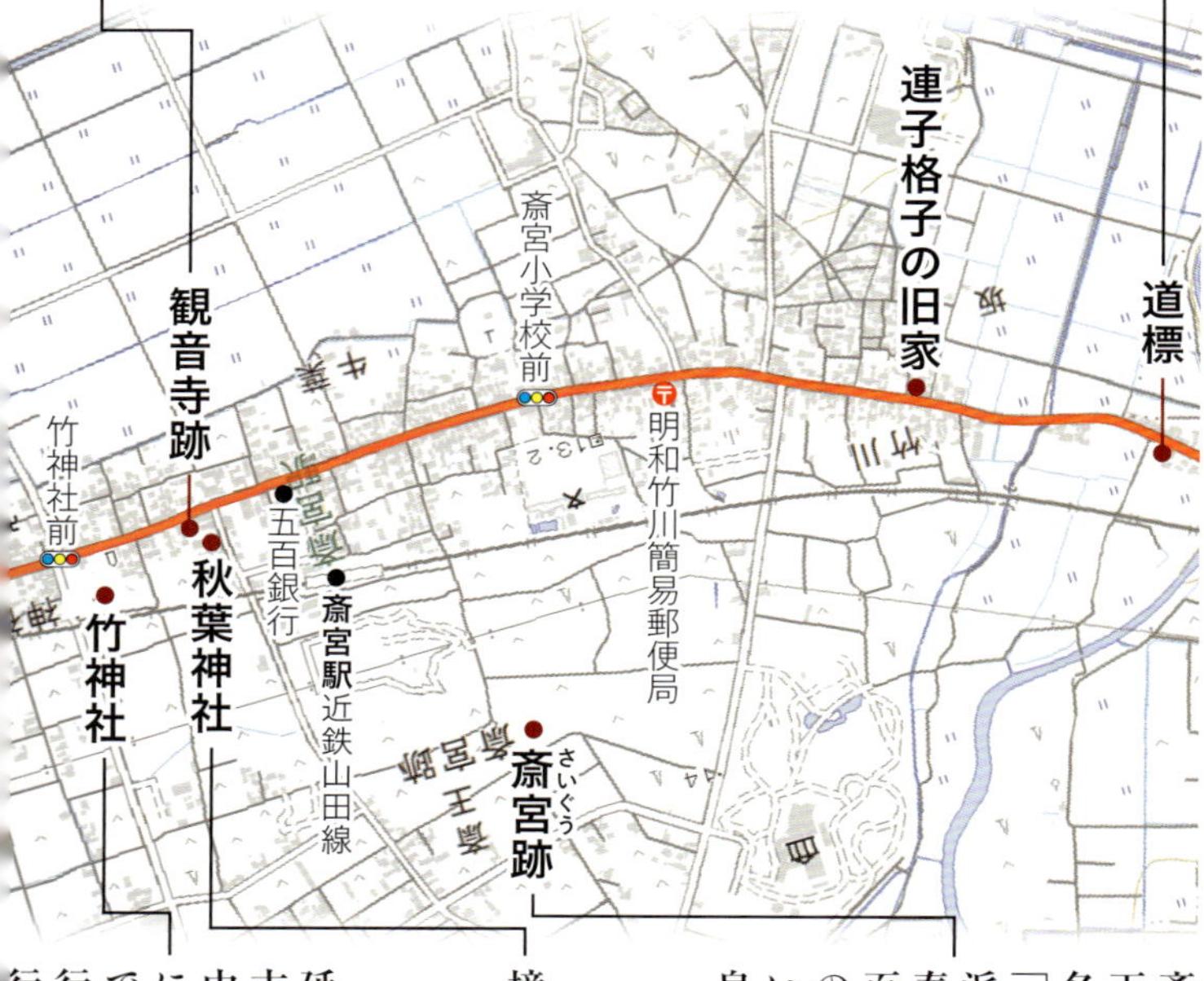
道標
連子格子の旧家
斎宮小学校前
明和竹川簡易郵便局
観音寺跡
竹神社前
五百銀行
斎宮駅
近鉄山田線
秋葉神社
竹神社
斎宮跡《さいぐう》
0
250
500m

斎宮は斎王の宮殿であった。天皇が即位すると、天皇の名代として未婚の皇女が「斎王」となり、伊勢神宮に派遣され巫女（みこ）として奉仕した。平安時代から六百六十年間執り行われ、その間に六十名余りの斎王がいた。この慣例は後醍醐天皇以降途絶えた

境内に庚申堂がある

延喜式神名帳に記載された古社で多気（たき）郡の地名由来になった。元は斎宮内に祀られた十七社内の一社であった。毎年六月初旬に行われる「斎王祭り」の斎王行列の出立地になっている

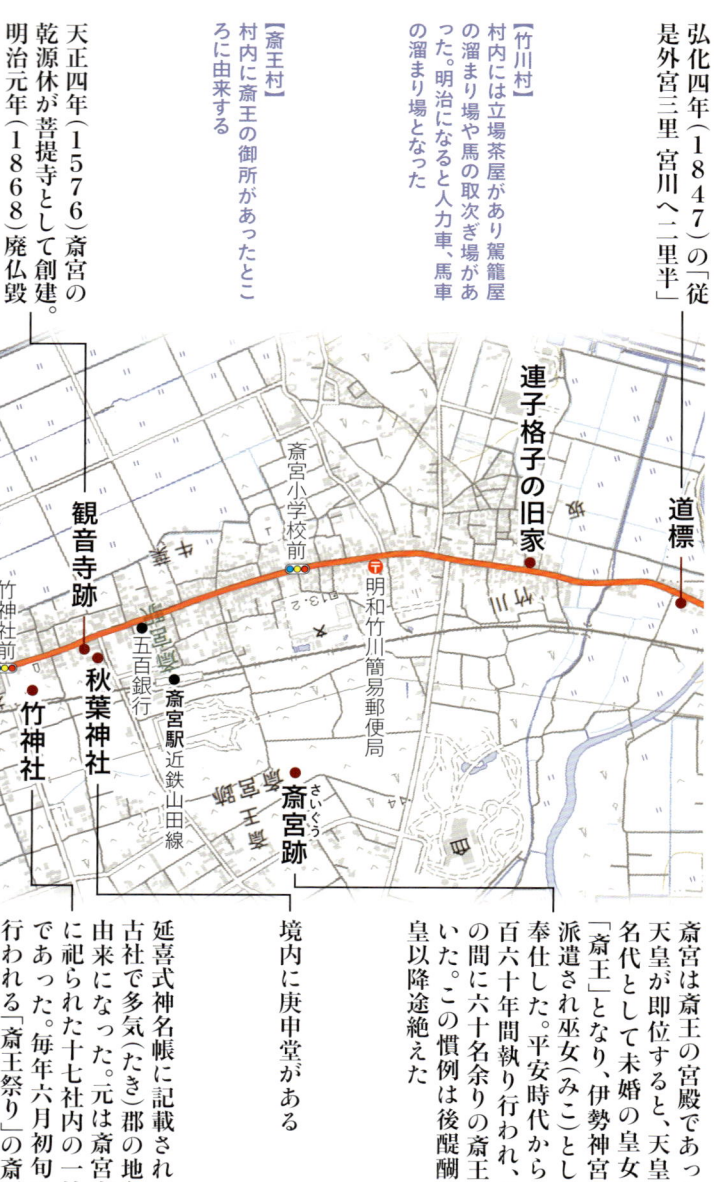

「天満宮の道 四丁」ここに絵馬堂があり、掲げられていた絵馬の毛色で豊作を占った。この絵馬は竹神社に社宝として保存されている

祠内に火伏に御利益がある盃地蔵が安置されている

「斎宮旧蹟蛭澤之花園」は天然記念物「どんど花（野生菖蒲）群生地」への道しるべ。「斎王隆子女王御墓従是拾五丁」天延二年（974）病に倒れ斎宮で亡くなった

斎王が斎宮より伊勢神宮に赴くための官道。幅員は五間（約9．1m）で両側には溝が掘られていた

【上野村】本明星とも呼ばれ、茶屋が多数あった

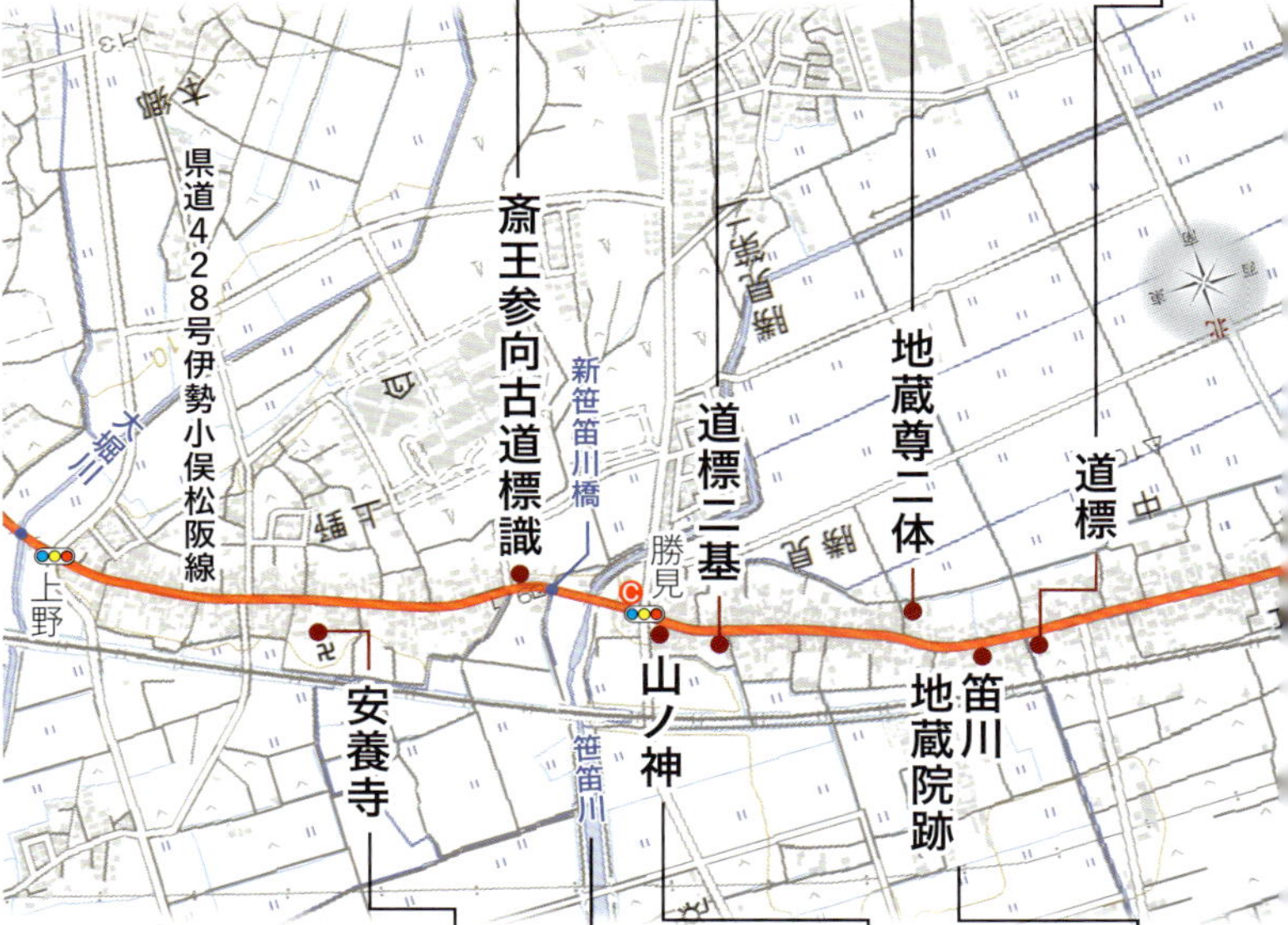

斎王参向古道標識
道標二基
地蔵尊二体
道標
笛川地蔵院跡
山ノ神
安養寺
県道428号伊勢小俣松阪線
新笹笛川橋
笹笛川
大堀川
上野
勝見

明治になると斎宮の地は神領となり神仏分離令により廃寺となった。旧境内には庚申堂、山ノ神、永正十年（1513）の六地蔵石幢（三重県指定文化財）がある

石積上に山ノ神が三基祀られている

多気郡明和町の中央部を流れ、流末は伊勢湾に注ぐ

境内に明星井（あけぼののい）がある。湧き出る明星水は日本三霊水の一つ、参宮者に浄めの茶を接待し「明星茶屋」と呼ばれ賑わった

【弥次喜多道中】ご両人は明星茶屋で休憩し、派手な大縞（おおじま）を羽織った上方者に誘われて喜多さんは相乗りし、馬上で互いの習慣や風俗をけなし合いながら小俣に向かった

史跡公園になっている。斎宮で用いる土師器（はじき）が焼かれた。当時の土器製作の工程を今に伝えている

文明十三年（1481）の創建。庫裏は元本堂で明暦年間（1655〜58）の建立。梵鐘は延宝八年（1680）の鋳造。本堂は天保九年（1838）の建立。表門は北畠氏の田丸城から、南門は松坂城から移設したもの

【日本三霊水】
伊勢安養寺の「明星水」、山城伏見の「直井」、常陸東国三社息栖（いきす）神社の「忍潮井（おしおい）」

水池土器製作遺跡
転輪《てんりん》寺
明星（西）バス停
明星（東）バス停
明星郵便局
大仏山公園案内標識
新茶屋（西）バス停
明星駅
近鉄山田線
そうめん坂
上野
大堀川
0 250 500m

標識がある。そうめん、草履、笠を商う茶屋があった

【明星村】
立場があり「茶屋多し、宿駅ならねども客舎有」といわれた

【名物伊勢うどん】

コシのない極太麺に出汁を加えた「溜り醤油」を絡めただけの質素なうどん。次々と押し寄せる参宮者に素早く提供できるように絶えず茹でていた。長旅で疲労が溜っている参宮者には「胃にやさしく、腹持ちが良い」と評判で「生きているうちに食わなければ、死んで閻魔に叱られる」といわれた

伊勢参宮土産として人気があった擬革紙製の煙草入を商っていた

多気郡明和町と伊勢市の境

天保七年(1836)の南無阿弥陀佛三界萬霊塔で「上人さん」と呼ばれた。ここの庚申堂を霊場として修行していた徳浄上人は「天保の大飢饉」に見舞われた村民の窮状救済のため、伊勢両宮に千日間素足で日参した。境内には寛政年間(1789~1801)建立の庚申堂や寛保元年(1741)の廻国供養塔がある

シイの大木があったところから「しいの辻」と呼ばれた。このシイの木に触ると祟りがあるといわれた

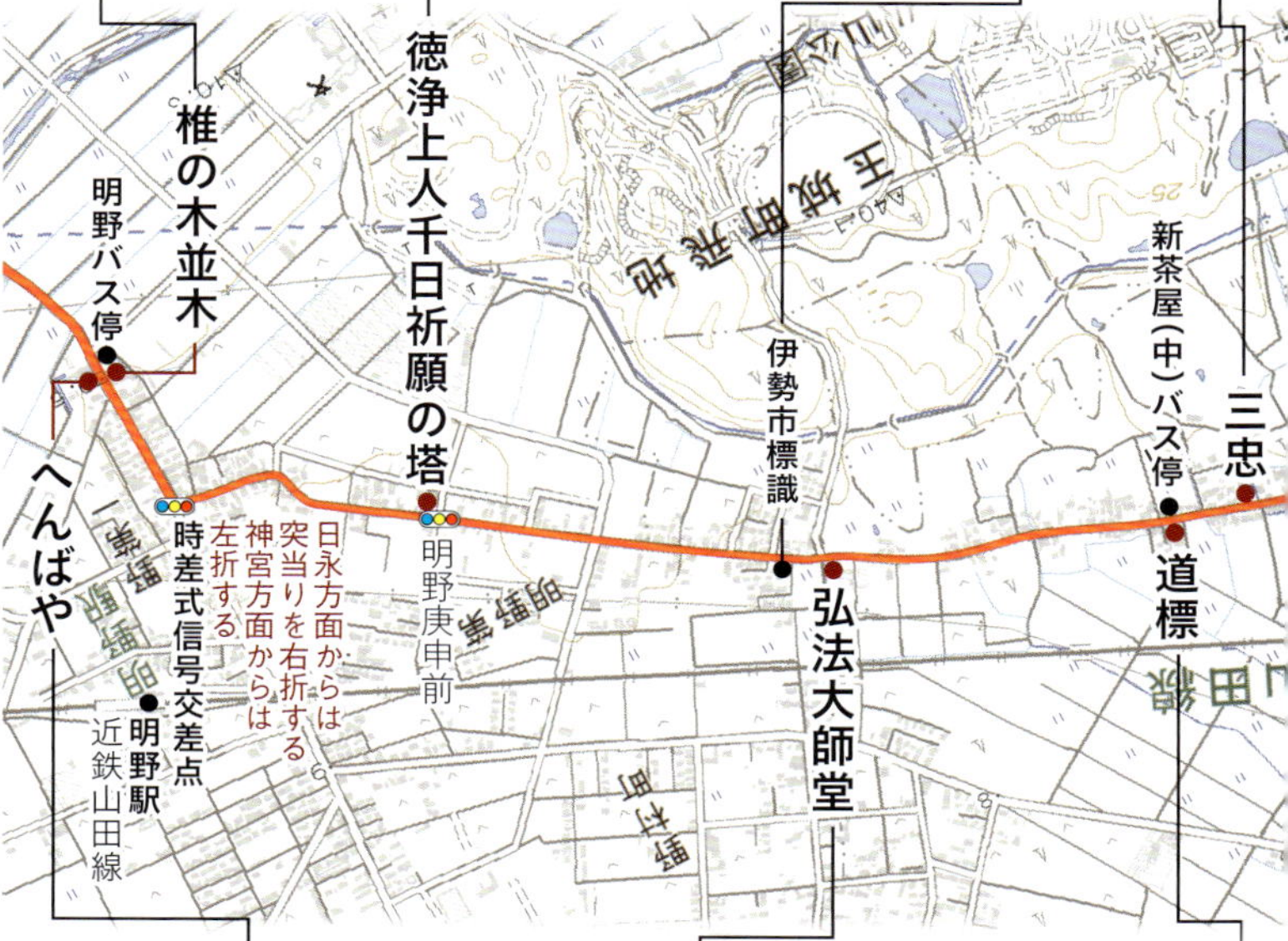

三忠
新茶屋(中)バス停
道標
伊勢市標識
王城町飛地
弘法大師堂
徳浄上人千日祈願の塔
明野庚申前
日永方面からは突当りを右折する
神宮方面からは左折する
椎の木並木
明野バス停
時差式信号交差点
明野駅
近鉄山田線
へんばや
山田線

嘉永六年(1853)の「従是外宮二里 宮川江一り」

【新茶屋村】参宮者が増えると、明星茶屋だけではさばききれなくなり、この辺りにも茶屋が出来た

二体の弘法大師坐像が安置されている。参宮者の信仰が篤かった

名物「へんば餅」の老舗。へんば餅はこしあんの大福餅をつぶして焼いたもの。当初は宮川の渡し場にあり、参宮者はここで馬を返したところから「返馬茶屋」と呼ばれた。安永四年(1775)この地に移転した。店内には三宝荒神(三人乗り用の馬具)が展示されている

松阪
17.0km 四里八町
小俣
4.0km 一里半
山田

エリア＝三重県伊勢市小俣町元町
最寄り駅＝JR参宮線 宮川駅

【小俣宿】

小俣宿は鳥羽藩と紀州藩の相給地（あいきゅうち）であった。宿内には旅籠が軒を連ね賑わい、菅草履（すがぞうり）やうぐいす笛が名物であった

【小俣宿泊】
H― 倉野屋旅館 ☎0596(22)ーーーー0

【宮川の渡し】

大和、紀州方面からは「柳の渡し（上の渡し）」、京、江戸方面からは「桜の渡し（下の渡し）」で共に舟渡しであった。宮川は伊勢神宮の神領と境界をなす神聖な川とされ、渡河すると「お祓い」を受けた

小俣宿の江戸口にあるところから「江戸橋」と呼ばれた

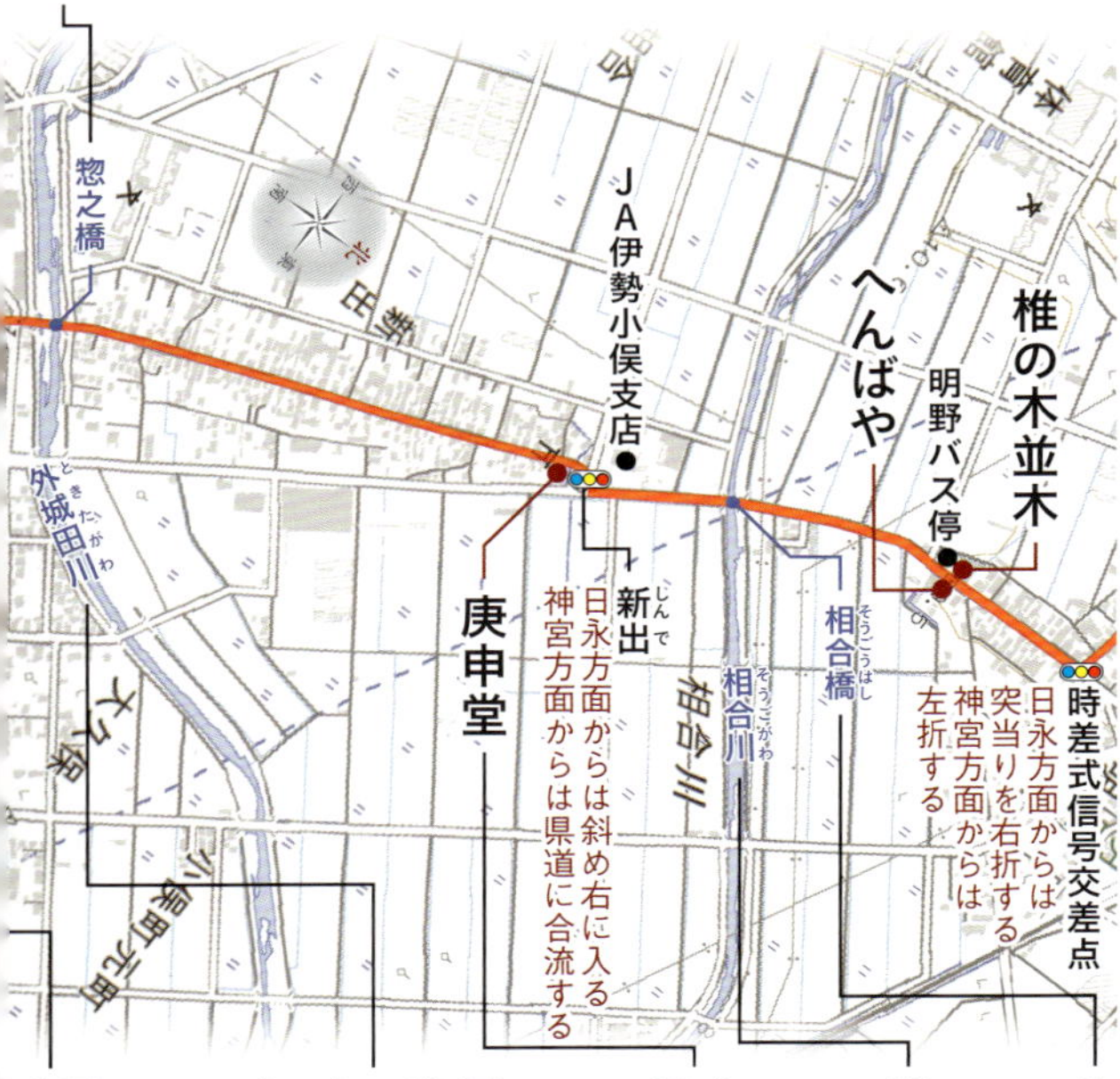
椎の木並木
へんばや
明野バス停
時差式信号交差点
日永方面からは突当りを右折する
神宮方面からは左折する
相合橋《そうごうはし》
相合川《そうごうがわ》
新出《しんで》
日永方面からは斜め右に入る
神宮方面からは県道に合流する
庚申堂
JA伊勢小俣支店
北
外城田川《ときたがわ》
惣之橋
0 250 500m

往時は土橋であった

流末は外城田川に落合う

安永年間（1772〜81）新出村の南口に創建された

国束（くづか）山に源を発し、流末は伊勢湾に注ぐ。平時の水量は乏しいが、一旦雨が降ると増水したところから「貧乏川」と呼ばれた

標石がある。「札の辻」と呼ばれた

離宮院跡
延暦十六年（797）斎王が神宮へ赴く際の宿泊施設として離宮が造営された。一時は斎宮となったが、承和六年（839）焼失し多気に戻った。土塁が現存し、官舎神社が鎮座している

標石がある。「名木板田の薄紅葉跡」と刻まれている

標石がある

伊勢大和境の大台ケ原山に源を発し、流末は伊勢湾に注ぐ、伊勢最大の河川

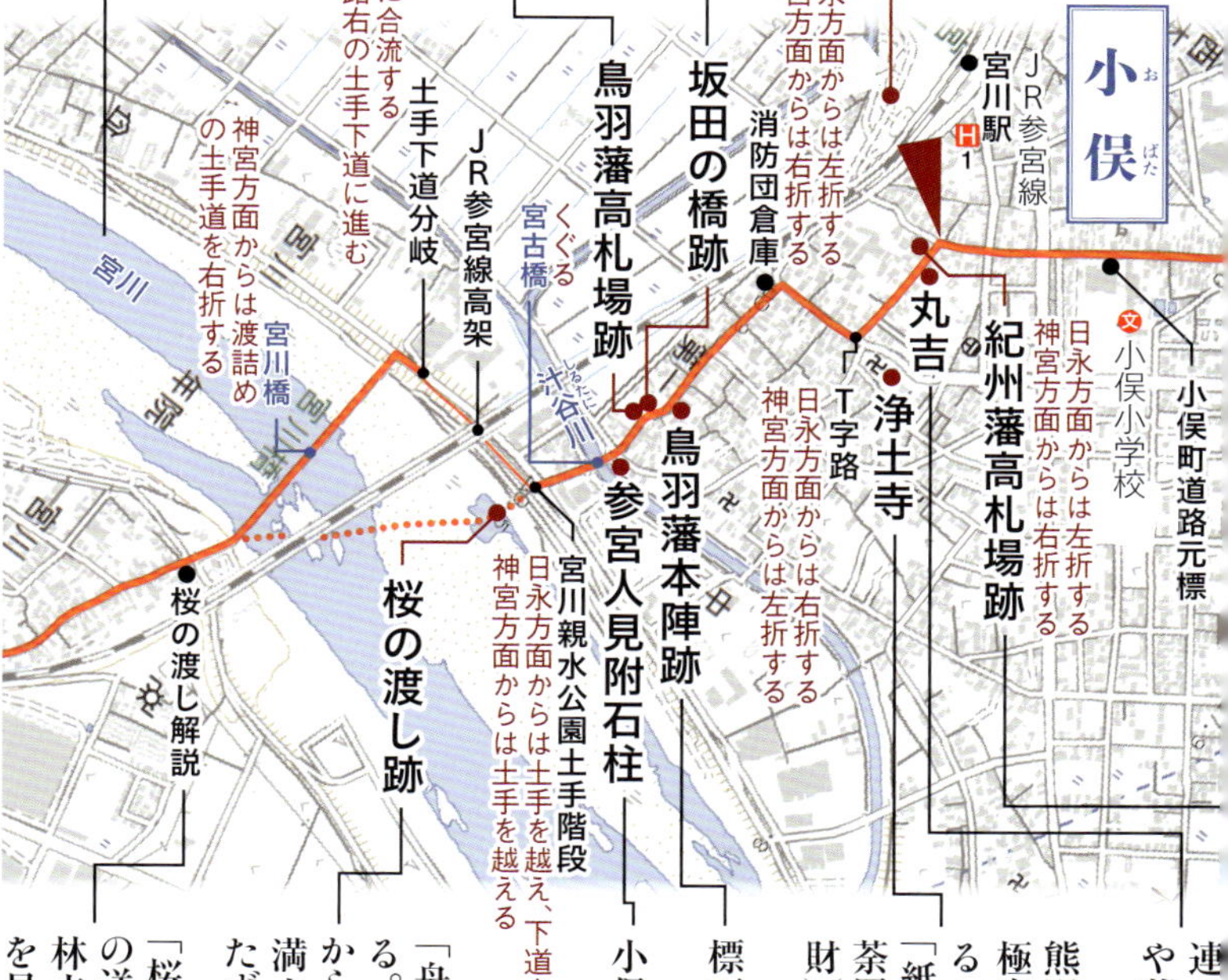

小俣《おばた》
JR参宮線
宮川駅
小俣小学校
小俣町道路元標
紀州藩高札場跡
日永方面からは左折する
神宮方面からは右折する
丸吉
浄土寺
T字路
日永方面からは右折する
神宮方面からは左折する
消防団倉庫
日永方面からは左折する
神宮方面からは右折する
坂田の橋跡
鳥羽藩本陣跡
参宮人見附石柱
鳥羽藩高札場跡
くぐる
宮古橋
汁谷川《しるたに》
JR参宮線高架
宮川親水公園土手階段
日永方面からは土手を越え、下道を右折する
神宮方面からは土手を越える
土手下道分岐
日永方面からは県道に合流する
神宮方面からはY字路右の土手下道に進む
桜の渡し跡
神宮方面からは渡詰めの土手道を右折する
宮川橋
宮川
桜の渡し解説

連子格子の旧家。煙草入れや薬種等を商っていた

熊野比丘尼（びくに）が地獄、極楽などの六道を絵解きするために持ち歩いていた「紙本著色熊野観心十界曼荼羅」（三重県有形民俗文化財）がある

標石がある

小俣宿の南口

「舟渡し場」が復元されている。川沿いに桜があったところから「桜の渡し」と呼ばれた。満水であっても昼夜を分かたず無賃で参宮者を渡した

「桜の渡し」の山田側は御師の送迎の場で出迎えの看板が林立し、参宮を終えた伊勢講を見送る道中歌が響いていた

小俣
4.0km 一里半

山田

4.6km 一里五町
内宮宇治橋

エリア＝三重県伊勢市本町
最寄り駅＝ＪＲ参宮線／近鉄山田線 伊勢市駅

【山田宿】

山田宿には御師の館が六百軒あり、宿並には御師の名を書き付けた用立所の看板が立ち並び、参宮者を出迎えた。御師は太夫ともいい、全国の伊勢神宮信徒とつながりをもち、はるばる訪れた参宮者を接待し、参詣の面倒をみた

【山田宿泊】
H1 つるや旅館 ☎0596(28)2874
H2 山田館 ☎0596(28)2532

日永方面からはY字路を左に進む 神宮方面からは突当りを右折する
米治商店前分岐
小見山酒店
日永方面からは左折する 神宮方面からは右折する
伊勢神宮(外宮)1.4km標識
至 熊野三山
熊野街道
寛政五年（1793）の芭蕉蘇鉄塚「門にいれば蘇鉄に蘭のにほひ哉」がある
法住院
伊勢筋向橋郵便局
桜の渡し解説
くぐる
県道60号伊勢松阪線高架
道標
文政五年（1822）建立の「すぐ外宮江十三丁半 内宮江壱里三十三丁半」「左二見浦二里十五丁」「右宮川渉場六丁三十九間」
山田上口《かみぐち》駅JR参宮線
日永方面からは右折する 神宮方面からは左折する
宮町駅近鉄山田線
浦口
海野内科循環器科
日永方面からは左折し、一本目を右折する 神宮方面からは右折する
筋向橋
日永方面からは左Y字路を右に進む 神宮方面からは正面のY字路を右に入り、突当りを左折する
筋向橋《すじかいばし》跡
0 250 500m

徳川将軍家の祈祷師を勤めた格式の高い御師であった

内宮が鎮座してから約五百年後、天照大御神の大御饌（おおみけ、食事）を司る神として丹波國から迎えた豊受大御神（とようけのおおみかみ）を豊受大神宮に祀っている。米作りを始め、衣食住の全てに関わる産業の守護神

外宮の神主学校と図書館を兼ねた（国指定史跡）。桜の大木は外宮正殿の屋根に芽吹いた桜を移植したもので「お屋根桜」と呼ばれる。宝暦四年（１７５４）の芭蕉句碑「みちのへのむくげは馬にくわれけり」がある

両宮永代常夜燈や芭蕉何木塚「何の木の花とはしらずにほひかな」がある

山《やま》田《だ》
外宮
御師福島みさき太夫邸跡
常照寺
日永方面からは右折する
内宮方面からは左折する
分岐点
豊宮崎《とよみやざき》文庫跡
祖霊社
近鉄鳥羽線ガードをくぐる
勢田川
小田橋
マリアこども園
分岐点
日永方面からは左折する
内宮方面からは右折する
外宮北
道標
NTT
小西萬金丹薬舗
宇治山田駅 近鉄山田線
伊勢市駅 JR参宮線
伊勢市駅 近鉄山田線
二見道道標
二見道

嘉永二年（１８４９）銘の擬宝珠を残している。熊野街道の追分にあたり、参宮者の流れはここから一筋になった

創業延宝四年（１６７６）伊勢の霊薬「萬金丹」の老舗。腹の万能薬で伊勢土産の代表であった。伊勢独得の切妻造りの建築様式を今に残している

明治二十六年（１８９３）建立の「月よみの宮さんけい道」。月夜見宮の祭神は月夜見尊で天照大御神の弟神

日永方面からはY字路を右に進む
内宮方面からは十字路を横断する

「夫婦岩」の二見ケ浦に至る

弘化四年（１８４７）の建立

鼓ケ岳に源を発し、流末は五十鈴川に落合う。伊勢神宮に献上する魚を獲っていたところから御贄川（おんべがわ）とも呼ばれた

標石がある。三味線を弾きながら唄い、投銭をかわす芸が評判であった

標石がある。古市は日本三大遊廓（江戸吉原、京島原）。最盛期には妓楼が七十軒あり、備前屋、杉本屋、油屋は古市三大妓楼といわれた

歌舞伎「伊勢音頭恋の寝刃（ねたば）」で知られる孫福斎とお紺の比翼塚がある

祭神のアメノウズメは古市芸妓の守護神であった

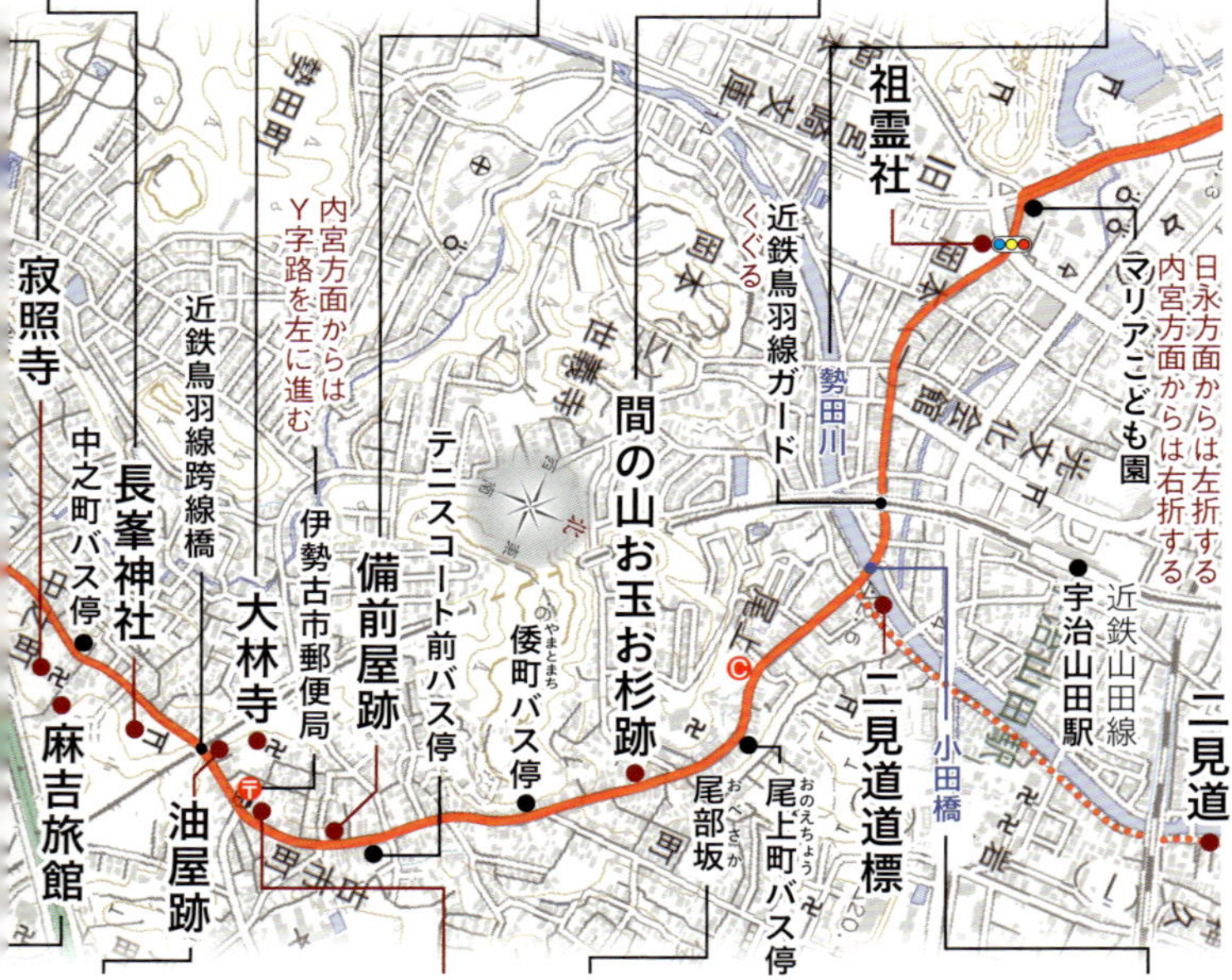
祖霊社
近鉄鳥羽線ガード
くぐる
勢田川
マリアこども園
日永方面からは左折する
内宮方面からは右折する
近鉄山田線
宇治山田駅
二見道
二見道道標
小田橋
尾上町《おのえちょう》バス停
尾部坂《おべさか》
間の山お玉お杉跡
倭町《やまとまち》バス停
テニスコート前バス停
備前屋跡
伊勢古市郵便局
大林寺
内宮方面からは
Y字路を左に進む
近鉄鳥羽線跨線橋
長峯神社
中之町バス停
寂照寺
麻吉旅館
油屋跡
勢田町

横に仮屋橋が架橋され、不浄の者はこの橋を渡った。ここが山田宿の東口

【弥次喜多道中】
お玉お杉の小屋に入り、喜多さんが銭の代わりに小石を投げると、バチではね返され、弥次さんの顔に当たると「とんだめにあいの山とやうちつけし石かへしたる事ぞおかしき」と洒落のめした

両宮の間にあるところから「間の山」と呼ばれた

古市芝居跡

標石がある。「古市で評判をとらないと、京阪の舞台は踏めない」といわれた

標石がある。町医者孫福斎（まごふくいつき）は馴染みの遊女お紺の客に嫉妬し、三人を斬殺し自害した

0 250 500m

徳川家康の孫娘（秀忠の娘）で豊臣秀頼に嫁いだ千姫の菩提寺

山田奉行大岡越前守忠相がお参りすると、江戸南町奉行になったところから「出世地蔵」と呼ばれる

大正三年（1914）の両宮常夜燈が二基ある

猿田彦神社宮司の長女として生まれ、画家磯部百鱗に師事し、歴史上の人物を好んで描いた

【弥次喜多道中】ご両人は古市に繰り出し「ふんどしを忘れて帰る朝熊嶽（あさまやま）万金たまをふる市の町」と卑猥に洒落ている

桜木地蔵
三条前バス停
道標
伊勢古市参宮街道資料館
桜木町口バス停
桜木町バス停
常夜燈
伊藤小坡《しょうは》美術館
磯部百鱗《ひゃくりん》顕彰碑
宇治惣門跡
猿田彦神社
黒門橋
滝倉川
宇治浦田西
宇治浦田町
日永方面からは左折する 内宮方面からは右折する
日永方面からは一本目を右折し、おはらい町通りに入る
分岐 内宮方面からは突当りを左折する
旧慶光院
五十鈴川郵便局
おかげ横丁
白鷹《はくたか》
赤福本舗
五十鈴公園
総合運動場

創業嘉永四年（1851）五層六階の寄棟懸崖造り（国登録有形文化財）

参宮街道、伊勢歌舞伎、古市妓楼の資料を展示している

明治二十七年（1894）建立の「月よみ宮さんけい道」、皇大神宮別宮月讀宮へ至る

天保七年（1836）御師の家に生まれ、京の四条派で学び、多くの門人を育てた

宇治口に設けられた黒門で番屋があった

天孫降臨の道案内を勤めた猿田彦大神を祀っている

【おはらい町】伊勢の伝統的な切妻入母屋造の街並みが復元されている。往時は御師の館が軒を連ね、参宮者を祓いや神楽でもてなした

山田
4.6km
一里五町

内宮宇治橋

朝廷、幕府、御三家の崇敬を受けたが、廃仏毀釈により廃寺となった（国重文）

平成五年（1993）の開業

創業文久二年（1862）伊勢神宮唯一の御料酒「白鷹」の蔵元

御手洗場（みたらしば）で手と口の清めが行われた

天照大御神を皇大神宮に祀っている。両宮は二十年毎に「式年遷宮」が行われ、その歴史は千三百年に及ぶ悠久の時を刻み続けている

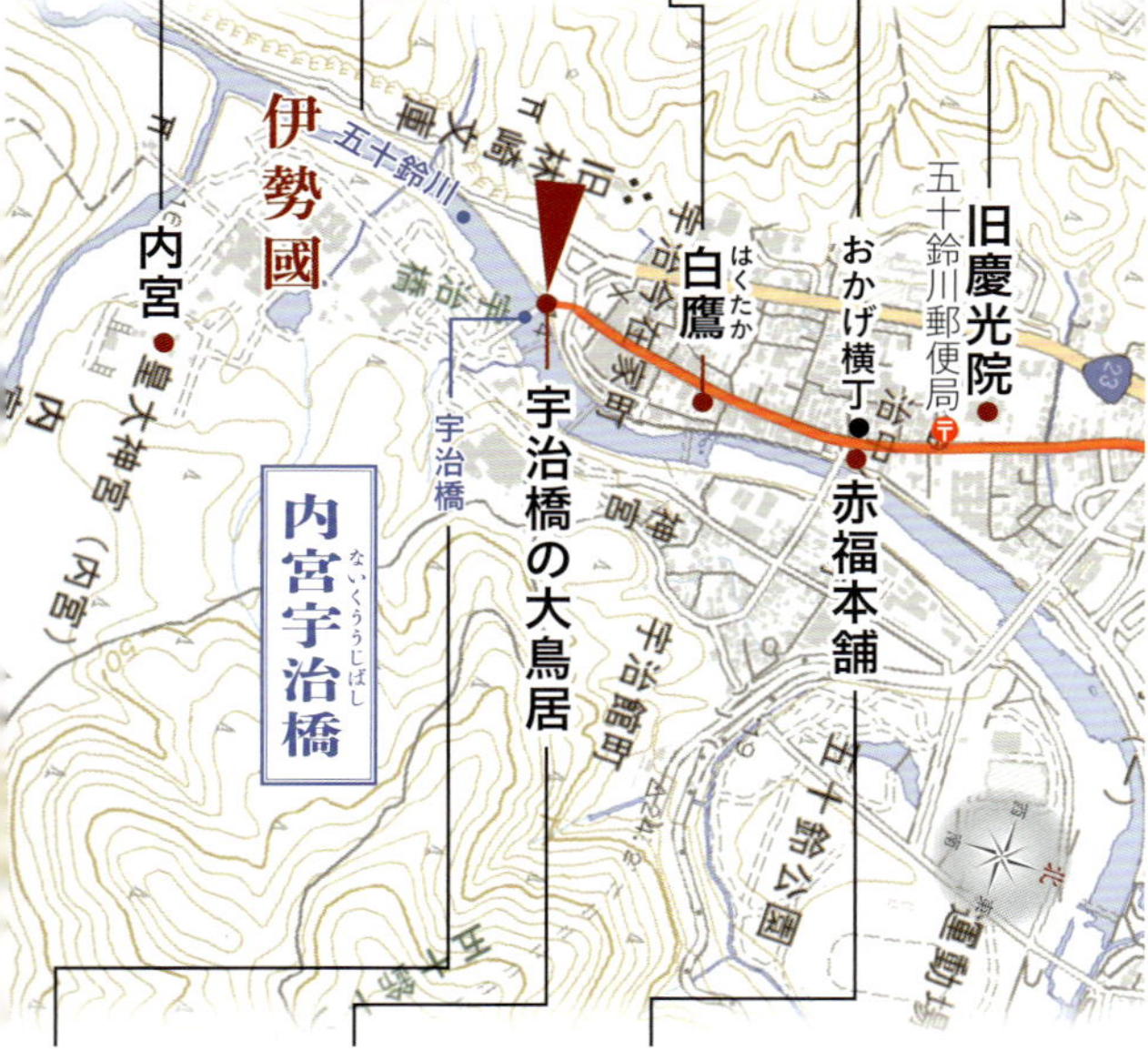
旧慶光院
五十鈴川郵便局
おかげ横丁
白鷹《はくたか》
赤福本舗
宇治橋の大鳥居
宇治橋
伊勢國
内宮
皇大神宮（内宮）
五十鈴川
内宮宇治橋《ないくううじばし》
宇治今在家町
宇治館町
五十鈴公園
0
250
500m

創業宝永四年（1707）銘菓「赤福」の老舗

伊勢参宮街道の起点。この鳥居は式年遷宮後、外宮の旧正殿の棟持柱で建て替えられ、撤去された鳥居は「七里の渡し」に移設される

聖俗界の境界で式年遷宮毎に架け替えられる

エリア＝三重県伊勢市宇治今在家町
最寄り駅＝ＪＲ参宮／近鉄山田線　伊勢駅　三重交通バス外宮内宮線　内宮前バス停下車

【弥次喜多道中】

内宮に入ったご両人は「自然と感涙、肝に銘じて、有難さに、真面目となりて、洒落もなく、無駄もいわねば、しばらくのうちに順拝おはりて」と殊勝にお参りした。その後、ご両人は京へと向かった

伊勢参宮道解説

約二千年前、第十代崇神《すじん》天皇は皇祖神の天照大御神《あまてらすおおみかみ》と御殿を共にするのは畏れ多いと皇居外に移す事を決意した。第十一代垂仁《すいにん》天皇の皇女倭姫命《やまとひめのみこと》は天照大御神を奉戴して永遠の鎮座地を求めて、大和國を出立し、伊賀、近江、美濃などを巡り伊勢國に入ると天照大御神より「この國にいようと思う」との御神託があり、五十鈴川の川上に鎮座させた。

伊勢神宮の正式な名称は「神宮」といい、内宮は天照大御神を皇大神宮に祀っている。外宮には天照大御神の食事を司る豊受大御神《とようけのおおみかみ》を豊受大神宮に祀っている。

神宮は日本人の総氏神でもあり「お伊勢さん」と親しく呼ばれ、「伊勢に行きたい伊勢路が見たい。たとえ一生に一度でも」と伊勢音頭に唄われ、江戸時代は「お伊勢参り」が盛んに行はれた。最盛期には半年間で五百万人にも達し、川柳に「伊勢参宮大神宮にもちょっと寄り」とあるように「神宮参詣」を名目にした庶民の一生に一度の物見遊山の旅であった。

庶民は伊勢講で旅の資金を積み立て、御師の手配により代表者が伊勢参りをする「本参り」が主流であった。神宮に無事到着すると「祝の酒、鯛の煮物、大海老二尾、菜のひたし、吸物」、翌朝は「にしん、あわび、芝海老、豆腐さいの目の汁」、昼は「膳に吸物、大皿にアワビとぼら、御神酒」、夜の宴は「膳が四つに吸物が五種、酒四升」と贅を尽し、仕上げに「精進落とし」と称して遊里の古市に繰り出した。封建社会の厳しい締め付けの中、それこそ一生に一度の命の洗濯であり、これこそが正に日本人の旅の原点となった。

中には親や主または村役人に無断で抜け出し、勝手に伊勢神宮に詣でることを「抜け参り」と呼んだ。柄杓《ひしゃく》を持つ抜け参りの者は往来手形なしでも黙認され、道中数々の施しを受けることができた。当時、庶民の移動、特に農民の移動は厳しかったが、商家では商売繁盛、農家では五穀豊穣の守り神のお伊勢参りは特に許され、参宮の証の「お守り」や「お札」を持ち帰れば咎めはなかった。

江戸方面からは東海道の「日永の追分」から伊勢参宮街道に入った。十返舎一九初期の著『東海道中膝栗毛』は京を目指すものではなく、伊勢神宮に向かう弥次喜多の「お伊勢参り」であった。京方面からは東海道関宿の「東追分」から伊勢別街道に入り、津宿の「江戸橋追分」で伊勢参宮街道に落合った。

明治の世になると国道と鉄道網が張り巡らされ、旧道は一気に寂《さび》れてしまったが、ゆえに原風景をそのまま今に残している。

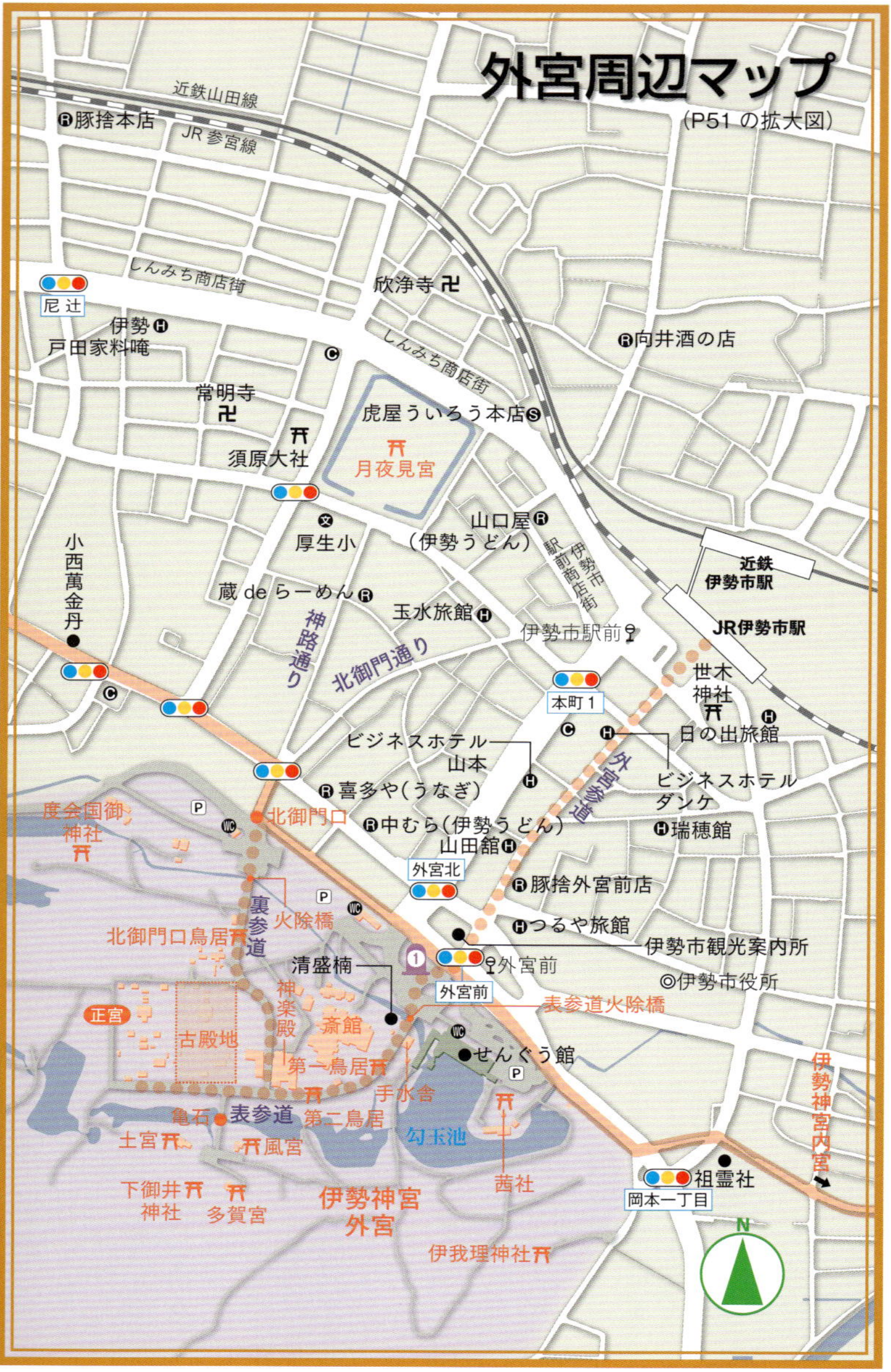
外宮周辺マップ
（P51 の拡大図）
近鉄山田線
JR 参宮線
豚捨本店
しんみち商店街
尼辻
伊勢
戸田家料亭
欣浄寺
向井酒の店
常明寺
虎屋ういろう本店
須原大社
月夜見宮
山口屋
（伊勢うどん）
厚生小
駅前商店街
伊勢市
近鉄伊勢市駅
JR伊勢市駅
小西萬金丹
蔵 de らーめん
玉水旅館
神路通り
北御門通り
伊勢市駅前
世木神社
本町 1
日の出旅館
ビジネスホテル山本
ビジネスホテルダンケ
外宮参道
喜多や（うなぎ）
度会国御神社
北御門口
中むら（伊勢うどん）
瑞穂館
山田館
外宮北
豚捨外宮前店
裏参道
火除橋
つるや旅館
北御門口鳥居
伊勢市観光案内所
清盛楠
外宮前
伊勢市役所
神楽殿
正宮
斎館
表参道火除橋
古殿地
第一鳥居
せんぐう館
手水舍
亀石
表参道
第二鳥居
勾玉池
土宮
風宮
伊勢神宮内宮
下御井神社
多賀宮
伊勢神宮外宮
茜社
祖霊社
岡本一丁目
伊我理神社
N

内宮周辺マップ
（P53・54の拡大図）
伊勢神宮外宮
猿田彦神社
宇治浦田西
宇治浦田町
宇治浦田
観光案内所
五十鈴川
32
浦田橋
猿田彦神社前
へんばや商店
神宮道場
五十鈴公園
神宮会館前
五十鈴川局
おかげ座神話の館
五十鈴茶屋本店
赤福本店
新橋
伊勢志摩スカイライン
神宮会館
23
ふくすけ（伊勢うどん）
おかげ横丁
五十鈴川カフェ
おはらい町通り
山口誓子俳句館
徳力富吉郎版画館
豆腐庵山中
伊勢角屋麦酒
二光堂支店（伊勢うどん）
伊勢うどん奥野家
内宮前
饗土橋姫神社
赤福内宮前支店
定期観光バス乗り場
宇治橋鳥居
神宮茶室
宇治橋
大山祇神社
子安神社
宇治神社
神苑
参集殿
伊勢神宮
内宮
火除橋
手水舎
饗膳所
外御厩
火除橋
第一鳥居
斎館
御池
荒祭宮
五十鈴川御手洗場
神楽殿
踏まぬ石
瀧祭神
内御厩
古殿地
第二鳥居
御稲御倉
正宮
風日祈宮
御贄調舎
島路川
N

此処より伊勢別街道（関宿東追分から津江戸橋追分迄）

新版『ちゃんと歩ける東海道 西』P110より続く

関宿東追分 ― 2.6km 一里 ― **楠原**

エリア＝三重県亀山市関町木崎
最寄り駅＝JR関西本線 関駅

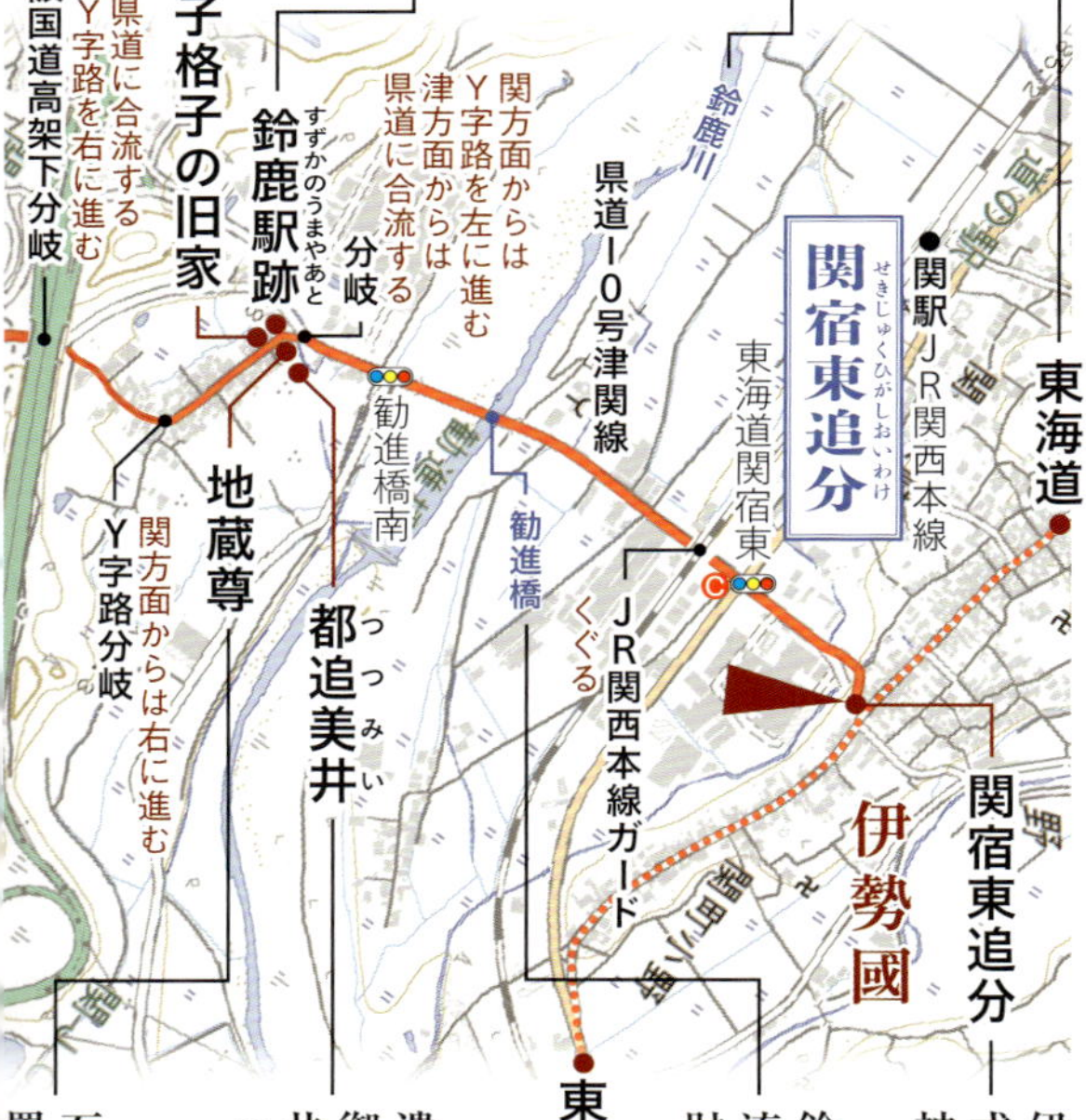

至 京三条大橋
東海道
関宿東追分《せきじゅくひがしおいわけ》
関駅 JR関西本線
東海道関宿東
鈴鹿川
県道10号津関線
勧進橋南
勧進橋
JR関西本線ガードをくぐる
伊勢國
関宿東追分
東海道
至 江戸日本橋
関方面からはY字路を左に進む 津方面からは県道に合流する
分岐
鈴鹿駅跡《すずかのうまやあと》
連子格子の旧家
地蔵尊
都追美井《つつみい》
関方面からは県道に合流する 津方面からはY字路を右に進む
名阪国道高架下分岐
Y字路分岐
関方面からは右に進む
0 250 500m

鈴鹿山系の高畑山に源を発し、流末は伊勢湾に注ぐ。上流では加太（かぶと）川、下流では高岡川と呼ばれた

御厩（おんまや）と呼ばれた。大化の改新後、全国に駅制がひかれた際の駅（うまや）で、御厩の目印に植えられた「御厩の松」があった

伊勢神宮一の鳥居が起点。式年遷宮の度に内宮宇治橋神域側の鳥居が移設される

鈴鹿川は暴れ川で橋は度々流され、その都度勧進の浄財で架橋された

遺構を残している。天照大御神を伊勢に移す際、この井戸水で神馬（しんめ）を洗ったという

石造祠内に地蔵尊が三体安置されている

エリア＝三重県津市芸濃町楠原
最寄り駅＝ＪＲ関西本線 関駅

【楠原宿】楠原宿は津藩領で、寛延年間（1748～51）の宿内家数は百五十四軒で宿内人口は五百六十三人と小宿であった

足利将軍方の山田重勝が北畠氏に対する構えとした。城跡には浄蓮寺覚順和尚の墓石と寿塔（五輪塔）がある

さよが池の人柱になった「おさよ」の供養塔がある

文化十年（1813）の建立で「柴垣社広前」と刻まれている

小さな「山下道」道標がある

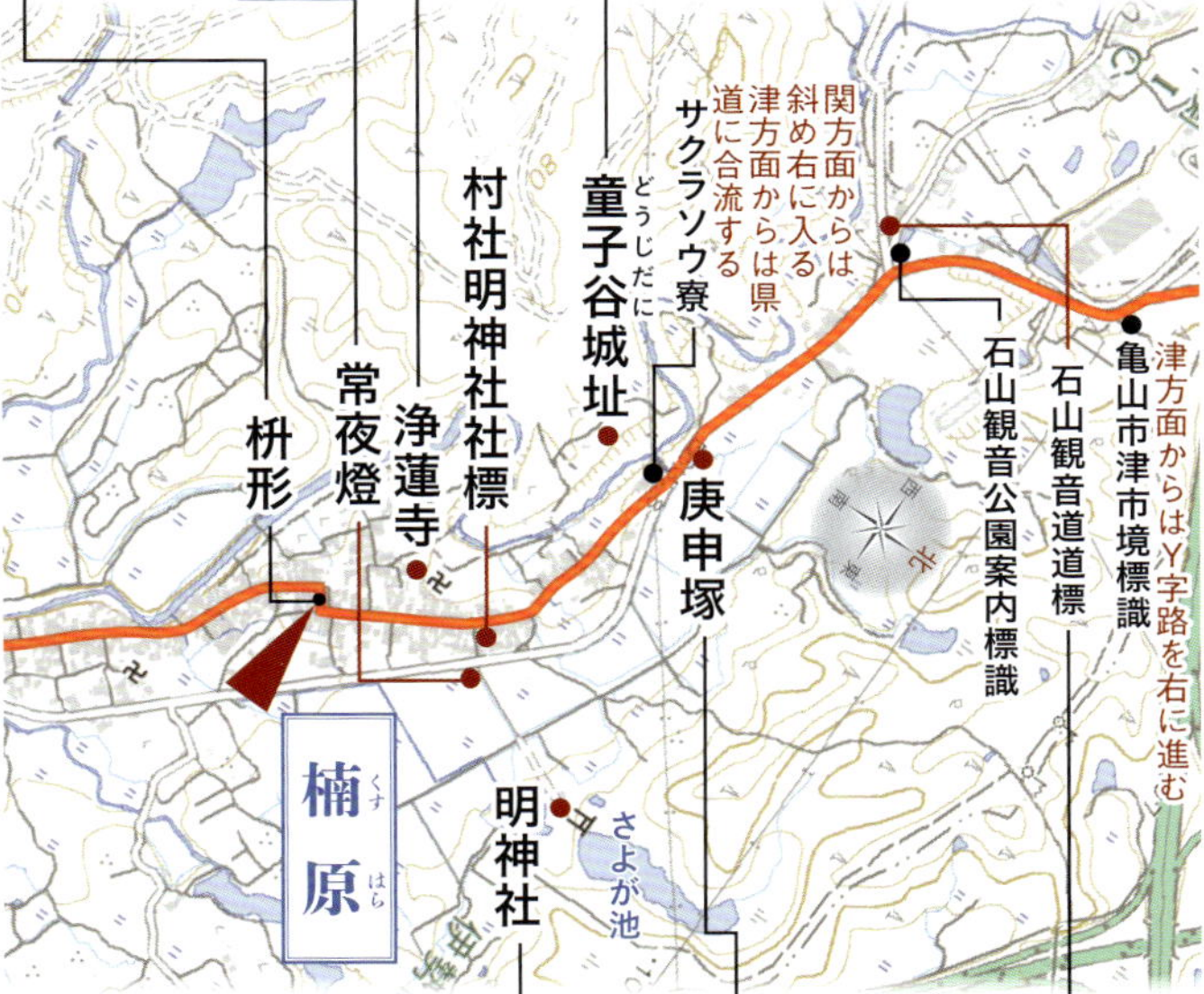
津方面からはY字路を右に進む
亀山市津市境標識
石山観音道道標
石山観音公園案内標識
関方面からは斜め右に入る 津方面からは県道に合流する
サクラソウ寮
童子谷《どうじだに》城址
村社明神社社標
浄蓮寺
常夜燈
枡形
庚申塚
明神社
さよが池
楠《くす》原《はら》

明治三十四年（1901）建立の「石山観音道拾二丁」。七堂伽藍であった浄蓮坊跡で四十余りの磨崖仏がある（三重県重要文化財）

庚申堂には青面金剛像と三猿陽刻庚申塔が安置され、境内には地蔵立像二体と浄蓮寺覚順和尚が開眼供養をした馬頭観音像がある

境内裏に「さよが池」がある。大雨の度に池の堤が決壊するので人柱を立てることになり、参宮途中で親とはぐれた少女「おさよ」が人身御供となった。すると雨が降らないのに大水が出たり、病人が出たりと災いが続いたため、おさよの祟りといわれ手厚く供養した

三猿が陽刻された青面金剛像が安置されている。堂前には自然石碑「弘化四年（1847）十二月氏子中」がある

立場であった。明応年間（1492～1501）に林越中守祐行（すけゆき）の居城があった

蛭谷街道追分にあった安永五年（1776）の「御神燈 右さんぐう道 左り京道」

【椋本宿】椋本宿は「妓院客舎も数多く、多き旅人が此の駅に足を止むる」といわれ賑わった。宿内家数は二百七十三軒、宿内人口は千百六十人で宿並は西町、中町、新町で構成され、宿長は十一町十間（約1.2km）であった

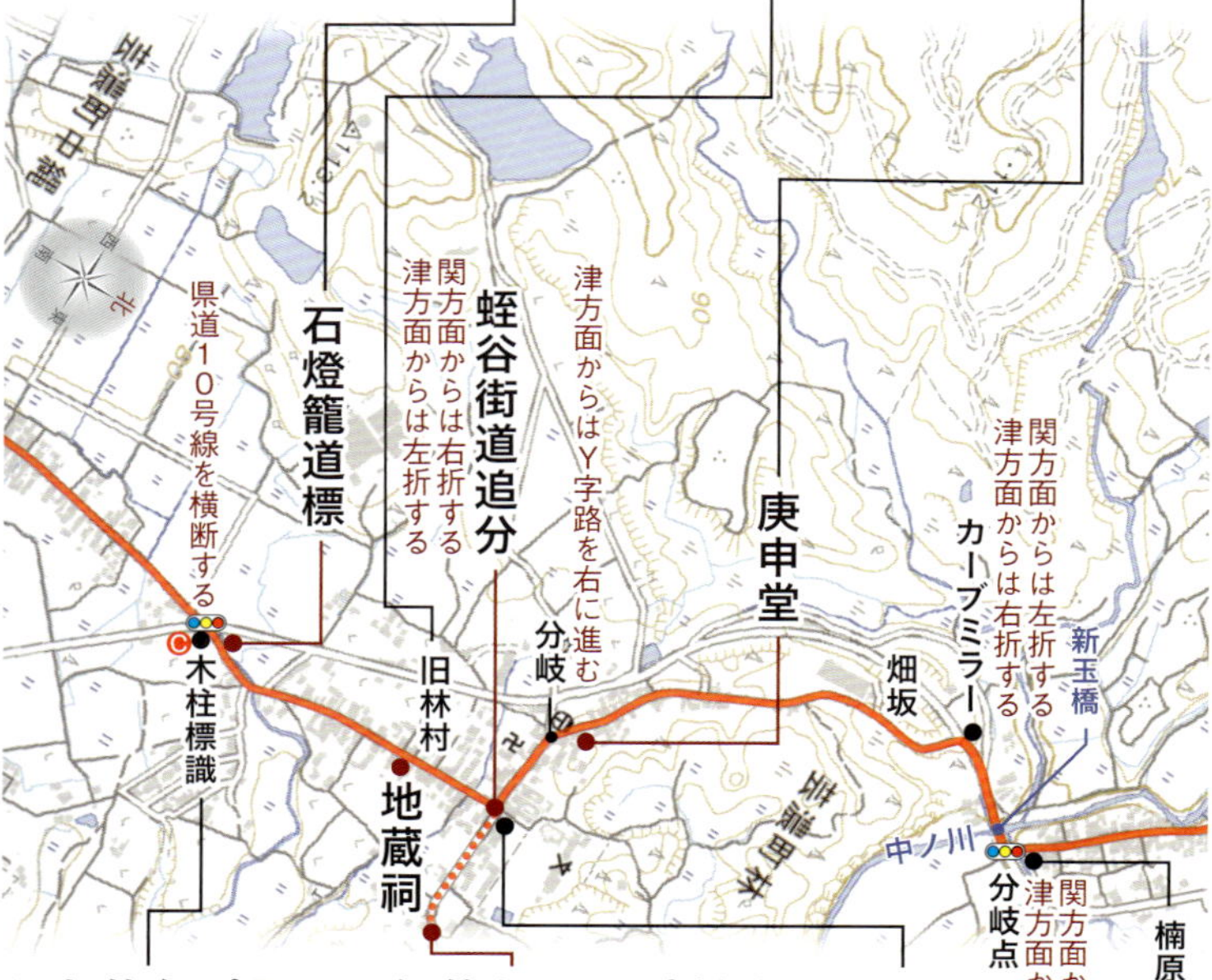
石燈籠道標
蛭谷街道追分
庚申堂
県道10号線を横断する
関方面からは右折する
津方面からは左折する
津方面からはY字路を右に進む
関方面からは左折する
津方面からは右折する
カーブミラー
新玉橋
中ノ川
畑坂
分岐
旧林村
木柱標識
地蔵祠
分岐点
関方面からは右折する
津方面からは左折する

楠原宿大看板

旧明村《あきらむら》役場庁舎
大正五年（1916）築で国登録有形文化財。明村は明治二十二年（1889）町村制の施行により近隣六ケ村が合併して発足した

蛭谷《ひるたに》街道
楠平尾（くすびらお）、安知本を経て白子へ至る

「安濃鉄道終点林駅跡地←」がある。安濃鉄道は大正四年（1915）に開通し津と林間を結んでいたが昭和十九年（1944）廃線となった

0 250 500m

楠原

3.8km
一里

椋本

8.2km
二里

窪田

エリア＝三重県津市芸濃町椋本
最寄り駅＝亀山駅 三重交通バス亀山椋本線 中町（芸濃町）バス停下車

文久二年（1862）駒越五良八が私財を投じて着工し、慶応二年（1866）竣工し、二百町歩の灌漑が可能になった

建永元年（1206）牛頭天王を勧請し鎮守とした。三年に一度奉納される獅子舞の獅子頭は明治三年（1870）の台風で折れた霊樹大ムクの枝で作ったもの

昭和八年（1933）建立の「霊樹大椋従是南二丁」

樹齢千五百年以上の大ムクは椋本の地名由来になっている（国指定天然記念物）。山口草堂句碑「己が空洞に落葉ささめく椋大樹」がある

新立寺
横山池
仁王経《にんのうきょう》
分岐
関方面からは右折する
津方面からは左折する
石仏石塔群
沃野豊穣礎の碑
枡形
椋本神社
道標
関方面からは左折する
津方面からは右折する
大ムク
道標
東日寺《とうにちじ》
椋本宿本陣跡
中町（芸濃町）バス停
旧旅籠角屋
椋本新町西バス停
椋《むく》本《もと》

文化二年（1805）椋本宿の北口に設置され宿内に侵入する悪疫、悪霊を封じ「上の塔」と呼ばれた。並びに駒越翁頌彰碑がある

問屋場、高札場があった

本尊の薬師如来像は弘法大師作という。朱塗りの鐘楼門は寛文八年（1668）の建立

石組を残している。駒越家が代々勤め、明治天皇参宮の際に行在所となった

自然石道標「左さんぐう道右楠原」、明治四十三年(1910)の復元里程標「津市元標へ三里三拾三丁八間」「関町元標へ弐里五丁五拾壱間」

正徳五年(1715)の延命地蔵尊が安置されている。この地の人々の寿命が短いため延命地蔵尊を祀り、堂裏に講の田を設け、収穫した米で維持管理した。境内には文政四年(1821)の手水鉢がある

道標
関方面からは左折する
津方面からは右折する
連子格子の旧家
県道28号亀山白山《はくさん》線
延命地蔵堂
関方面からは県道10号線に合流する
津方面からはY字路を斜め左に進む
新屋敷バス停
ダイナム
県道10号津関線
豊久野バス停
仁王経塚《にんのうきょう》
コメリ
佐藤ライト工業
椋本新町バス停
椋本新町西バス停
旧旅籠角屋
新町
新屋敷
豊久野

「角屋は椋本駅往来の右に折る、角にあり。十六代の昔より連綿相続きて今日に至れる古き旅舎にして、中国、九州辺よりの顧客尤(もっと)も夥(おびただ)しく、客接待親切にして調理美味なれば、客人年々にいや増すといふ」と評判が良かった。軒下には多数の伊勢講札が掲げられている(国登録有形文化財)

文化二年(1805)椋本宿東口に仁王経塔を据えた経塚が築かれた。「仁王経」上下二巻の経文を一字一石に書き写し、塔の下に埋蔵し、宿内に侵入する悪疫、悪霊を封じた。椋本宿北口の「上の塔」に対し「下の塔」と呼ばれた

0 250 500m

【豊久野村《とよくの》】

かつては原野が広がり、都にもその名が知られた。雄略天皇の夢枕に天照大御神(あまてらすおおみかみ)が現れ、「自分一人では食事が安らかにできないので、丹波國の女神豊受大御神(とようけのおおみかみ)を近くに呼び寄せるように」との御神託があった。そこで丹波國より豊受大御神を迎え外宮に遷座させる際、この野に行宮(あんぐう)を造り休ませたところが地名の由来となった。戦前までは「豊久野の松並木」があった

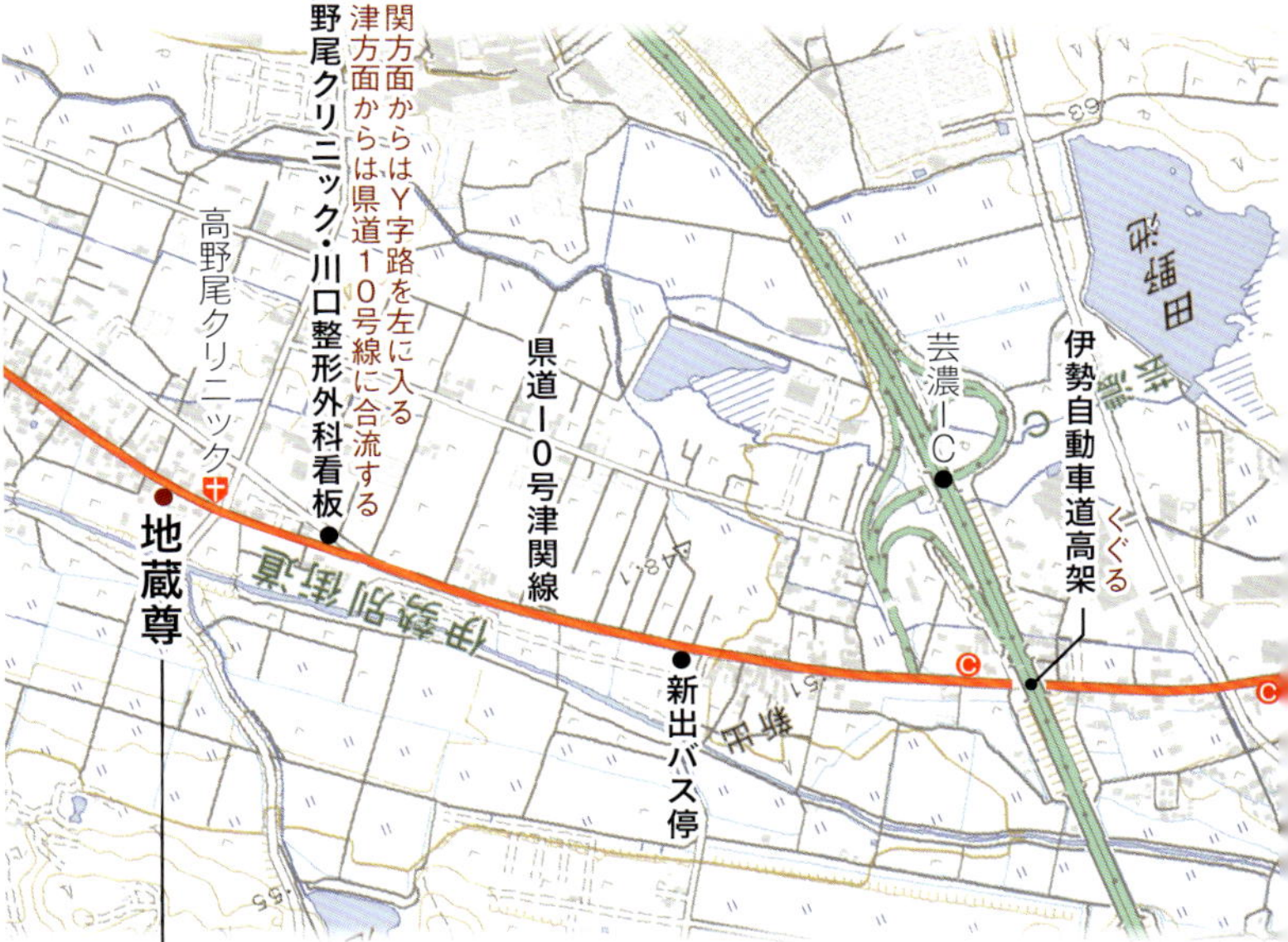
関方面からはY字路を左に入る
津方面からは県道10号線に合流する
高野尾クリニック・川口整形外科看板
高野尾クリニック
地蔵尊
県道10号津関線
新出バス停
芸濃IC
伊勢自動車道高架くぐる
伊勢別街道

祠内に陽刻の地蔵立像が安置されている

【豊受大御神】

「丹後國風土記」によると丹波郡比治里(ひじのさと)の池に八人の天女が舞い降りて水浴びをしていた。老夫婦が密かに一人の天女の羽衣を隠すと、天女は天に帰れなくなった。やむなく老夫婦の娘となり「万病に効く霊酒」を造ると、たちまち評判となり巨万の富を得た。すると老夫婦は「お前はやはり我が子ではない」と天女を追い出してしまった。天女は嘆き悲しみ比治里をさまよった末、とある地に辿り着くと「我が心なぐ(慰)しくなりぬ」とここに安住の居を構えた、以来この地は奈具(なぐ)と呼ばれた。天女が亡くなると豊宇賀能売命(とようけのひめのみこと)として奈具神社に祀られ「豊受大御神」となった

【高野尾村】津藩領で立場があり茶屋、団子屋等が軒を連ねていた。かつては街道沿いに地蔵尊、山ノ神、庚申塔等が点在していたが、明治政府の合祀令によりほとんどが移設された。この地は三重サツキやヒラドツツジの栽培が盛んで、公園や庭園の植え込み樹として用いられ、県道沿いには温室や花木の畑が連なっている

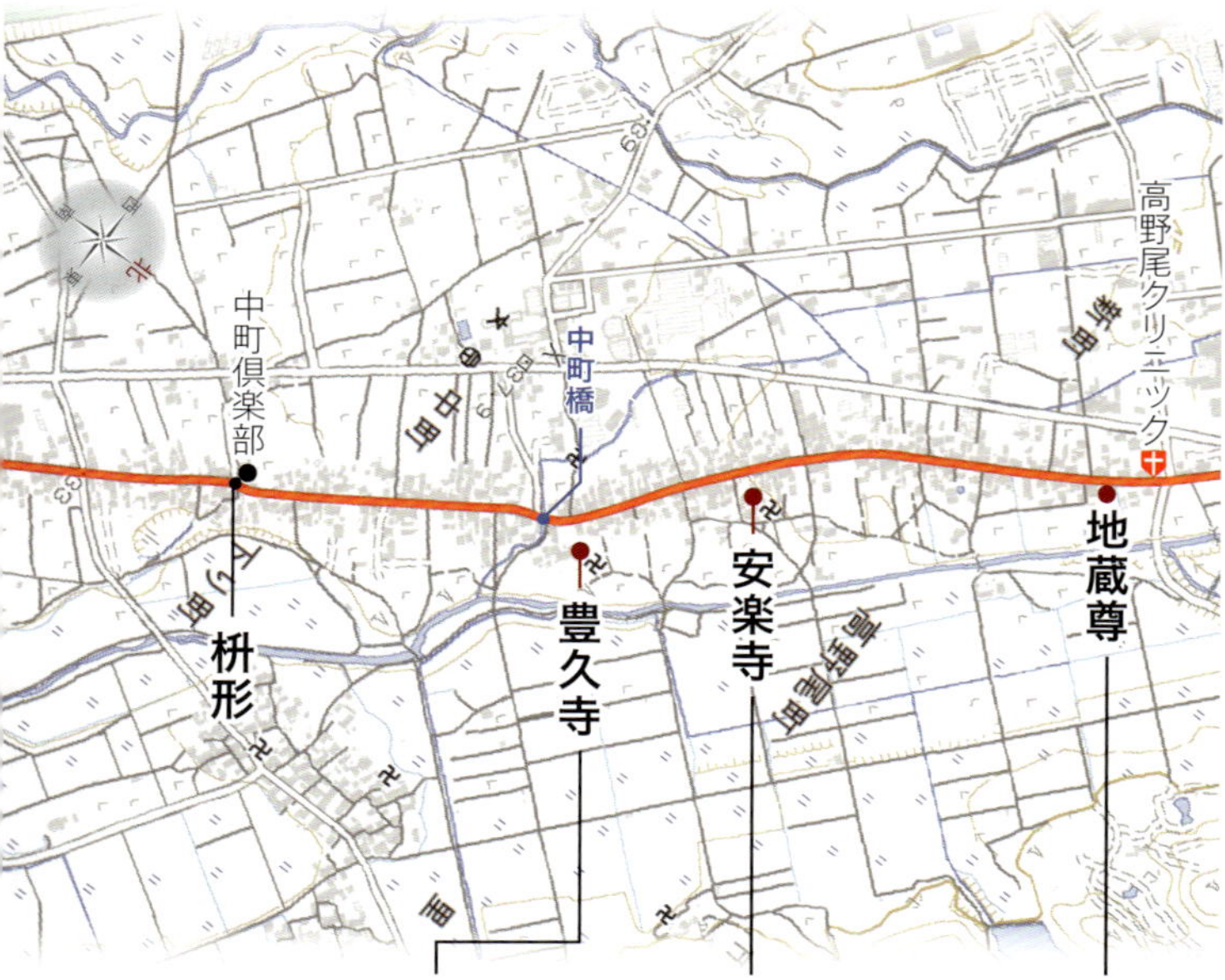

高野尾クリニック
新町
中町倶楽部
中町橋
中町
地蔵尊
安楽寺
豊久寺
枡形
高野尾町
0
250
500m

祠内に陽刻の地蔵立像が安置されている

境内に延命地蔵尊がある

境内に川端茅舎（ぼうしゃ）句碑「ひろびろと露曼陀羅の芭蕉かな」がある

文政二年（1819）建立の「ぜに可け松」碑があり、小堂内には紐で吊るした銭を懸けた松がある。昔、抜け参りの者がここまで来たが、地元の男に神宮迄はまだ二十日はかかると嘘をつかれ、諦めて傍らの松に賽銭を懸けて引き返した。男がこの銭を盗ろうとすると、蛇に化けて襲いかかったという。抜け参りは嘘をつかれたと知ると、翌年再び、ここまで来て銭を取り戻し、無事参宮を済ませ賽銭を捧げたところ、一貫の銭が千貫になるほどの富を得たという。以来この松を「銭懸松」「千貫松」と呼ぶようになった。文政五年（1822）の常夜燈や香輿句碑「「可布多（かけた）かと松に一声郭公（ほととぎす）」」がある

銭懸松
題目碑
東山バス停
分岐点
キースソン大里太陽光発電所
関方面からはY字路を左に入る
津方面からは県道10号線に合流する
第三太陽光配電所
食肉センター大里
GSコスモ
関方面からは県道10号線に合流する
津方面からはY字路を右に入る

自然石を積み上げた上に南無妙法蓮華経題目碑が安置されている

【窪田常夜燈】

高さは8.6mあり津市最大で竿石には「江州」と刻まれている。近江商人が伊勢神宮に寄進するため、ここまで運んで来たが荷車が壊れたり、疲労が重なりついに力尽き、旅籠近江屋の協力を得て窪田宿の南口に据え付けた

椋本

8.2km　二里

窪田

4.1km　一里十八町

津江戸橋追分

エリア＝三重県津市大里窪田町
最寄り駅＝JR紀勢本線 一身田駅

【名刹専修寺《せんじゅじ》】

真宗高田派本山専修寺は宗祖親鸞聖人により開山された古刹。釘貫門（くぎぬきもん）と石橋は聖俗の境をなしている。御影堂（みえいどう）には宗祖親鸞聖人像を安置し祖師堂とも呼ばれる。如来堂の礎石に人柱勘六の墓碑がある。如来堂の造営に際しては地盤が軟弱な為、難工事であった。見かねた勘六老人が地固めの石突棒の下に飛び込み自ら人柱になった。如来堂の東妻に左甚五郎作の「飛翔姿の鶴」がある。夜になると飛び出して境内の蓮池に餌を求めに行くという

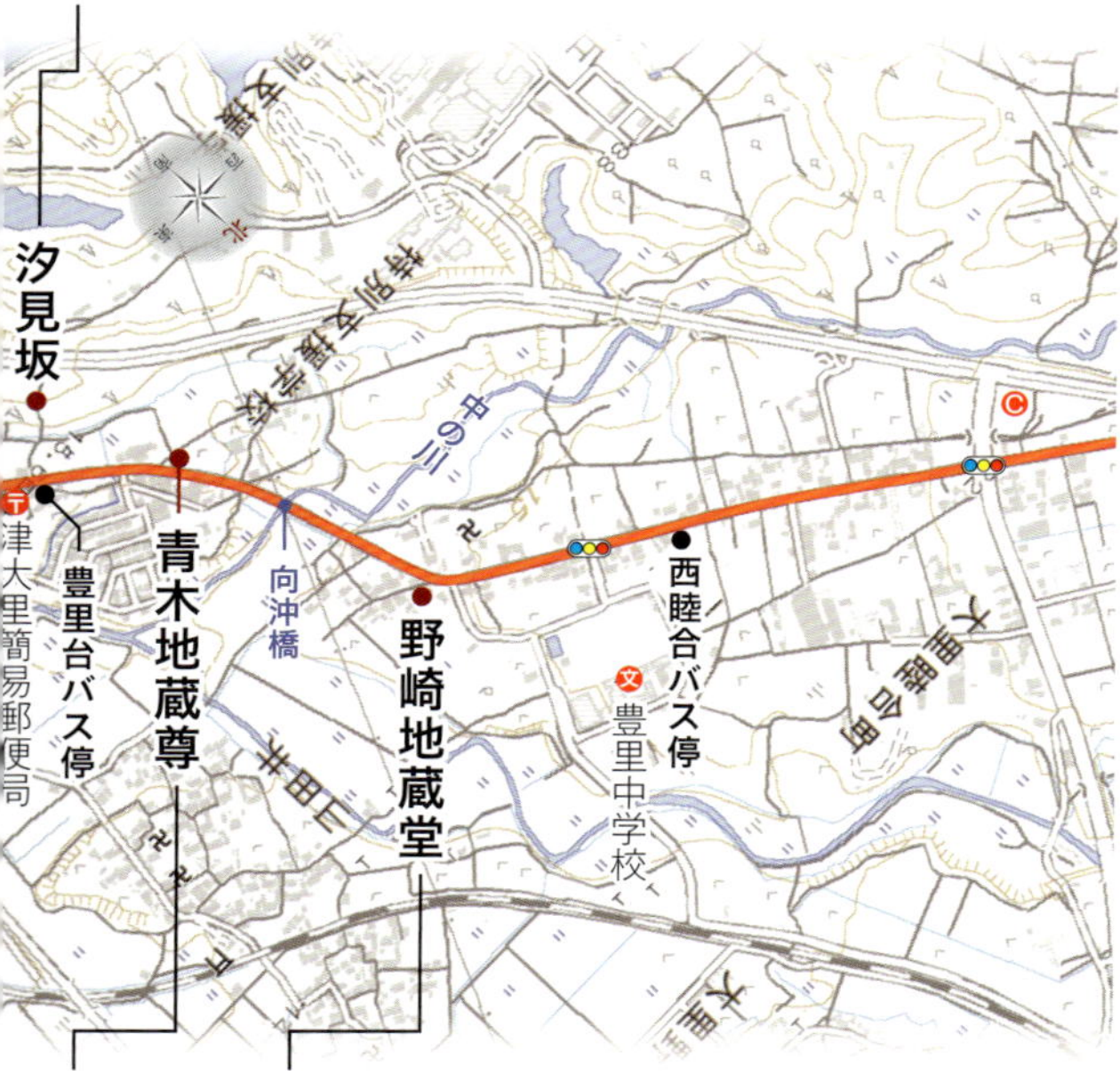
汐見坂
青木地蔵尊
向沖橋
野崎地蔵堂
中の川
西睦合バス停
豊里中学校
豊里台バス停
津大里簡易郵便局
0
250
500m

親鸞聖人がこの坂から一身田（いしんでん）の地を望んだと伝承されている

豊里公民館に移設されていたが再びここに安置された。この辺りが窪田宿の北口

傍らの小堂は里人から「行者様」と呼ばれている

【窪田宿】
窪田宿は旅籠が軒を連ね参宮者のみならず、名刹真宗高田派本山専修寺詣での人々で賑わった

【親鸞】
治承五年（一一八一）九歳で出家し、比叡山延暦寺で二十年間厳しい修行を積んだが悟りに至らず下山、法然の「南無阿弥陀仏と念仏を唱えれば救われる」という専修念仏に出遇い、弟子となり師の教えを更に高め浄土真宗の宗祖となった

織田信長の兵火によって灰燼に帰すと、この地は暴風雨が頻発し里人は苦しんだ。これは石積の神の祟りといわれ、再び神霊を呼び戻し鎮座させると沈静化したという

国府家が勤め問屋、庄屋を兼ねた。「史跡明治天皇窪田御小休所」碑がある、歴代の天皇で伊勢神宮を参拝した例はなく、明治天皇が初めてであった。歴代天皇は八咫鏡(やたのかがみ)に宿る「天照大御神の霊」を心底恐れていたという

斎王が参宮の際、毛無川の洲で禊(みそぎ)を行った

一心龍王権現を祀り、延命地蔵尊がある

石積神社
やまもと歯科
大里小学校入口
窪田宿本陣跡
県道410号線草生《くさわ》窪田津線
大里窪田町出口
坂部バス停
イナバ物置看板
関方面からは右折する
津方面からは突当りを左折する
JR紀勢本線
例禊洲橋《れいけいすばし》
毛無川
社
通行不可
JR紀勢本線敷
一身田駅
桜橋
変則十字路
関方面からは右折する
津方面からは左折する
一身田道踏切
JR紀勢本線を横断する
窪田常夜燈
仲福寺
真楽寺
六大院
窪田バス停
窪《くぼ》田《た》
専修寺《せんじゅじ》

永正十七年(1520)後柏原天皇より山号寺号を賜った勅願寺であったが焼失。織田信長の弟信包(のぶかね)が再興し、文禄三年(1594)豊臣秀吉より寺領百石を拝領した

境内に延享二年(1745)の道標「向空也商人道」がある。この道標は伊勢別街道との分岐点にあったもの

弘仁三年(812)弘法大師が金色に輝く大木に十一面観音菩薩を刻み本尊とした

文化十四年(1817)の建立で津市最大。窪田宿の南口にあたり旅籠近江屋、大和屋があった

関方面からは先のY字路の右が旧道だが通り抜け不可、左が迂回路

窪田

一里十八町　4.1km

津江戸橋追分

津は絹（伊勢紬）、麻（津もじ）、木綿（伊勢木綿）の産地、とりわけ伊勢木綿の評判は高かった。臼井織布は江戸時代中期に創業し、一身田を中心に百軒ほどあった木綿屋のうち最後の一軒

関方面からは正面Y字路を左に進む
津方面からは正面三差路の左は旧道（通り抜け不可）、中央（迂回路）を進む
通行不可
JR紀勢本線敷
変則五差路
大古曽集会所
臼井織布《しょくふ》
伊勢鉄道線をくぐる
平野高架橋
五六川
五六橋
杉谷建設
変則五差路
関方面からは正面のY字路を右に進む
津方面からは正面三差路の中央を進む
社
桜橋
一身田小学校
専修寺《せんじゅじ》
慈智院《じちいん》
0
250
500m

真宗高田派本山で寛正六年（1465）の創建。織田信長、豊臣秀吉、徳川家康の庇護を受け、伊勢を領した二代目津藩主藤堂高次から寺領三万坪の寄進を受け、今日の伽藍を造営した。山門、御影堂、如来堂、唐門、太鼓門等は国指定重要文化財

寛永十六年（1639）の創建、専修寺の末寺で塔頭筆頭三ケ寺の一つ

エリア＝三重県津市上浜町3丁目
最寄り駅＝近鉄名古屋線 江戸橋駅

見初大明神の御神体という獅子頭を祀っている。伊勢國に悪疫が流行った時、一本の大ツバキから三十三体の獅子頭を作り、各所の神社に分け与え、舞ったところ平癒した。この奉納獅子舞は津市指定無形文化財

伊勢別街道の起点で伊勢参宮街道との追分（伊勢参宮街道26ページ参照）

至 伊勢神宮 ― **伊勢参宮街道**

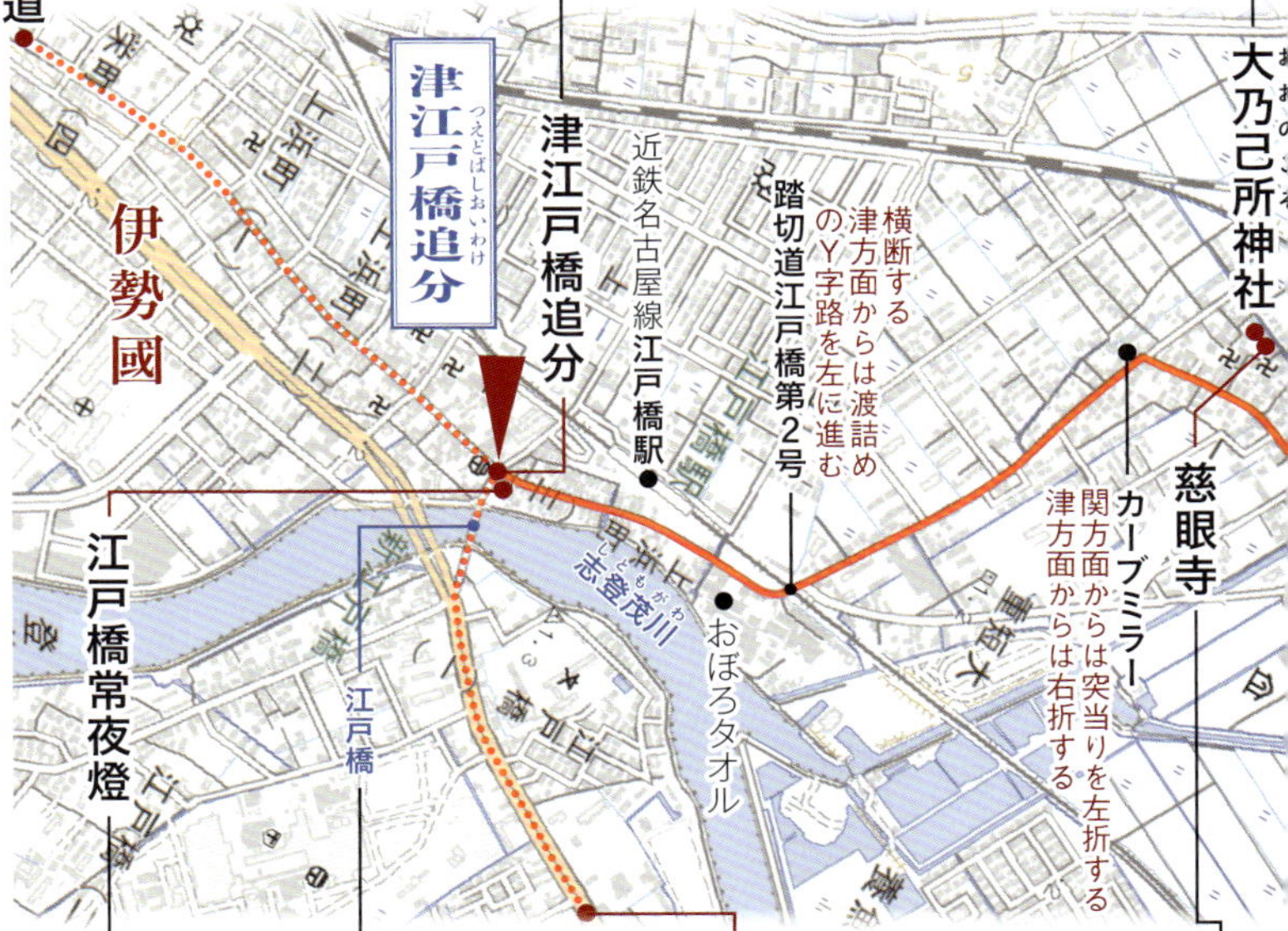

大乃己所神社
津江戸橋追分《つえどばしおいわけ》
津江戸橋追分
近鉄名古屋線江戸橋駅
踏切道江戸橋第2号
横断する
津方面からは渡詰めのＹ字路を左に進む
伊勢國
慈眼寺
カーブミラー
関方面からは突当りを左折する
津方面からは右折する
志登茂川《しともがわ》
おぼろタオル
江戸橋
江戸橋常夜燈

本尊の十一面観音菩薩立像は伝教大師作という。大乃己所神社の別当寺であった

【大部田村《おおへた》】
上浜町三丁目辺りは大部田村で「蕎麦切り」を商う茶屋があった

伊勢参宮街道
至 東海道日永の追分

津の江戸口にあたり津藩主参勤の見送りもここまでというところから江戸橋と命名された

安永六年（1777）の建立。並びに明治二十二年（1889）の道標「左高田本山道 東京占とをりぬけ」がある

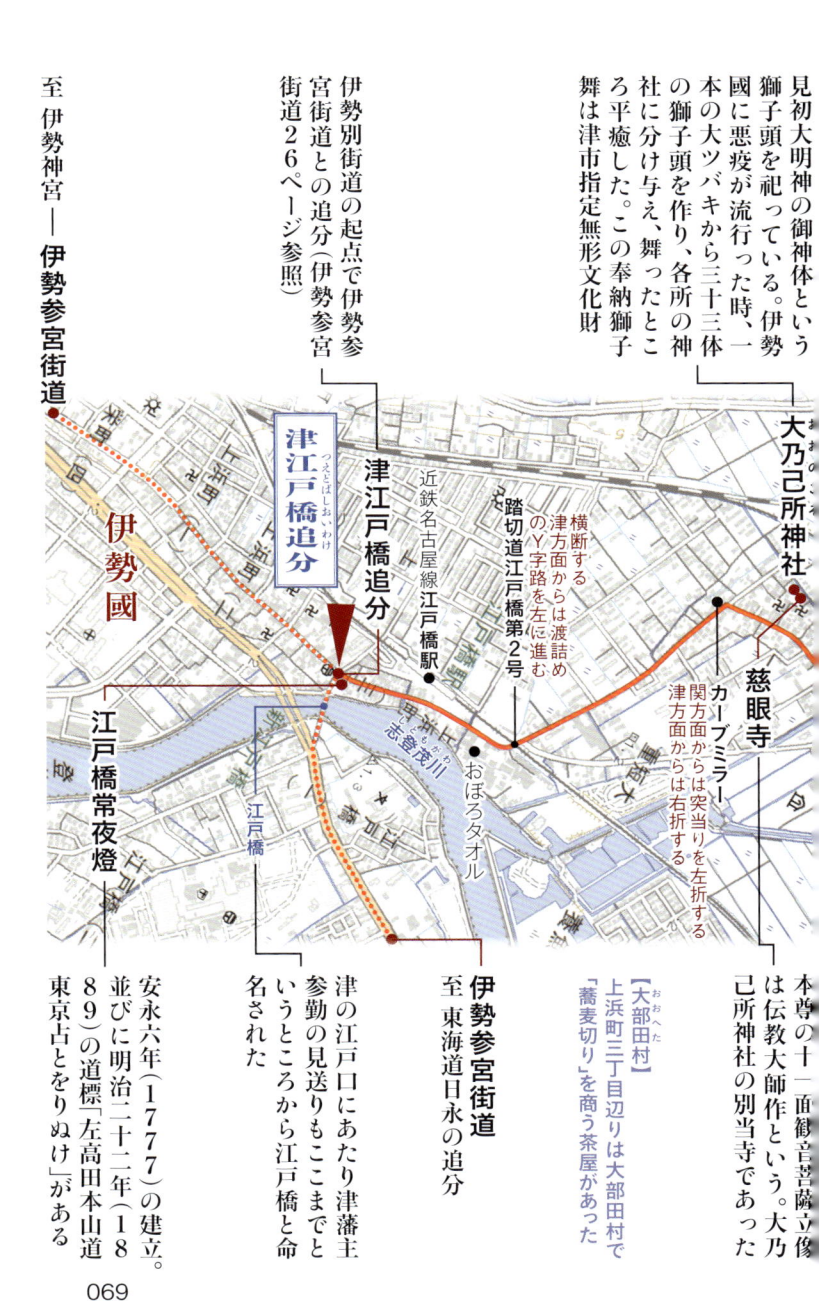

善光寺街道

さあ、善光寺詣での歩き旅に出かけよう

善光寺街道 信濃國　長野県

『ちゃんと歩ける中山道 東』P99より続く

追分分去れ

小諸

11.9km
三里半

至 江戸日本橋

エリア＝長野県北佐久郡軽井沢町追分
最寄り駅＝しなの鉄道線 信濃追分駅

題目碑、庚申塔、二十三夜塔、馬頭観音等の石仏石塔群がある。幕末、赤報隊偽官軍事件の罪により分遣隊を率いていた桜井常五郎等三名が小諸藩に捕らえられ処刑された

【赤報隊】

幕末、赤報隊は東山道総督軍の先鋒として「年貢半減」を旗印に突き進んだ。ところが新政府は財政不足により「年貢半減」の実現が困難になると、赤報隊は「偽官軍」との汚名をきせ隊長相楽総三以下幹部八名を下諏訪で斬首した。しかし昭和三年（1928）潔白が証明され正五位が追贈され、靖国神社に合祀された

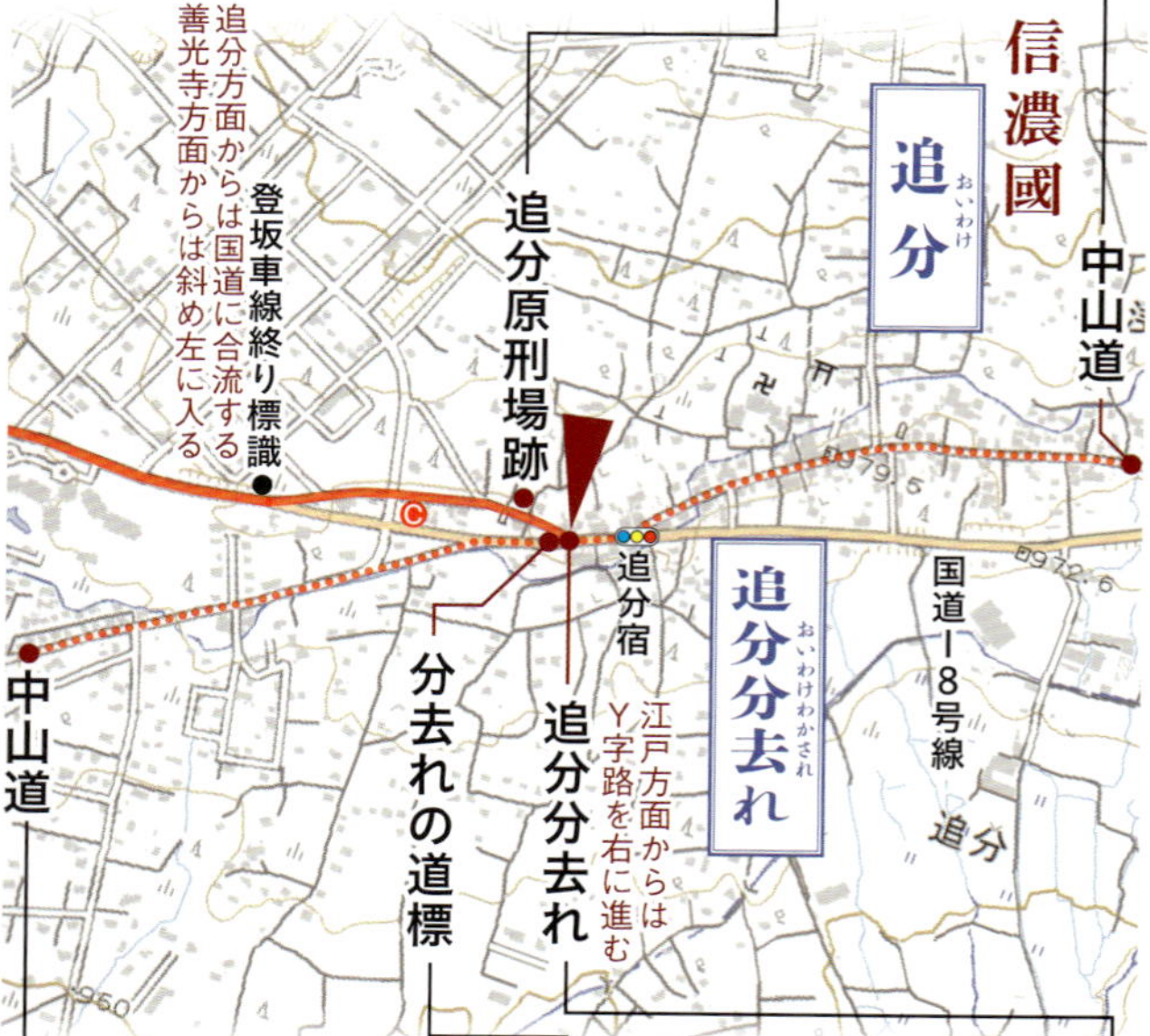
信濃國
追分《おいわけ》
中山道
追分原刑場跡
登坂車線終り標識
追分方面からは国道に合流する
善光寺方面からは斜め左に入る
追分宿
国道18号線
追分分去れ《おいわけわかされ》
分去れの道標
追分分去れ
江戸方面からはY字路を右に進む
中山道
0 250 500m

善光寺街道の起点

分去れには延宝七年（1679）の道標「右従是北国海道 左従是中仙道」、寛政元年（1789）の常夜燈「是より左伊勢」、安永六年（1777）の子育地蔵尊「さらしなは右みよしのは左にて月（月の名所更級）と花（桜の名所吉野）とを追分の宿」、同年の森羅亭万象歌碑「世の中はありのままにぞ霰（あられ）ふるかしましとだに心とめぬれば」等がある

至 京三条大橋

【追分宿】

追分宿は三十五軒の旅籠に二百五十人の飯盛がいた。追分節に「浅間山から飛んでくる烏(からす)金も無いのにかうかうと」「浅間山から追分見れば飯盛女郎がうようよと」と唄われ、これに対し飯盛りは「三味を横抱き浅間を眺め辛い勤めと眼に涙」と返している。宿の西には善光寺街道の追分分去れを控え大いに賑わった。天保十四年(1843)の中山道宿村大概帳によると追分宿の宿内家数は百三軒、うち本陣一、脇本陣二、旅籠三十五軒、宿内人口は七百十二人(男二百六十三人、女四百四十九人)で宿並は五町四十間(約618m)であった

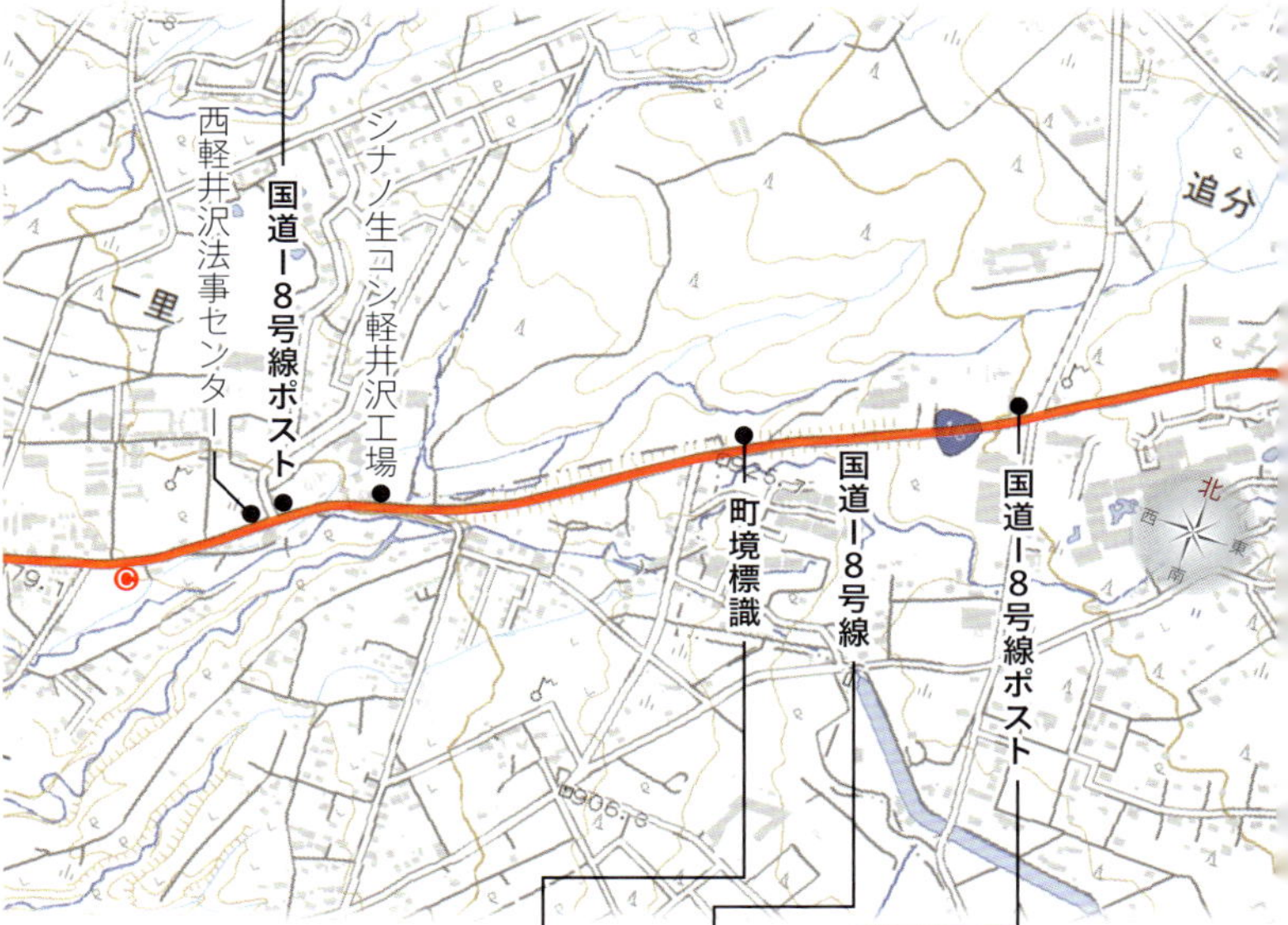
「高崎まで57km」
国道18号線ポスト
西軽井沢法事センター
シナノ生コン軽井沢工場
一里
追分
町境標識
国道18号線
国道18号線ポスト
北
西
東
南
軽井沢町と御代田町の境。「ここは標高929m」表示
日本ロマンチック街道
「高崎まで56km」

【雲場野】

分去れの南側一帯は曠野であった。追分宿の飯盛は「さまが来ぬ夜は雲場の草でかる人もなしひとり寝る」「のめよさわげよ今宵の座敷あすは雲場の野でしげる」と唄った

【浅間山大噴火】

天明三年(1783)四月九日鳴動が始まり、七月八日浅間山は大噴火した。中山道の浅間三宿(軽井沢、沓掛、追分)は火石玉で焼かれ、降灰で押し潰され、土石流で流され千六百名以上の犠牲者が出た。この大噴火が「天明の大飢饉」の一因となった

馬瀬口の一里塚

両塚が現存している。塚の径は共に14mで、東塚は高さ3.5m、西塚は高さ3m。善光寺街道から分岐して、塩野村への支道に築かれた一里塚で追分より一里、江戸日本橋より四十里目（御代田町指定史跡）

馬瀬口の一里塚入口標識
雀ケ谷《すずめがや》
三ツ谷東
土屋動物病院
火の見ヤグラ
御代田北小学校
濁川橋
三ツ谷西
いずれの方面からも国道18号線を横断する
濁川
石臼燈籠
三ツ家村
コメリ
御代田町工場団地標識
追分方面からは斜め左に入る
善光寺方面からは国道に合流する
名残り松
御代田北小学校
旭町
栄町
842
871.2
879.1
0　250　500m

【岐蘇路之記】貝原益軒は貞亨二年（1685）刊の岐蘇路之記の中で「分去れ」辺りを「寒甚だしく五穀生ぜずただ稗蕎麦のみを生ずる故畠少なし、又葉の樹なし、民家にも樹木なし、不毛の地といひつべし」と著している

浅間山南の石尊山（せきそんざん）に源を発し、流末は千曲川に落合う。集塊岩の奥から湧き出る源泉は硫化鉄や遊離炭酸を含んでいるため褐色に濁り、その色「血の如し」といわれた

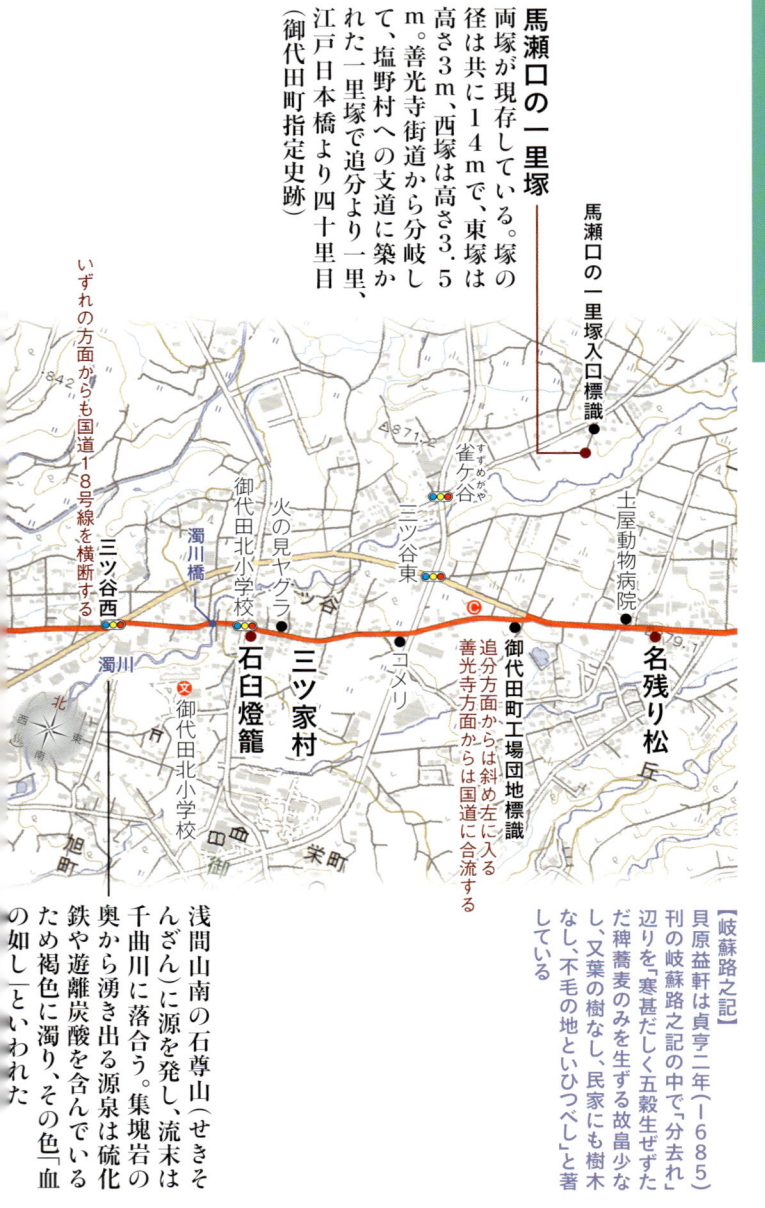

昭和二十二年（1947）造立

明治十一年（1878）東海北陸巡幸の際、高山家で休息した。門脇に明治三十二年（1899）公爵二条基弘（もとひろ）題額による「馬瀬口村駐輦碑文」がある

浅間山の祭神である盤長姫命（いわながひめのみこと）を祀り、馬瀬口村の鎮守とした

堂前には馬頭観世音、弘法大師碑、馬の像等がある

明治三十五年（1902）の建立。碑には「古越石泉先生筆塚文」と刻まれている

社殿内には稲荷社等が祀られている

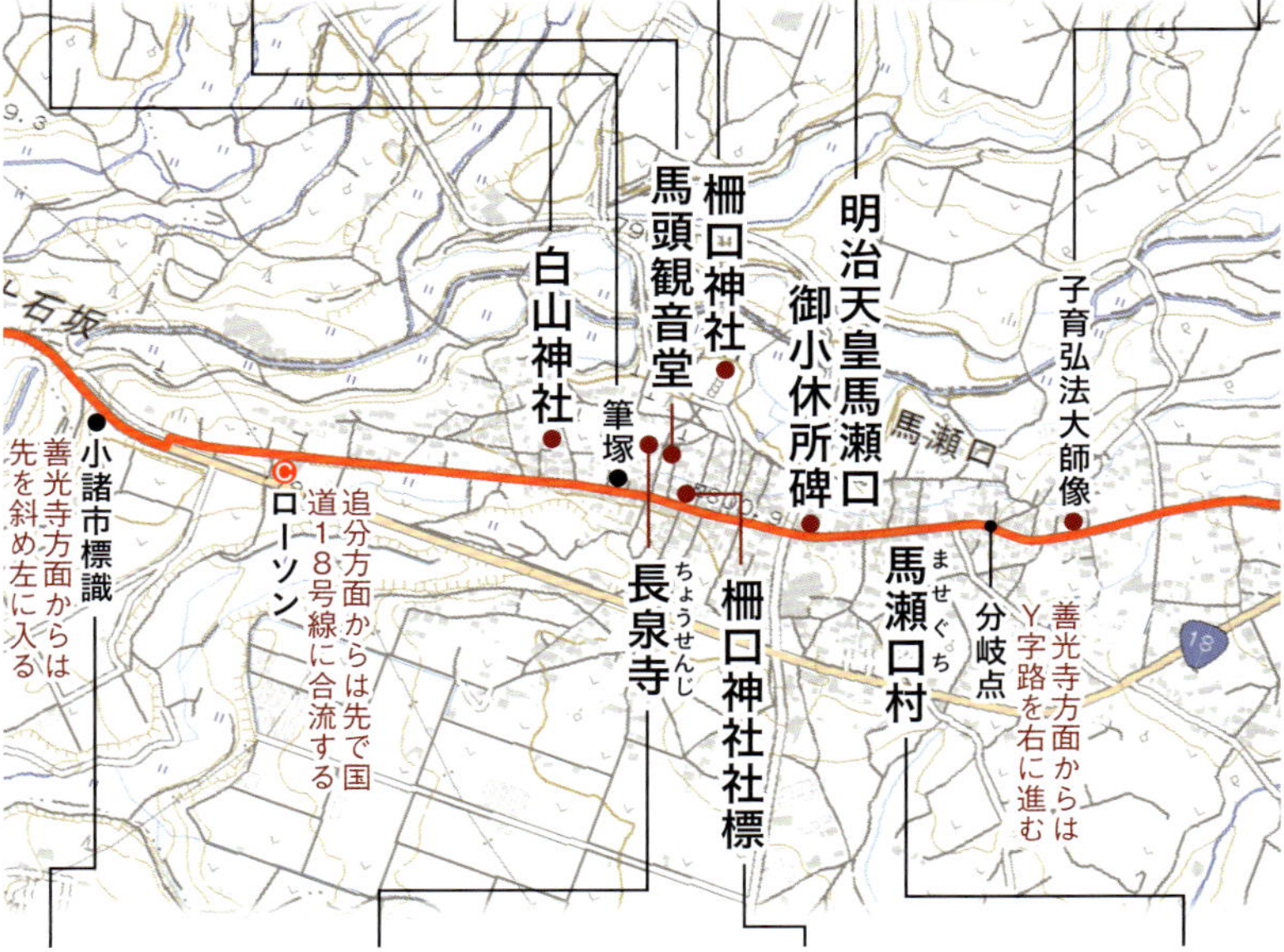
子育弘法大師像
明治天皇馬瀬口御小休所碑
柵口神社
馬頭観音堂
白山神社
石坂
馬瀬口
筆塚
小諸市標識
善光寺方面からは先を斜め左に入る
ローソン
追分方面からは先で国道18号線に合流する
長泉寺《ちょうせんじ》
柵口神社社標
馬瀬口村《ませぐち》
分岐点
善光寺方面からはY字路を右に進む
18

追分宿と小諸宿間が長いため、元和六年（1620）馬瀬口村が開村され「間の宿」となった

社標と鳥居前の常夜燈は大正八年（1919）の建立。いにしえ浅間山麓に官牧があり、この地に牧の柵の木戸があったところから柵口（ませぐち）と呼ばれた

元和年間（1615～24）の創建。境内に大聖歓喜天堂、徳本念佛供養塔、百番供養塔、庚申塔、二十三夜塔、馬頭観音、観音菩薩坐像等がある

御代田町と小諸市の境。「ここは標高780m」表示

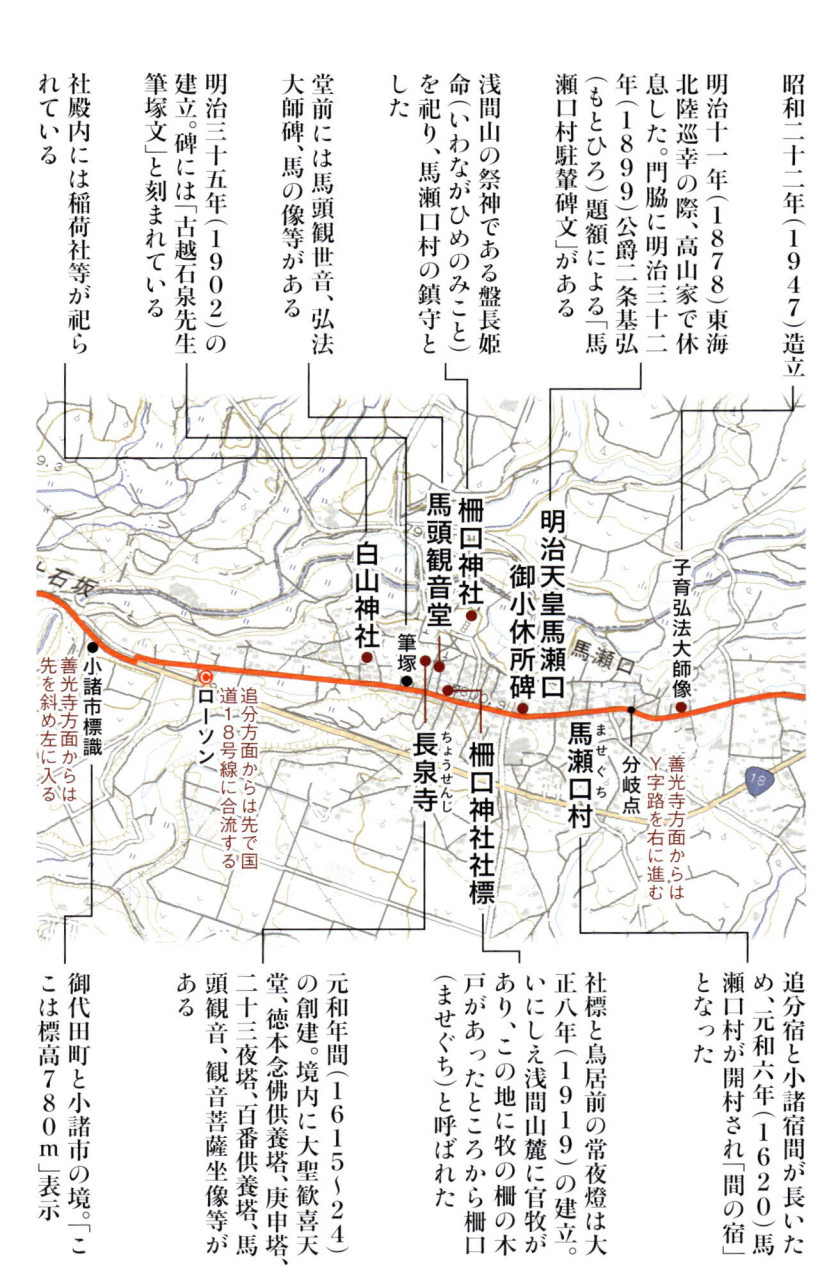

「ここは標高774m」

鉱山の守護神「金山彦神」を祀っている

本堂に真田家紋「六文銭」を掲げている。松代藩主参勤の休息所であった

参勤の加賀藩主前田公が賞賛した雲竜黒松（小諸市保存樹木）

「間の宿」であった。蔵のある旧家を多数残している

薬師堂、不動堂、文政十年（1827）の西國三十三ヶ所供養塔、文政四年（1821）の名号碑、文政五年（1822）の馬頭観世音等がある

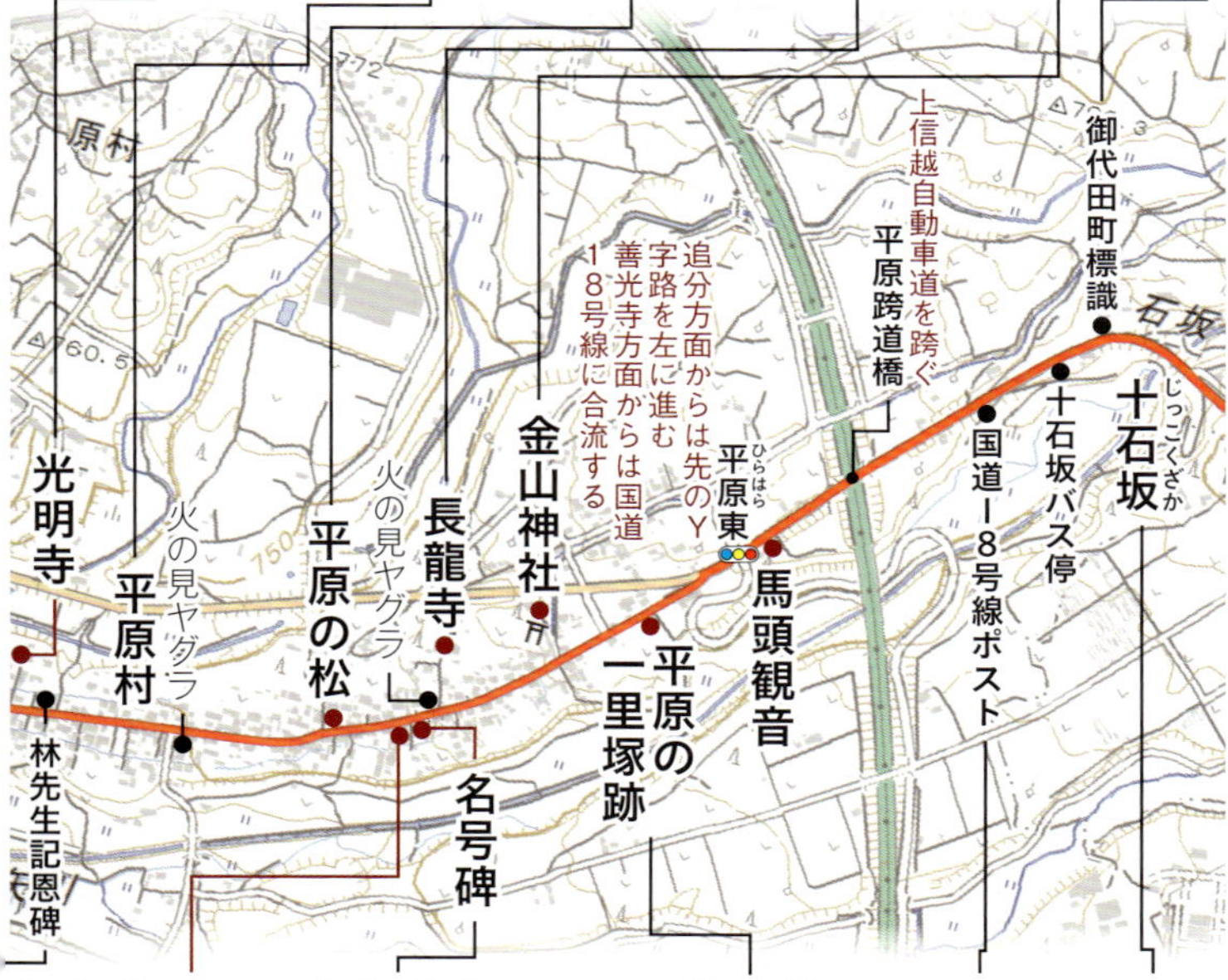

御代田町標識
石坂
十石坂《じっこくざか》
十石坂バス停
国道18号線ポスト
上信越自動車道を跨ぐ
平原跨道橋
追分方面からは先のY字路を左に進む
善光寺方面からは国道18号線に合流する
平原東《ひらはら》
馬頭観音
平原の一里塚跡
金山神社
長龍寺
火の見ヤグラ
平原の松
名号碑
平原村
火の見ヤグラ
光明寺
林先生記恩碑
原村
772
760.5
750
0
250
500m

繰矢川（くりやがわ）の深い谷から十石坂を上ると段丘の平坦地に出る

「高崎から61km」

「北国街道平原一里塚跡」標識がある。追分から二里、江戸日本橋より四十一里目。傍らに寛政五年（1793）の馬頭観音像がある

十念寺跡の宝庫には二十五菩薩来迎会に用いる仏面が収蔵されている（小諸市無形文化財）

一遍上人初開道場碑

弘化二年（1845）の建立。十念寺で道場開きの念仏踊りを行った

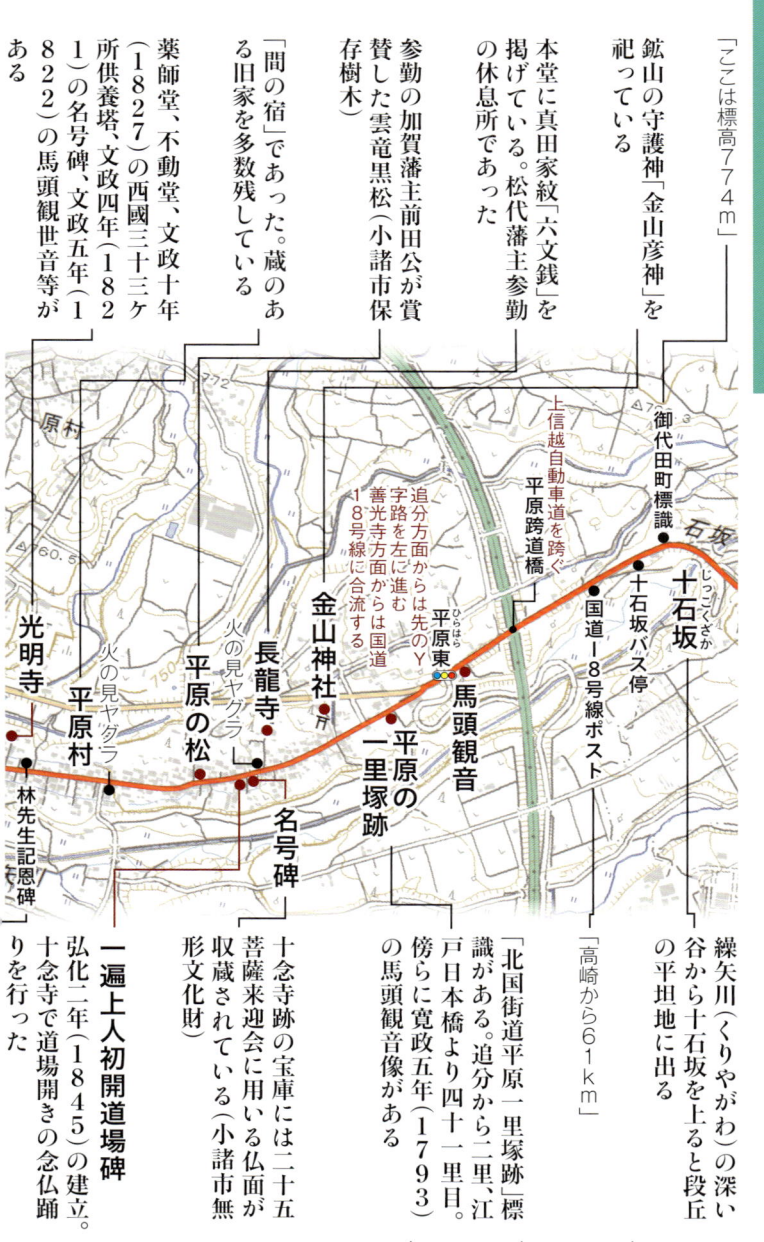

境内に石祠群、道祖神、境内社に稲荷神社がある

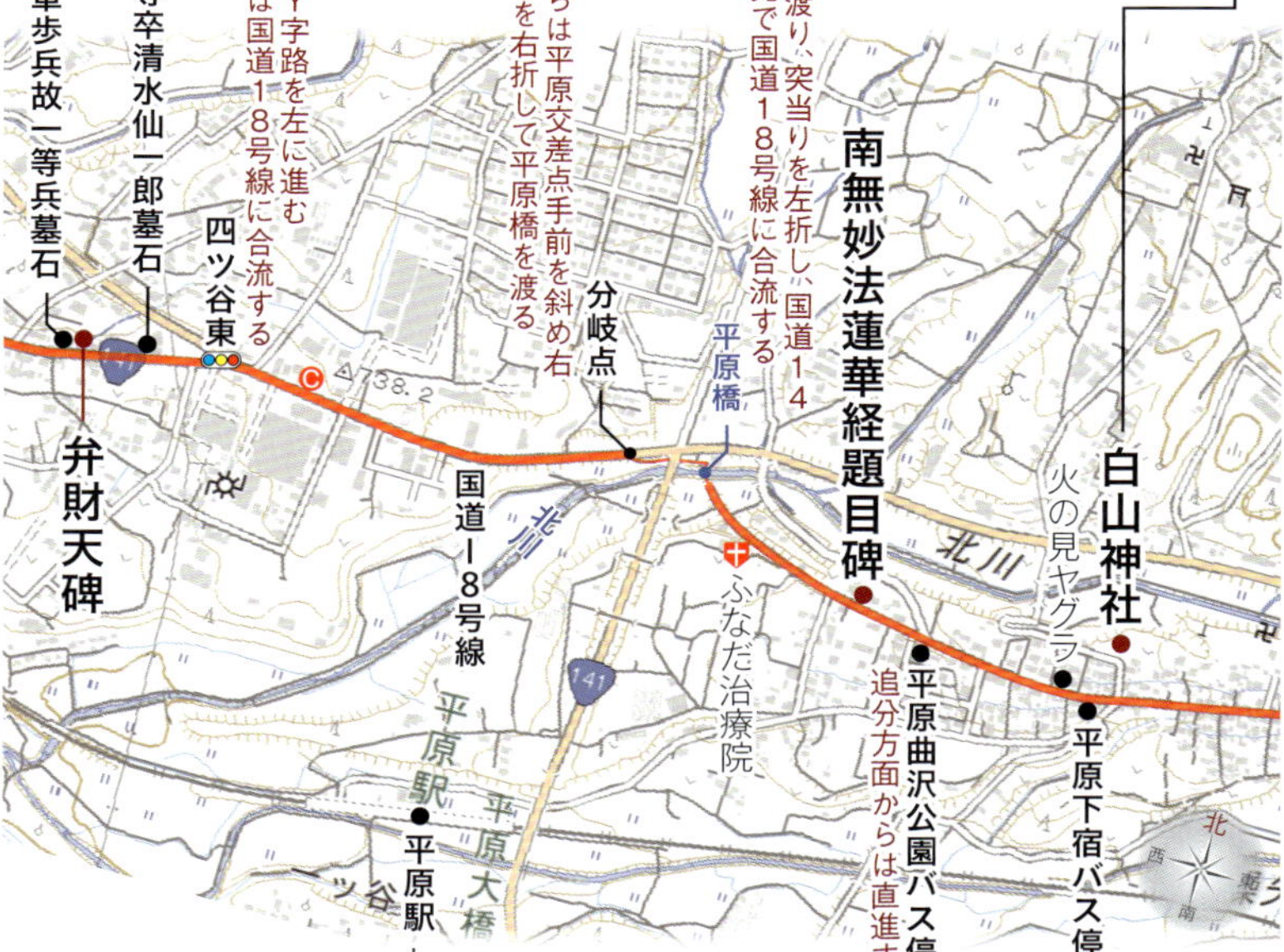
白山神社
火の見ヤグラ
平原下宿バス停
南無妙法蓮華経題目碑
平原曲沢公園バス停
追分方面からは直進する
追分方面からは平原橋を渡り、突当りを左折し、国道141号線ガードをくぐり、先で国道18号線に合流する
平原橋
北川
ふなだ治療院
141
分岐点
善光寺方面からは平原交差点手前を斜め右に下り、突当りを右折して平原橋を渡る
国道18号線
平原駅
平原大橋
一ツ谷
平原駅
しなの鉄道線
追分方面からはY字路を左に進む
善光寺方面からは国道18号線に合流する
四ツ谷東
故二等卒清水仙一郎墓石
陸軍歩兵故一等兵墓石
弁財天碑
北
西
南

「大正六年（1917）の建立

【二十五菩薩来迎会】あの世に行くときは二十五菩薩と阿弥陀如来が極楽浄土へ導くという浄土宗の教えを表現した仏事

【宿泊】（P79）
H1 小諸ロイヤルホテル ☎0267（22）6633
H2 旅籠つるやホテル ☎0267（22）0041

【小諸宿】小諸宿は小諸藩牧野家一万五千石の城下町で東信濃随一の経済圏を形成していた。小諸藩は実収三万五千石といわれる裕藩であった

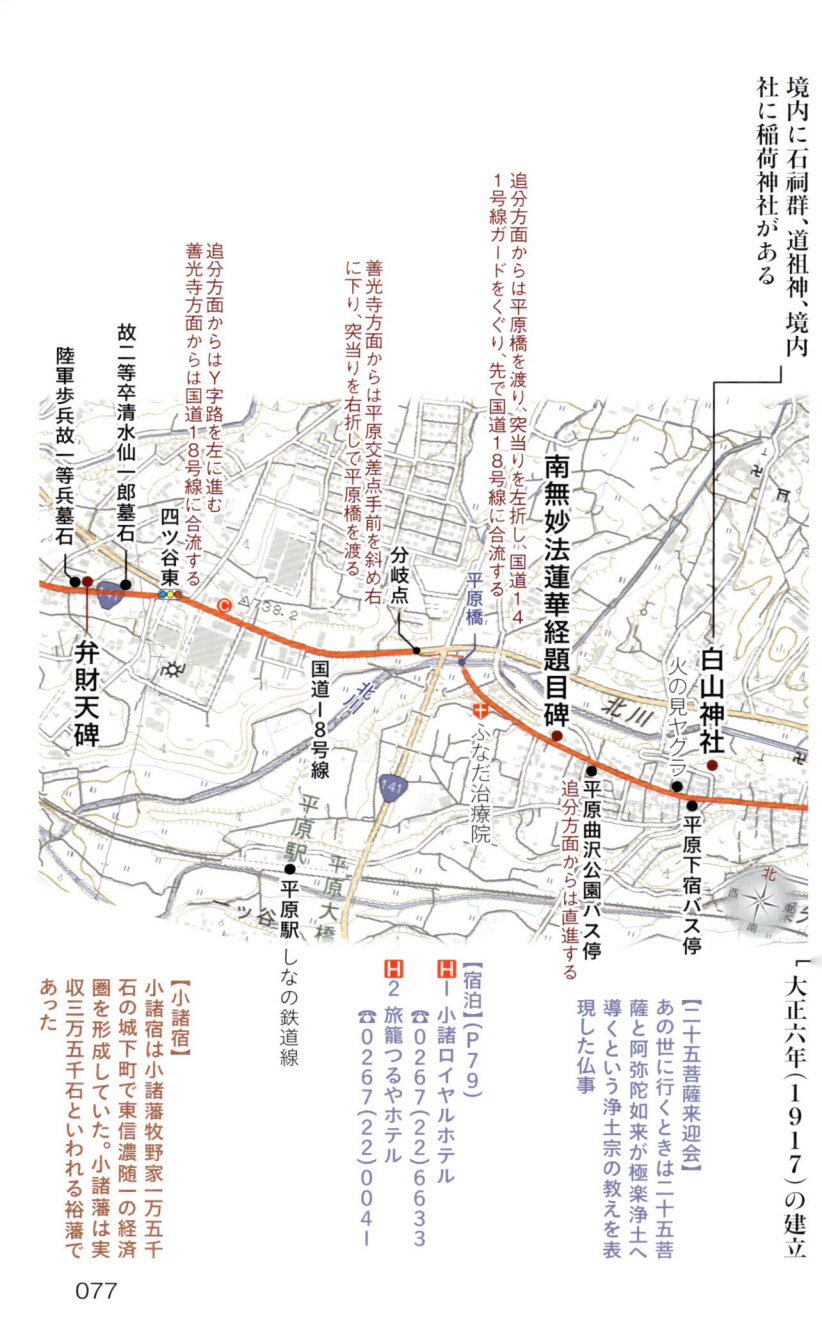

追分分去れ
11.9km 三里半

小諸

9.6km 二里半
田中

エリア＝長野県小諸市市町1丁目
最寄り駅＝しなの鉄道線／JR八ケ岳高原線 小諸駅

武田の家臣で柏木城主であった。武田家が滅亡すると帰農し、御影用水を引き御影新田八百三十石を開発した

白山を御神体としている

小諸藩主仙石秀久が小諸城内に守護神として祀った

【乙女村】
酒好きな庄屋の下女「おとめ」は酒が湧く泉を見つけた

小室節歌碑「こもろ出てみりゃ浅間の山に今朝も三筋の煙り立つ」がある。小諸は古くは「小室」と書かれた

「浅間山別當真楽寺江従是一里拾丁 追分宿江出ぬけ半里近シ」

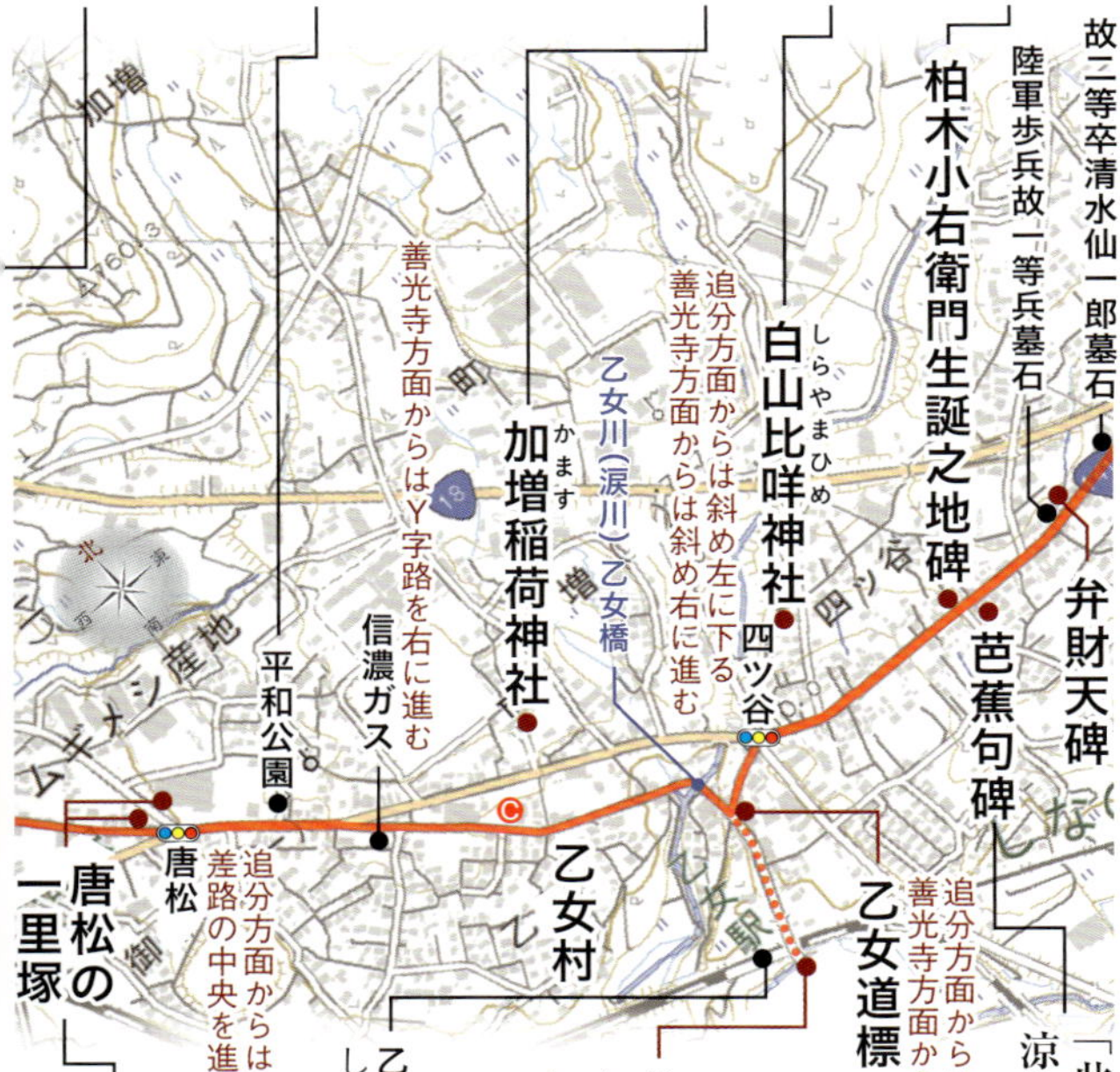
故二等卒清水仙一郎墓石
陸軍歩兵故一等兵墓石
柏木小右衛門生誕之地碑
白山比咩《しらやまひめ》神社
追分方面からは斜め左に下る
善光寺方面からは斜め右に進む
乙女川（涙川）乙女橋
加増《かます》稲荷神社
善光寺方面からはY字路を右に進む
弁財天碑
芭蕉句碑
四ツ谷
信濃ガス
平和公園
唐松の一里塚
唐松
追分方面からは三差路の中央を進む
乙女村
乙女道標
追分方面からは右折する
善光寺方面からは左折する
加増
町
四ツ谷
ムギメシ産地
しなの

「此あたり眼に見ゆるもの皆涼し」や観音不動堂がある

「南無阿弥陀佛 右甲州道 左江戸海道」

佐久甲州街道
中山道岩村田宿を経て甲州小淵沢に至る

乙女駅
しなの鉄道線／JR八ケ岳高原線

両塚が現存している。「加増の一里塚」ともいう、追分から三里、江戸日本橋より四十二里目

0 250 500m

高浜虚子は戦時中ここに疎開し四年間過ごした

武田晴信(信玄)は川中島合戦の戦勝祈願し、長松寺を長勝寺と改めた

中山道碓氷峠の熊野皇大神社を祀っている

呑龍上人は鶴殺しの孝子「源次兵衛」を草庵に匿った

夜泣地蔵の岩舟地蔵がある

徳川秀忠と真田昌幸との上田合戦の和睦を仲立ちした

明和五年(1768)の寒念仏供養塔がある

家康の母「於大の方」の菩提寺。山門は元小諸城足柄門

創業明暦三年(1657)「つたや七左衛門」

H2 創業天和二年(1682)

祭礼では暴れ神輿が繰出す

日蓮上人を祀る御堂がある

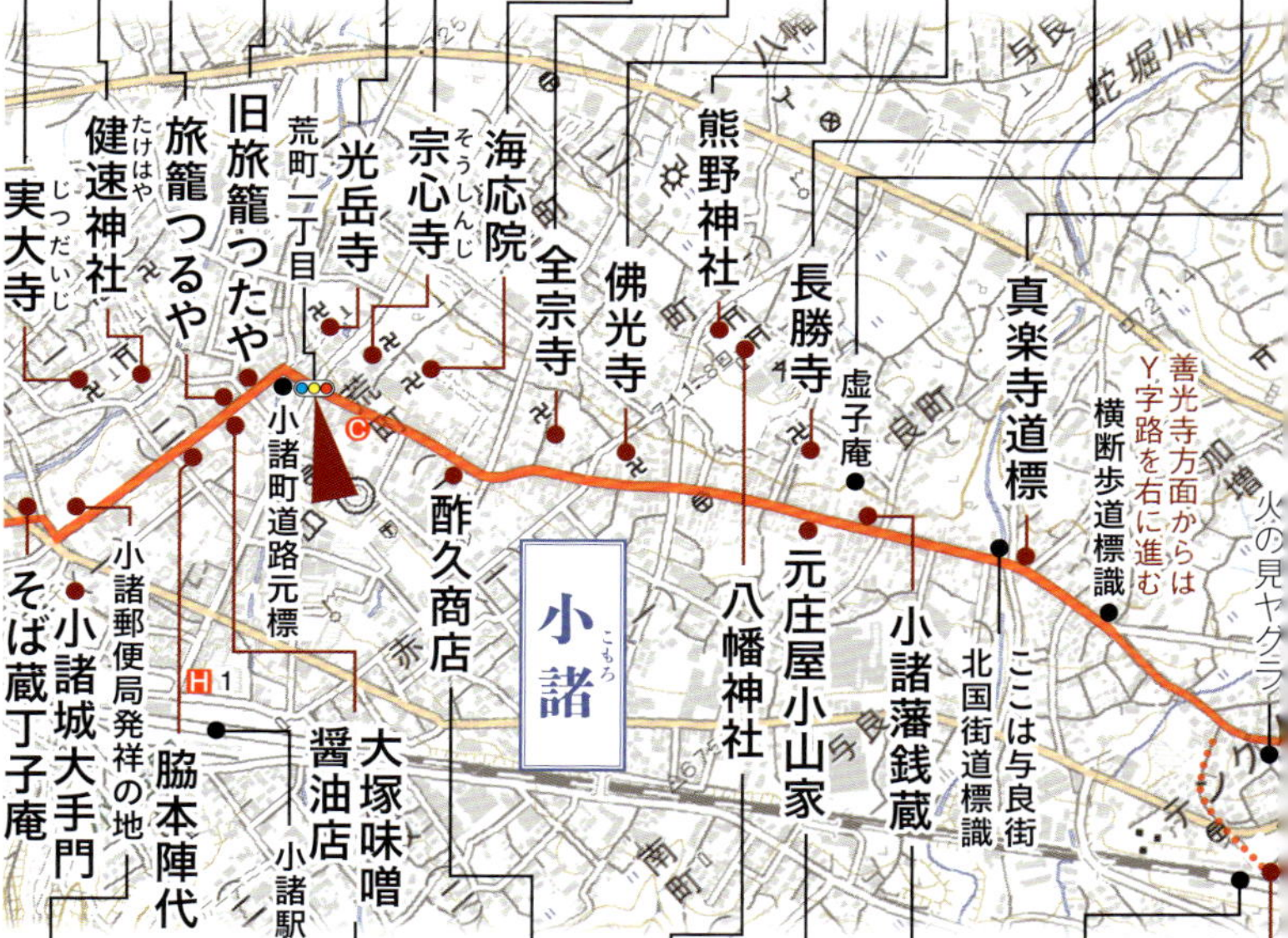
火の見ヤグラ
真楽寺道標
善光寺方面からはY字路を右に進む
横断歩道標識
ここは与良街
北国街道標識
小諸藩銭蔵
虚子庵
長勝寺
元庄屋小山家
熊野神社
八幡神社
佛光寺
全宗寺
海応院
宗心寺《そうしんじ》
光岳寺
荒町一丁目
旧旅籠つたや
旅籠つるや
健速《たけはや》神社
実大寺《じつだいじ》
小諸町道路元標
酢久商店
小諸《こもろ》
大塚味噌
醤油店
H1
脇本陣代
小諸郵便局発祥の地
小諸城大手門
そば蔵丁子庵
塩名田道

塩名田道
中山道塩名田宿に至る。小諸道とも呼ばれた

東小諸駅
しなの鉄道線／JR八ケ岳高原線

与良館に小諸藩御用金蔵の銭蔵が移設されている

小諸藩主が時より訪れ、床の間に「隠し扉」がある

奉納八朔相撲は仙石秀久の命により始まった

創業延宝二年(1674)小諸藩の御用商人を勤めた

主屋は江戸時代後期、袖蔵は明治の築

小諸駅
しなの鉄道線／JR八ケ岳高原線

現「そば七」、江戸時代末期の築で向拝がある

旅籠巴屋の小山六左衛門が勤めた

創業文化五年（1808）築の黒漆喰土蔵造り

追分方面からは本町交差点手前を右折し、一本目を左折する→国道を横断し、突当りを左折する→一本目の北国街道横町道標の十字路を右折する

相撲力士雷電の菩提寺で江戸から袂に入れて持ち帰った「たもとの鐘」がある

創業貞享三年（1686）銘酒「鈴蘭」「姫百合」の蔵元。幕末に問屋を勤めた

上田家が勤め問屋を兼ねた（国重要文化財）

寛政二年（1790）の造立

明治十二年（1879）生まれで俳壇で活躍した

「従六位南摩綱紀（なんまつなのり）篆額」刻

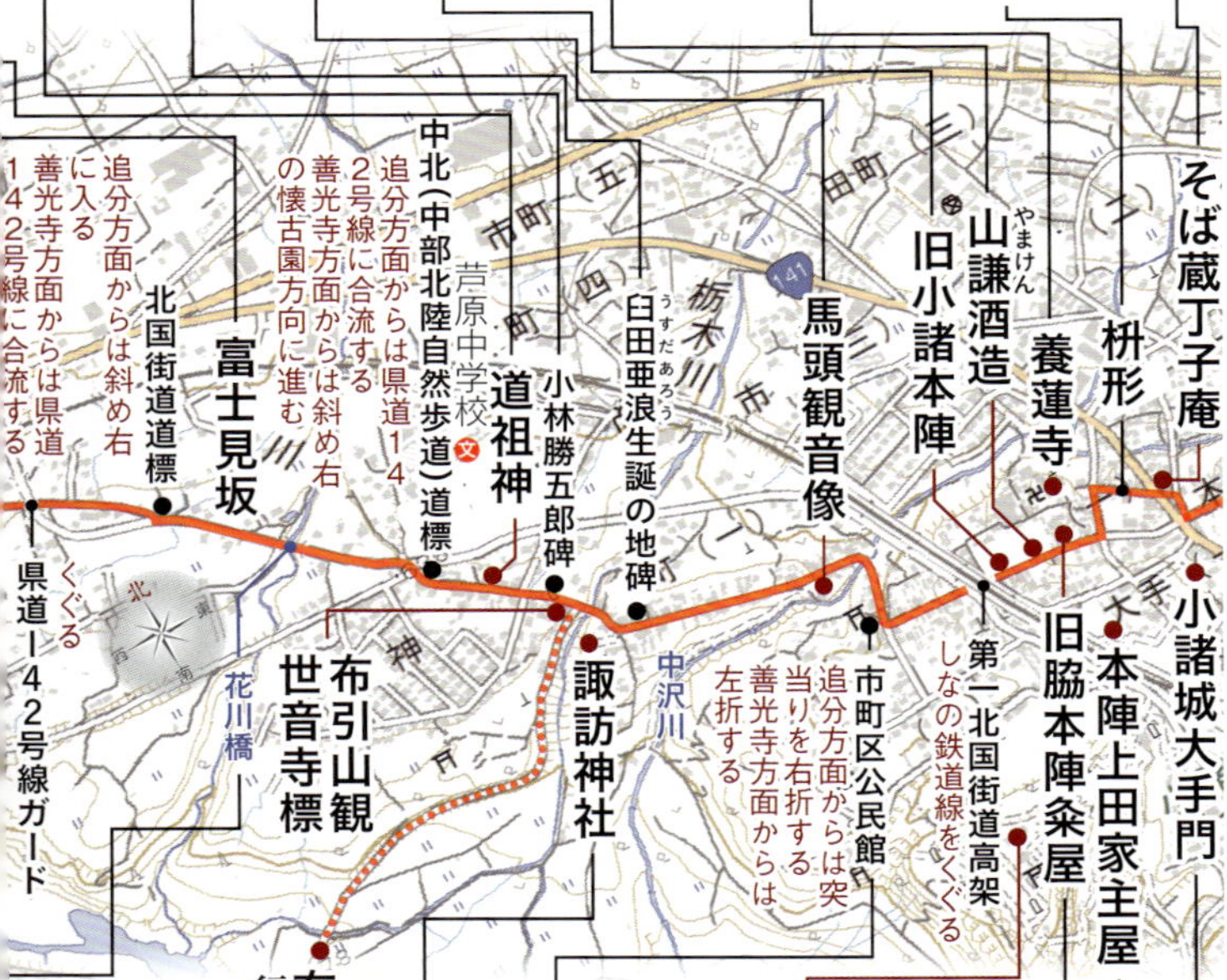
そば蔵丁子庵
枡形
養蓮寺
山謙《やまけん》酒造
旧小諸本陣
馬頭観音像
臼田亜浪《うすだあろう》生誕の地碑
小林勝五郎碑
道祖神
中北（中部北陸自然歩道）道標
芦原中学校
追分方面からは県道142号線に合流する 善光寺方面からは斜め右の懐古園方向に進む
富士見坂
北国街道道標
追分方面からは斜め右に入る 善光寺方面からは県道142号線に合流する
県道142号線ガード
くぐる
花川橋
布引山観世音寺標
諏訪神社
中沢川
市町区公民館
追分方面からは突当りを右折する 善光寺方面からは左折する
第一北国街道高架
しなの鉄道線をくぐる
旧脇本陣粂屋
本陣上田家主屋
小諸城大手門
布引観音道
市町
田町
栃木川
大手

瓦葺で「瓦門」と呼ばれた（国指定重要文化財）

移築復元されている（小諸市歴史資料館）

看板を吊るす「まねき屋根」がある

小諸城址
現懐古園、武田晴信（信玄）が築城し、初代小諸藩主仙石秀久が改修した

裏手に天王社、稲荷社がある

臼田亜浪と門人の句碑がある

布引観音道
行基創建の名刹布引観音に至る

0 250 500m

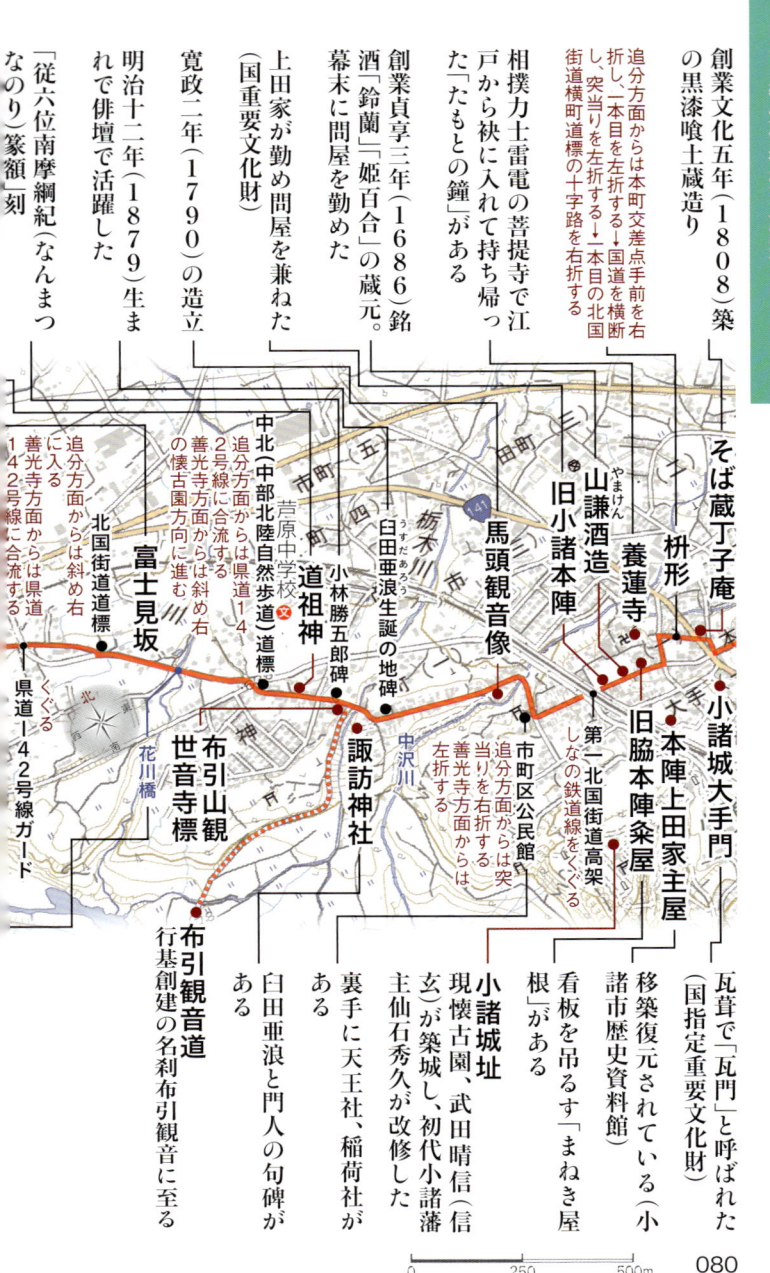

題目碑と宝暦十四年（1764）の馬頭観音像がある

快晴の日には富士がかすかに望めたという

聖観音菩薩像を安置する観音堂がある。境内には享保十年（1725）の聖観音菩薩像や文化六年（1809）の馬頭観音像等がある

西原村の産土神。天明八年（1788）の常夜燈等がある

白壁土蔵がある旧家を多数残している

「←東町歌舞伎舞台（東部町）6.8km／→懐古園2.8km」

「たかこの布あそび」着物のリサイクル店

「←東町歌舞伎舞台（東部町）6.3km／→懐古園3.3km」

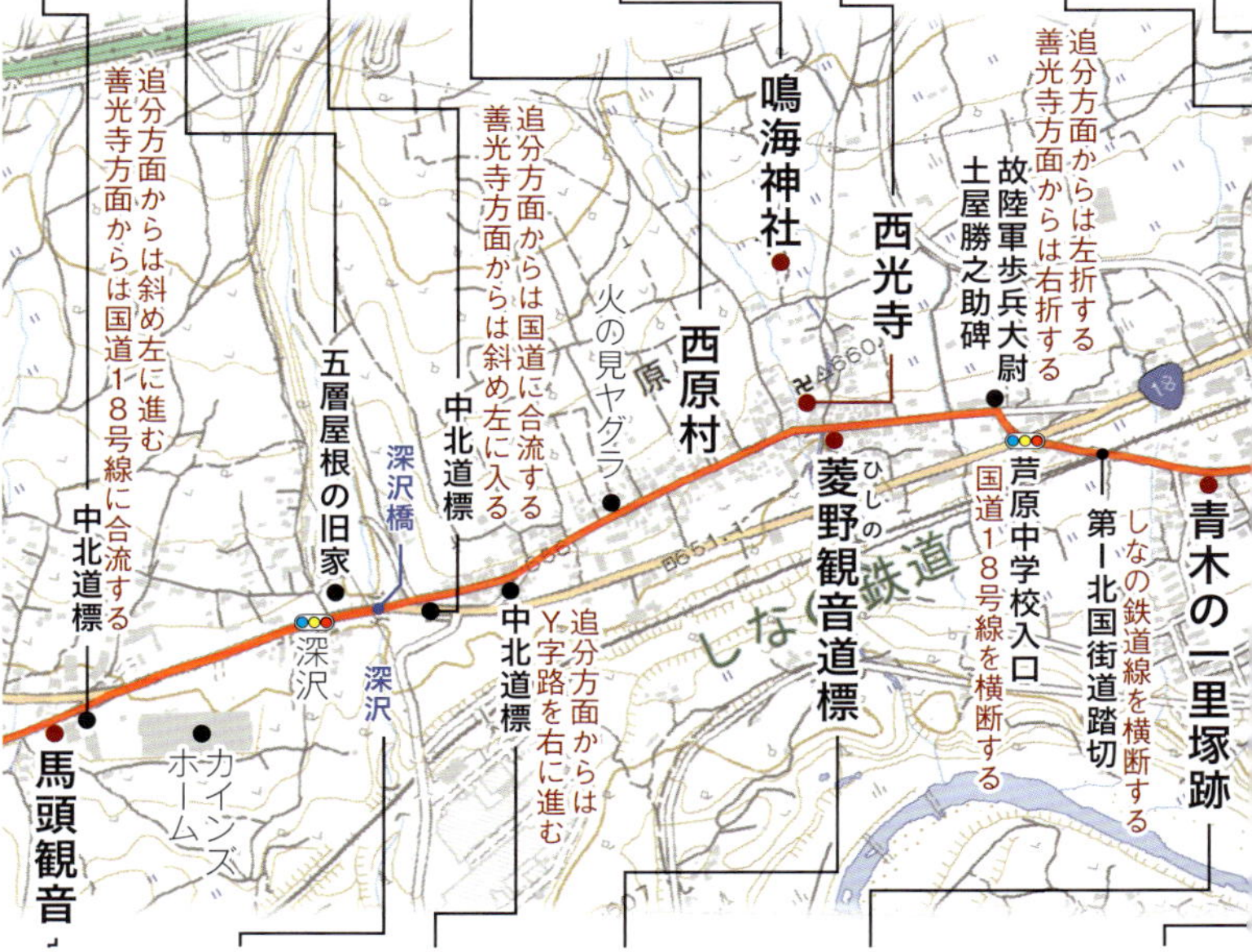

青木の一里塚跡
しなの鉄道線を横断する
第一北国街道踏切
追分方面からは左折する
善光寺方面からは右折する
故陸軍歩兵大尉土屋勝之助碑
18
芦原中学校入口
国道18号線を横断する
西光寺
鳴海神社
菱《ひし》野《の》観音道標
しなの鉄道
西原村
原
火の見ヤグラ
追分方面からは国道に合流する
善光寺方面からは斜め左に入る
中北道標
中北道標
追分方面からはY字路を右に進む
深沢橋
深沢
五層屋根の旧家
深沢
追分方面からは斜め左に進む
善光寺方面からは国道18号線に合流する
中北道標
カインズホーム
馬頭観音

欄干に小諸馬子唄「こもろ出て見りゃ浅間の山に今朝も三すじの煙り立つ」や小諸城三の門レリーフがある

南塚の遺構を残している。「富士見坂の一里塚」ともいう、追分から四里、江戸日本橋より四十三里目

「結び観音」で知られる秘湯菱野観音温泉へ至る

「←東町歌舞伎舞台（東部町）6.9km／→懐古園2.7km」

流末は千曲川に落合う。佐久、小県（ちいさがた）の境

天保十二年（1841）の馬頭観音像

祠内に地蔵立像と庚申供養塔が安置され、並びに道祖神、聖徳太子碑等がある

山神宮や石仏石塔群がある

松代に至る。上杉謙信の軍用路でもあった

「←北国街道赤岩新田海野宿」

明治二十七年（1894）の田口傳吉翁筆塚

並びに牛馬観音経一千巻碑と長野県指定文化財「←刀匠山浦真雄（さねお）宅跡」案内がある。上田藩お抱えの刀工で、弟の源清麿は卓越した名刀工であった

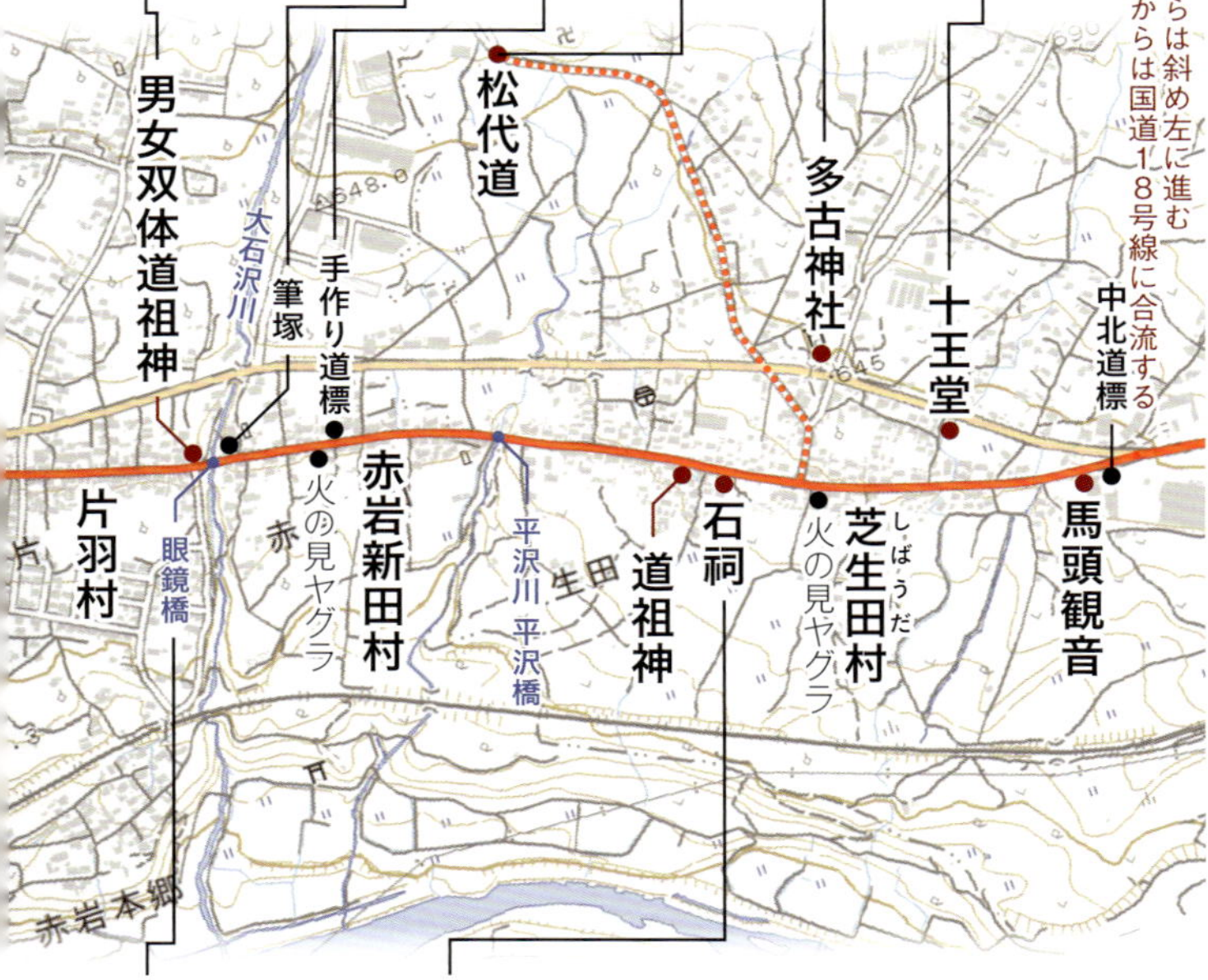
追分方面からは斜め左に進む
善光寺方面からは国道18号線に合流する
松代道
多古神社
十王堂
中北道標
馬頭観音
芝生田村《しばうだ》
火の見ヤグラ
石祠
道祖神
平沢川
平沢橋
生田
赤岩新田村
火の見ヤグラ
手作り道標
筆塚
大石沢川
男女双体道祖神
眼鏡橋
片羽村
赤岩本郷
0
250
500m

四社が祀られている

明治十六年（1883）架橋のアーチ状石橋で道路下に現存している。地元の武田久乃助が私財を投げ打って竣工させた（東御市有形文化財）

【布引観音】 釈尊寺は行基の創建という名刹。布引観音は天正二十年（1592）建立の懸造り観音堂内の宮殿（国重要文化財）に安置されている。強欲で無信心の老婆が千曲川で布を晒していると、牛が現れ布を角に掛けて走り出した。老婆は追いかけてついに善光寺に着くと、御仏の光を仰ぎ見て、老婆は改悛し信心に目覚めたという。この牛は観音の化身で、これが「牛に引かれて善光寺参り」の由来になった

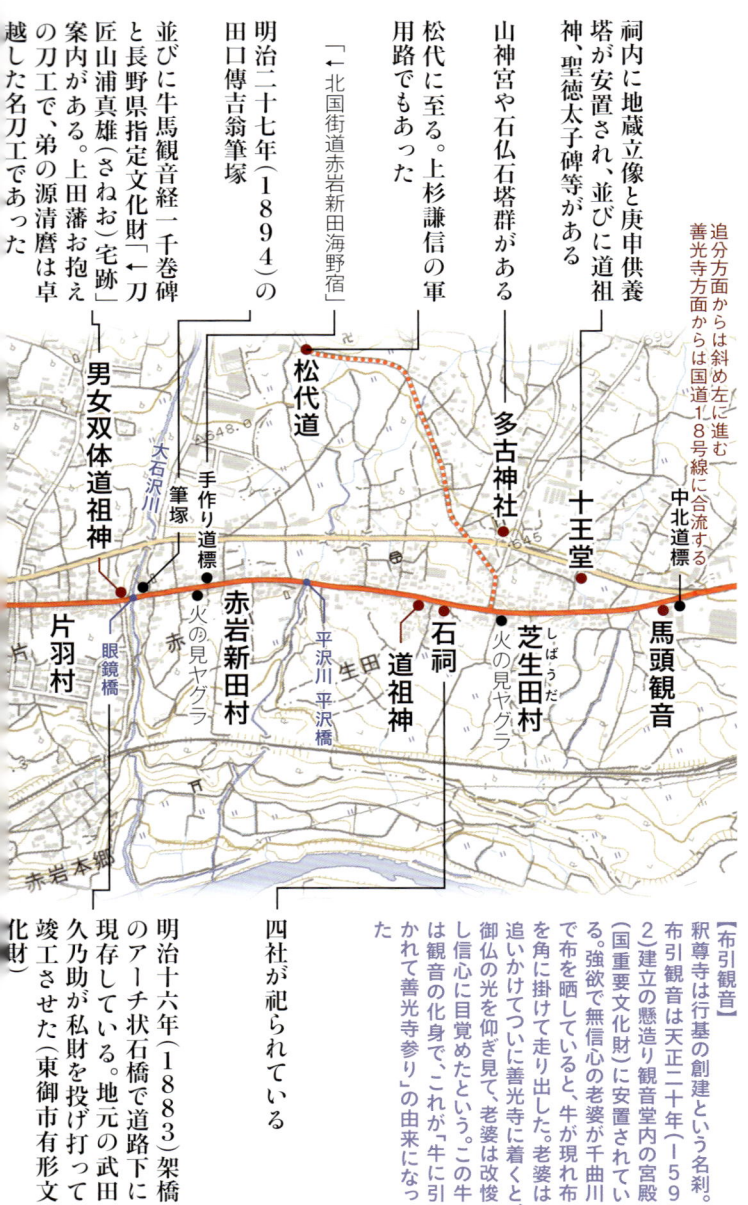

参道脇に東御市指定天然記念物「片羽八幡水」がある。明治十一年(1878)明治天皇北陸巡幸の際、牧家御小休所の御膳水となった

「北国街道牧家一里塚跡」碑がある。追分から五里、江戸日本橋より四十四里目

「←雷電生家0.8km／→小諸懐古園5.7km」

大相撲力士雷電為右衛門は大石村の出身で無類の強さを誇った。碑は文久元年(1861)佐久間象山の撰文、揮毫により建立されたが勝負事に御利益があると削られ判読不明となった。碑の並びに明治二十八年(1895)勝海舟、山岡鉄舟によって新碑が建立された

八幡神社
滋野小学校
牧家《ぼくや》の一里塚跡
中北道標
力士雷電之碑
原
滋野
王子平
石
大石村
明治天皇牧家御小休所碑
牧家《ぼくや》村
牧
櫻井神社
滋野郵便局
しなの鉄道線
滋野駅
羽毛田
桜井
Y字路
追分方面からは右に進む
JA信州うえだ滋野
18
159
北
東
西
南

【滋野村】明治九年(1876)近隣十ケ村が合併し滋野村が発足した

本殿に太田道灌の「山吹の彫刻」があるという。境内には天明九年(1789)の六臂馬頭観音像、文化九年(1812)の常夜燈、境内社に稲荷社、三峰社、白山社、厳島社、大山社がある

明治十一年(1878)北陸巡幸の際、ここで休息した

白酒が名物の立場であった

【白酒《しろざけ》】白く濁った甘味の強い酒。蒸したもち米と米麹(こめこうじ)を混ぜ合わせ、焼酎あるいは酒を加えて熟成させ、石臼で挽いた酒

小諸

9.6km　二里半

田中

1.9km　半里

海野

エリア＝長野県東御市田中
最寄り駅＝しなの鉄道線 田中駅

【壬戌《じんじゅつ》洪水】

戌の満水(いぬのまんすい)とも呼ばれる。寛保二年(1742)八月、台風の大雨により千曲川と犀川流域で発生した大洪水で二千八百人以上の死者が出た。今日でも犠牲者供養の墓参りが行われている。松代藩は被害救済と農地減少のため藩財政が疲弊し、「真田騒動」の一因となった

【田中宿】

田中宿は真田氏の庇護の下に設置され、海野宿と合宿で問屋業務は上十五日を勤めた。寛保二年(1742)「壬戌洪水」により壊滅し、復興に六十年を要した。慶応三年(1867)の大火で宿並は灰燼に帰してしまった

松代に至る

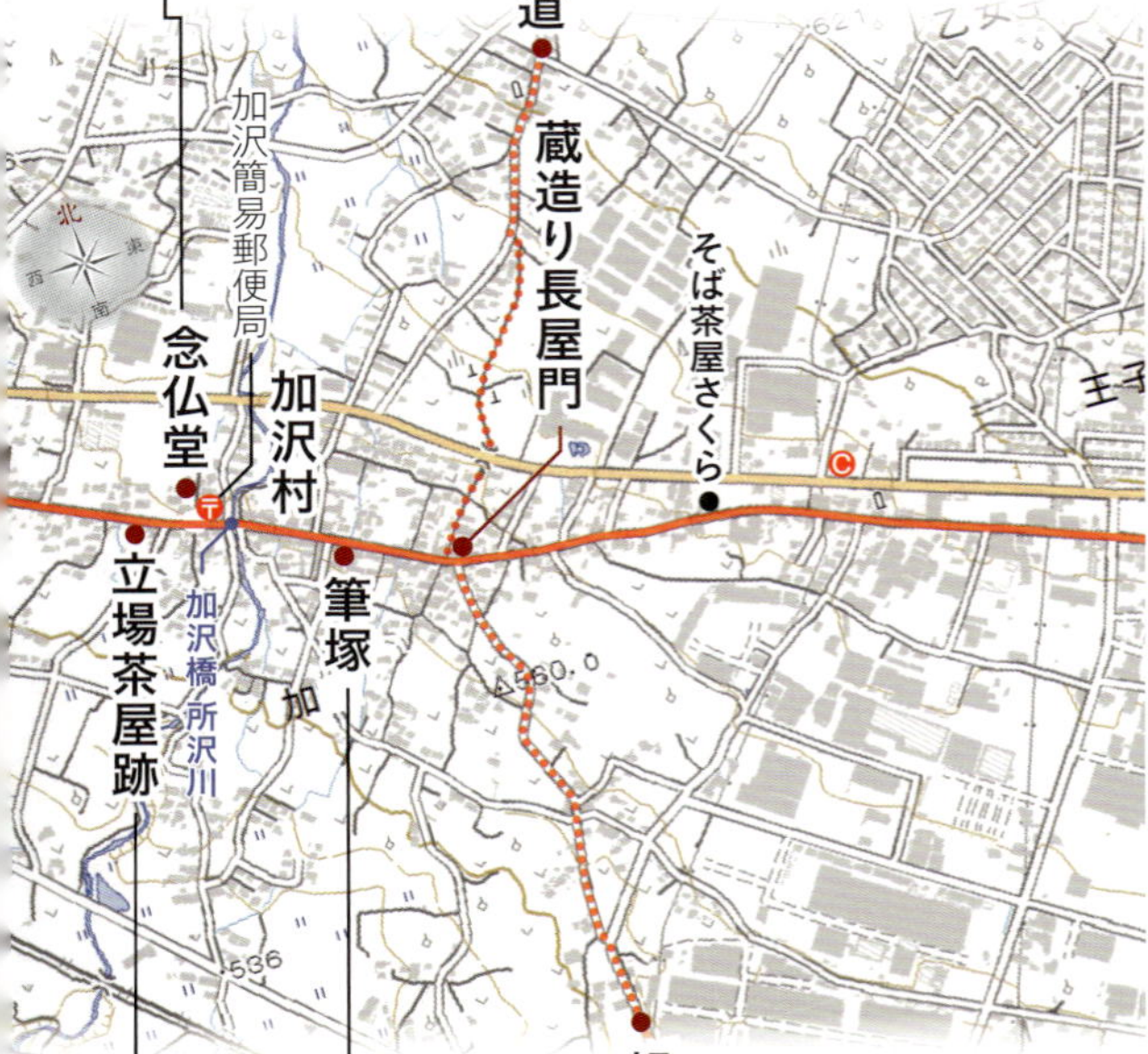

松代道
蔵造り長屋門
そば茶屋さくら
加沢簡易郵便局
念仏堂
加沢村
筆塚
立場茶屋跡
加沢橋/所沢川
望月道
北
東
西
南

寛保二年（1742）所沢川の水害による犠牲者供養の為に創建された。「南無阿弥陀仏」を百万遍唱える「加沢寒念佛講」は東御市無形文化財

出桁造りの旧家

慶応三年（1867）建立

中山道望月宿に至る

0　250　500m

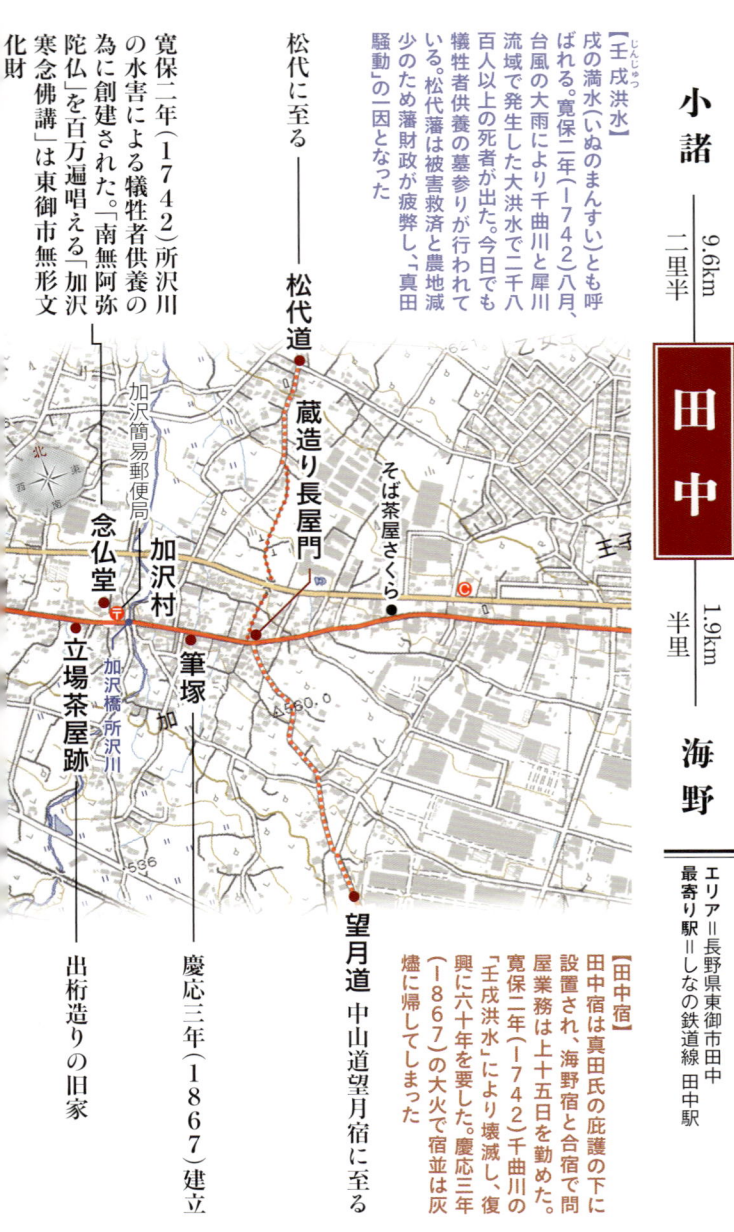

享保元年（1716）に遷座し、田中、常田、加沢三ケ村の産土神。境内に享保九年（1724）の手水鉢がある

長久二年（1041）の創建で常田氏の祈願寺であった。境内には観音堂、稲荷神社、文政九年（1826）の芭蕉翁碑等がある

安政四年（1857）の剣持道祖神と男女双体道祖神

小田中新右衛門が勤めた。本陣門を残し、明治天皇田中御小休所碑がある

天明六年（1786）の騎乗丸彫武人像。戦勝や火災等の危難救済にご利益がある

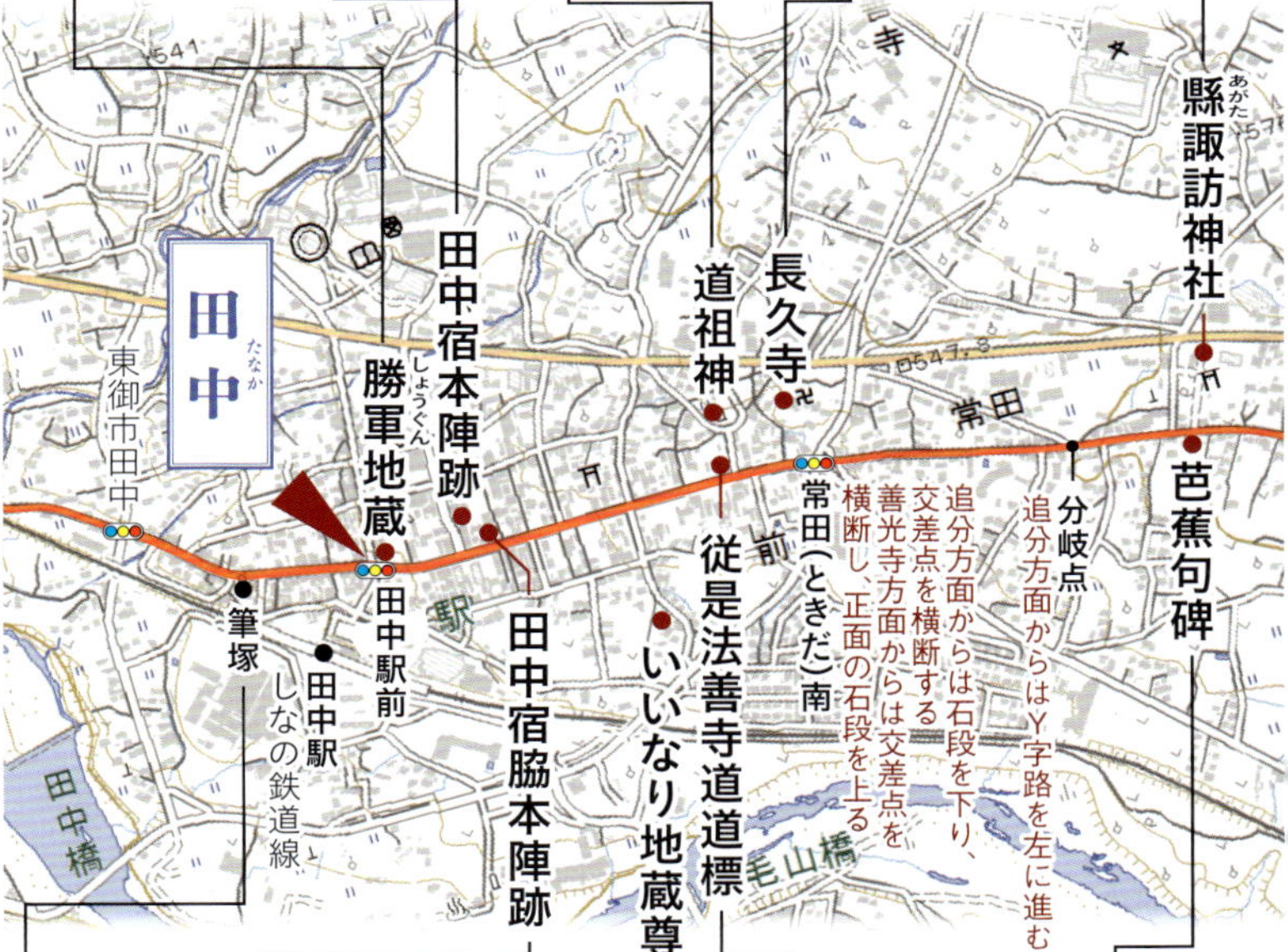
縣諏訪神社《あがた》
長久寺
道祖神
田中宿本陣跡
勝軍《しょうぐん》地蔵
田中《たなか》
東御市田中
常田
分岐点
追分方面からはY字路を左に進む
追分方面からは石段を下り、交差点を横断する
善光寺方面からは交差点を横断し、正面の石段を上る
常田（ときだ）南
田中駅前
田中駅
しなの鉄道線
筆塚
田中宿脇本陣跡
いいなり地蔵尊
従是法善寺道道標
芭蕉句碑
毛山橋
田中橋

民家の植栽の中に文化十四年（1817）建立の「あかあかと日ハつれなくも秋の風」がある。元禄二年（1689）七月「奥の細道」で金沢から小松への道中に詠んだ句

日蓮宗で大営山と号し、天和元年（1681）の創建

応永十五年（1408）の造立で、首より上の病にご利益があり、「いぼ取り地蔵尊」とも呼ばれている

「田中宿脇本陣跡」標識を掲げている。高木家が勤めた

田中集会所の前にある

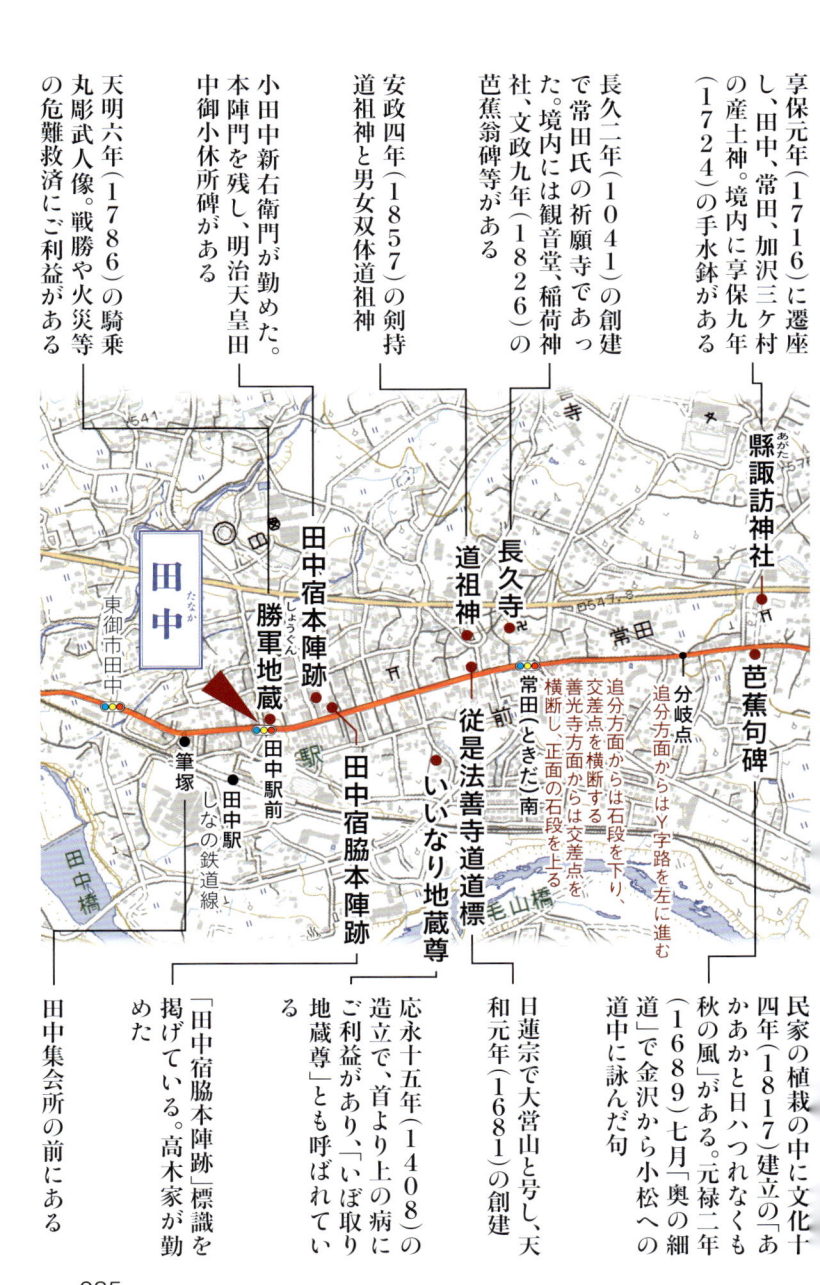

田中 1.9km 半里

海野

7.9km 二里 上田

エリア＝長野県東御市本海野
最寄り駅＝しなの鉄道線 大屋駅

【海野宿】海野宿は寛永二年（1625）に設置され、田中宿と合宿で問屋業務は月のうち十六日以降を勤めた。宿並には用水が流れ、卯建をあげた旧商家を残し、「日本の道100選」「重要伝統的建造物群保存地区」に選定されている

万貫石や文久二年（1862）の馬頭観世音がある

「縁結び地蔵」とも呼ばれる。加賀候がお参りすると姫に良縁が授かった

旧旅籠で文化九年（1812）に宿泊した小林一茶の句碑「夕過乃臼の冴（こだま）の寒哉」がある

長屋門を残している。藤田伝右衛門が勤めた

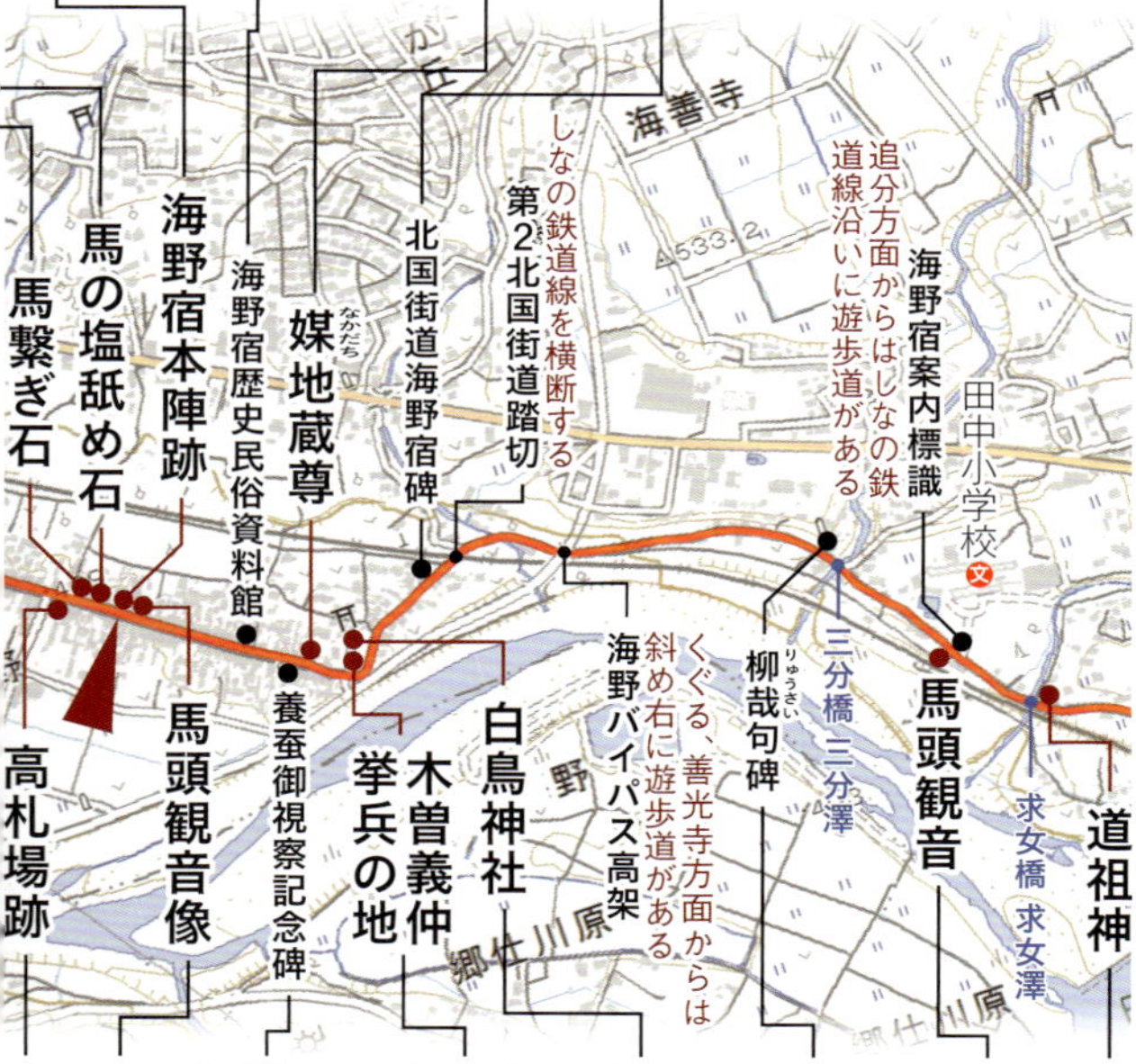
海善寺
533.2
追分方面からはしなの鉄道線沿いに遊歩道がある
海野宿案内標識
田中小学校
しなの鉄道線を横断する
第2北国街道踏切
北国街道海野宿碑
媒《なかだち》地蔵尊
海野宿歴史民俗資料館
海野宿本陣跡
馬の塩舐め石
馬繋ぎ石
三分橋 三分澤
柳哉《りゅうさい》句碑
馬頭観音
求女橋 求女澤
道祖神
くぐる、善光寺方面からは斜め右に遊歩道がある
海野バイパス高架
白鳥神社
木曽義仲挙兵の地
養蚕御視察記念碑
馬頭観音像
高札場跡
野
郷仕川原

擁壁内に組み込まれている

遊歩道口の事務所入口脇に馬頭観音像と供養塔がある

「痩せたまゝ遂に石間の草枯るゝ」明治十四年（1881）この地の生まれ

海野氏、真田氏の氏神「日本武尊」を祀っている

解説がある。木曽で平家追討の旗挙げをした義仲は白鳥河原で挙兵した

昭和二十四年（1949）貞明皇太后が養蚕奨励のため訪れた

安永九年（1780）の造立

縮小復元されている

0 250 500m

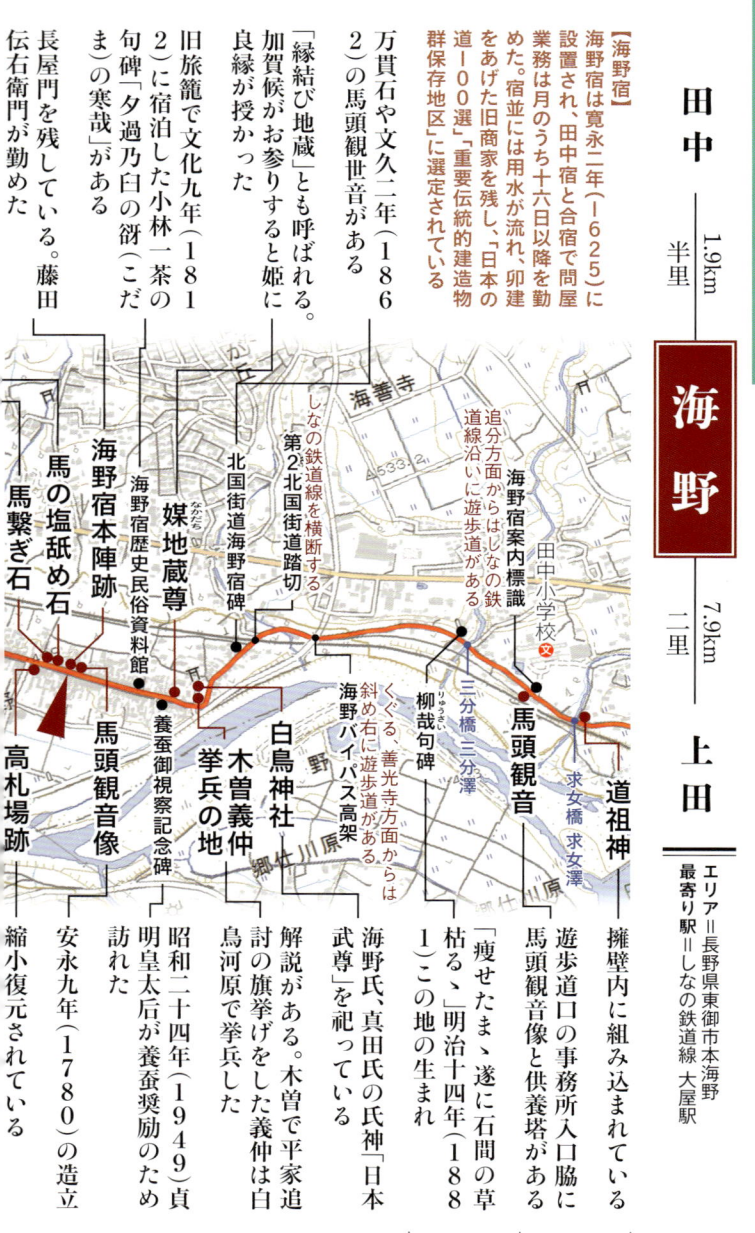

伝馬に塩を盛り舐めさせた

石に手綱を縛り付ける穴が開いている

阿弥陀如来を安置している

「→海野宿白鳥神社1.0km・しなの鉄道田中駅2.4km／←しなの鉄道大屋駅1.0km・生島足島神社10.3km」

参道口に慶応三年（1867）の馬頭尊がある

参道口に姫石（陰石）、殿石（陽石）がある

甲武信ヶ岳に源を発し、犀川を吸収し、越後に入ると信濃川と名を変え、流末は日本海に注ぐ日本最長の大河

台石上に石祠稲荷が二社祀られている

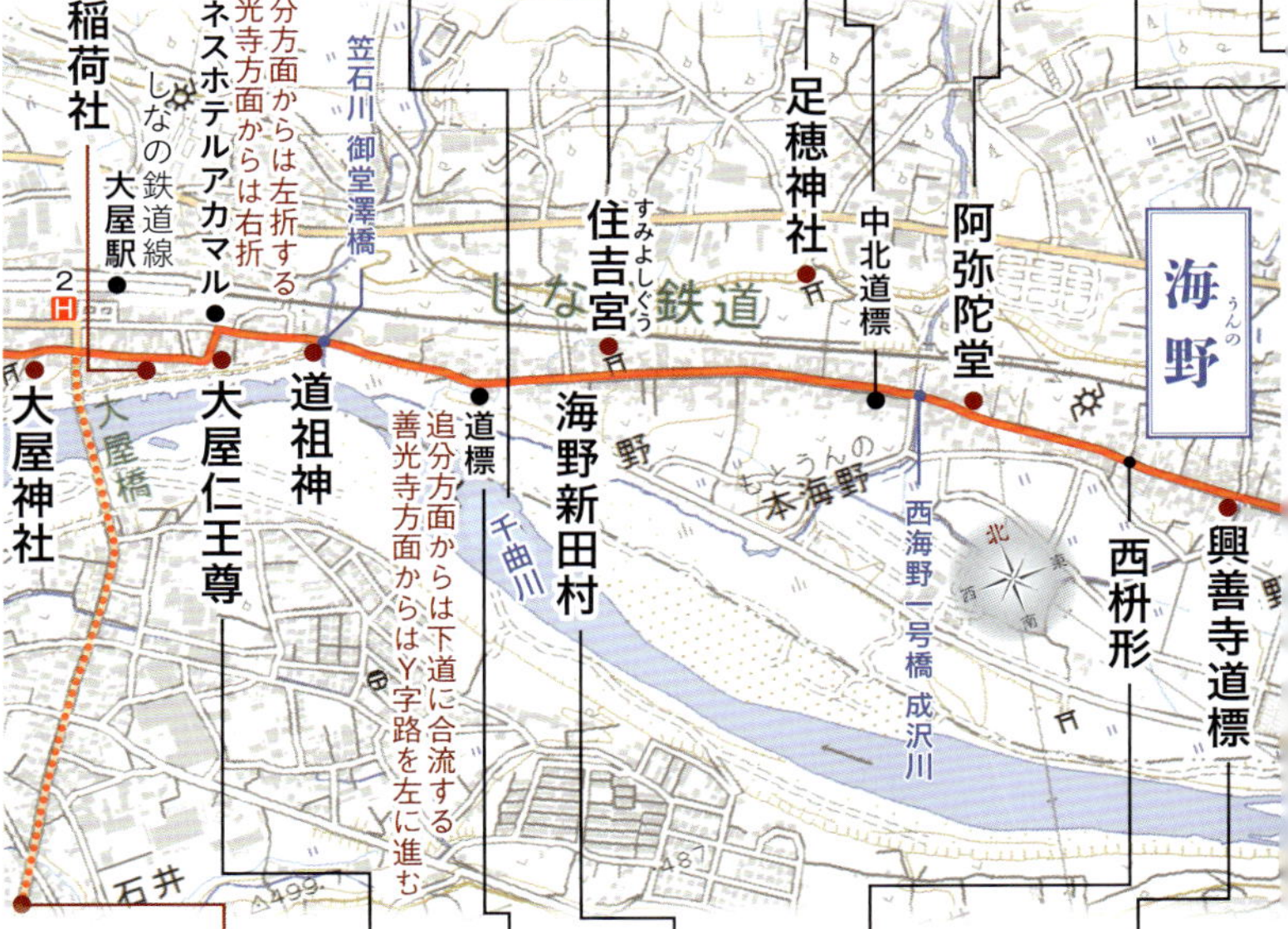

海野《うんの》
興善寺道標
西枡形
阿弥陀堂
中北道標
足穂神社
住吉宮《すみよしぐう》
しなの鉄道
海野新田村
道標
追分方面からは下道に合流する
善光寺方面からはY字路を左に進む
千曲川
道祖神
笠石川 御堂澤橋
追分方面からは左折する
善光寺方面からは右折
1 H ビジネスホテルアカマル
大屋仁王尊
しなの鉄道線
大屋駅
2 H
稲荷社
大屋神社
大屋橋
本海野《もとうんの》
西海野一号橋 成沢川
北
東
西
南
石井
487
499

「海野氏菩提寺 興善寺 是より北へ一粁」海野は豪族海野氏の本拠地であったが、三十五代目海野幸隆は上田に移り「真田」と改称し、子の昌幸が上田城を築いた

海野宿の西口で海野宿灯籠と海野宿解説がある

元和年間（1615～24）の開村。江戸へ送る材木や上田城米の集積地であった

「↑海野宿1.6km」

千曲川を鎮護し、壬戌洪水の犠牲者を供養している

長久保道
中山道長久保宿に至る。途中に武石（たけいし）峠を越えて松本に至る松本道がある

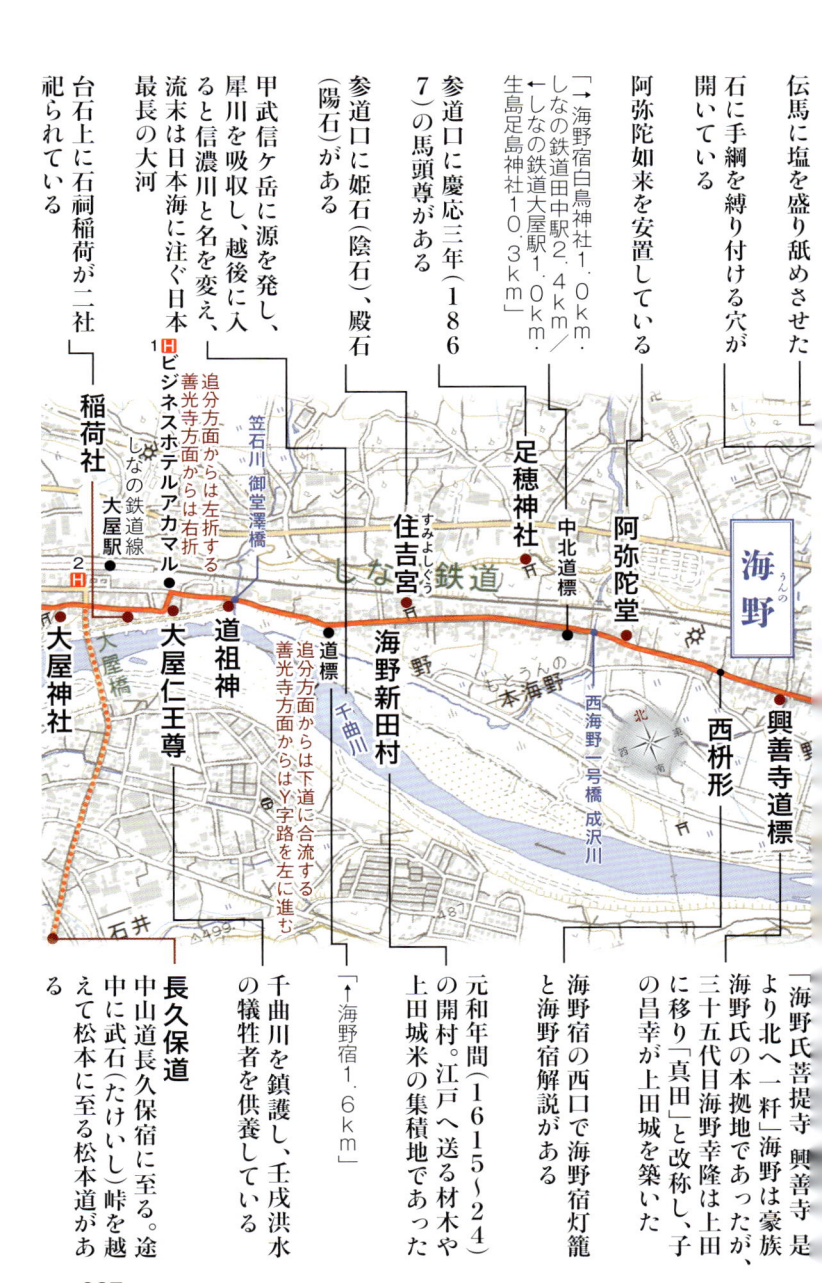

【宿泊】P87
H1 ビジネスホテルアカマル ☎0268(35)0474
H2 ビジネスホテル八千代 ☎0268(35)0027

台石上に二基祀られている

押しボタン式

岩下ふるさと文化保存会が設置した「旧北國街道一里塚」解説がある。追分から七里、江戸日本橋より四十六里目

菅原道真を祭っている。境内のケヤキは樹齢千数百年という（上田市天然記念物）

境内に明和三年（1766）の御神燈、文政十三年（1830）の男女双体道祖神等がある

すずか台
瀬沢川
瀬沢橋
大屋
歩車分離式信号交差点
道祖神
大屋村
はらだ内科クリニック
善光寺方面からはクリニック前の細道に入る
大屋神社
セゾンやま
養護学校
2本支柱の電柱
追分方面からは左折する
善光寺方面からは突当りを右折する
岩下の一里塚跡
天神宮
伊波保《いわお》神社
火の見ヤグラ
岩下
明治天皇岩下御小休所跡碑
太鼓岩
0
250
500m

大屋村の鎮守。境内に「猫石」がある、坂上田村麻呂が千曲川の渡河に難渋していると、猫が現れ浅瀬を渡って見せた

明治十一年（1878）北陸東海巡幸の際に尾崎惣作邸で休息した。並びに仁和寺宮嘉彰（よしあき）親王御遺跡碑がある。明治元年（1868）会津征伐越後口総督となり、会津藩制圧後、東京に戻る際に尾崎儀兵衛邸で休息した

岩に当たる急流の音が太鼓のように響いた。吊り橋跡の親柱を残している

神川合戦とも呼ばれる上田合戦が二度繰り広げられた。天正十三年（1585）第一次上田合戦は武田方であった真田昌幸が徳川家康を撃退した。慶長五年（1600）第二次上田合戦では西軍に組した真田昌幸・幸村親子が関ケ原に出撃する徳川秀忠を撃退した。真田昌幸はいずれの合戦でも「一の柵」を神川沿いに構え、防禦線とした

拝殿内に地蔵菩薩立像がある

上田宿本陣を勤め、維新後に上田から移転した。重厚な本陣四脚門を残している

境内社に天満宮、石清水八幡宮、伊勢神宮、賀茂神社がある

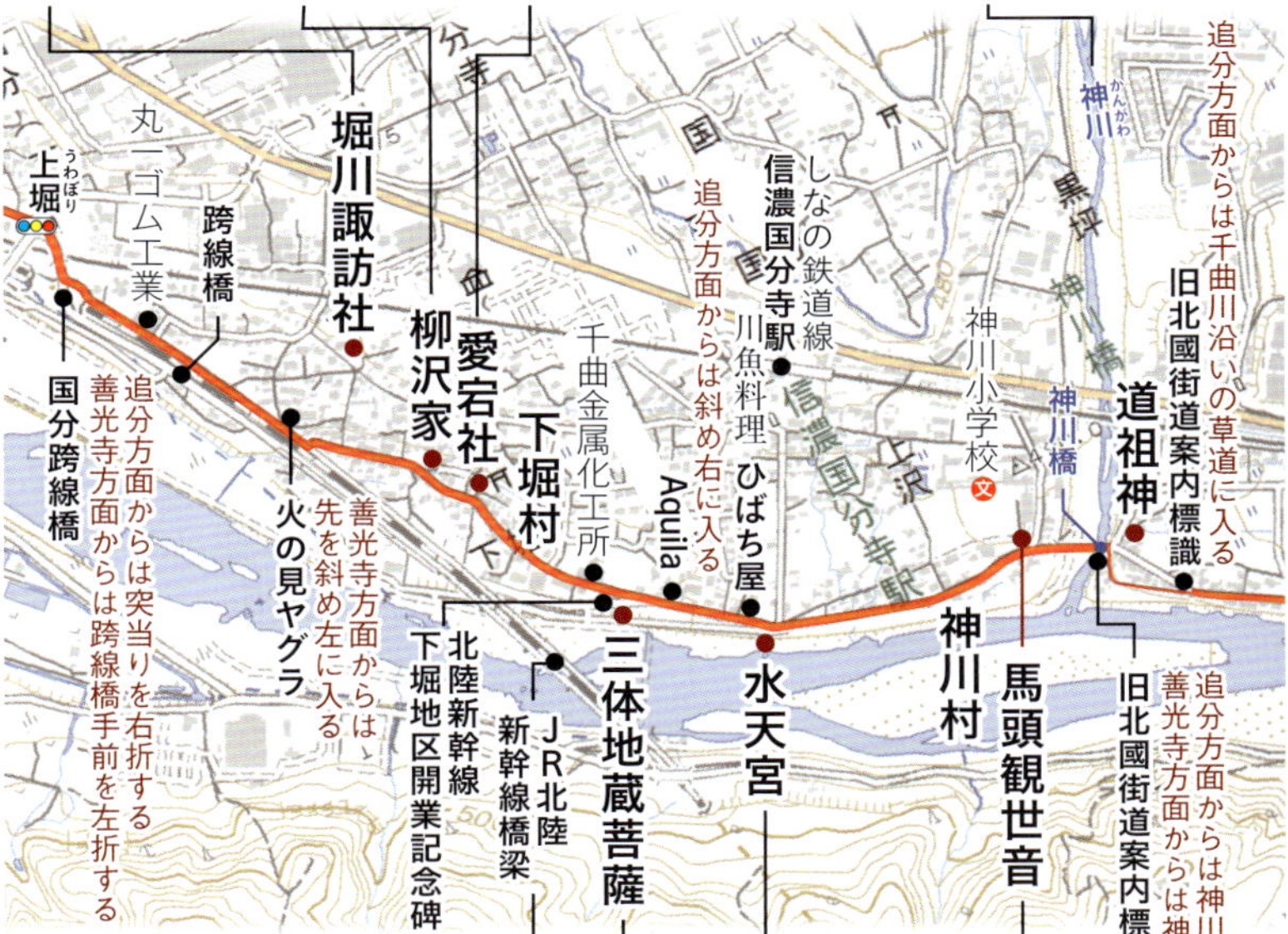

追分方面からは千曲川沿いの草道に入る
神川《かんがわ》
旧北國街道案内標識
道祖神
神川橋
神川小学校
しなの鉄道線
信濃国分寺駅
追分方面からは斜め右に入る
川魚料理 ひばち屋
Aquila
千曲金属化工所
下堀村
愛宕社
柳沢家
堀川諏訪社
丸一ゴム工業
跨線橋
上堀《うわぼり》
国分跨線橋
追分方面からは突当りを右折する
善光寺方面からは跨線橋手前を左折する
火の見ヤグラ
善光寺方面からは先を斜め左に入る
北陸新幹線 下堀地区開業記念碑
JR北陸新幹線橋梁
三体地蔵菩薩
水天宮
神川村
馬頭観世音
旧北國街道案内標識
追分方面からは神川橋を渡る
善光寺方面からは神川橋の渡詰めを右に入る

文政元年（1818）加賀の飛脚中が建立したもの。並びに道祖神と神川村道路元標がある

千曲川の土手上に石祠水天宮と道祖神が祀られている

一石に三体の地蔵立像が陽刻されている

上田ハープ橋（全長270m）

【宿泊】P91

H1 上田プラザホテル ☎0268(25)3000

H2 相鉄フレッサイン長野上田駅前 ☎0268(80)2031

H3 ホテル角萬 ☎0268(22)1593

海野 7.9km 二里

上田

11.6km 三里 坂城

創業万延元年（1860）屋号「堀糀屋」味噌醸造の老舗

本尊の薬師如来と三重塔（国重文）を残している

村名は国府の地に踏み入るところに由来している

上田は養蚕が盛んで「蚕都上田」と呼ばれた（標識）

上田城下囲八邑（がこいはちゆう）の一ケ村

信濃國総社と推定され、上田城の守護神であった

佐久間象山先生勉学之地碑がある。私塾「多聞庵」で蘭学を学んだ

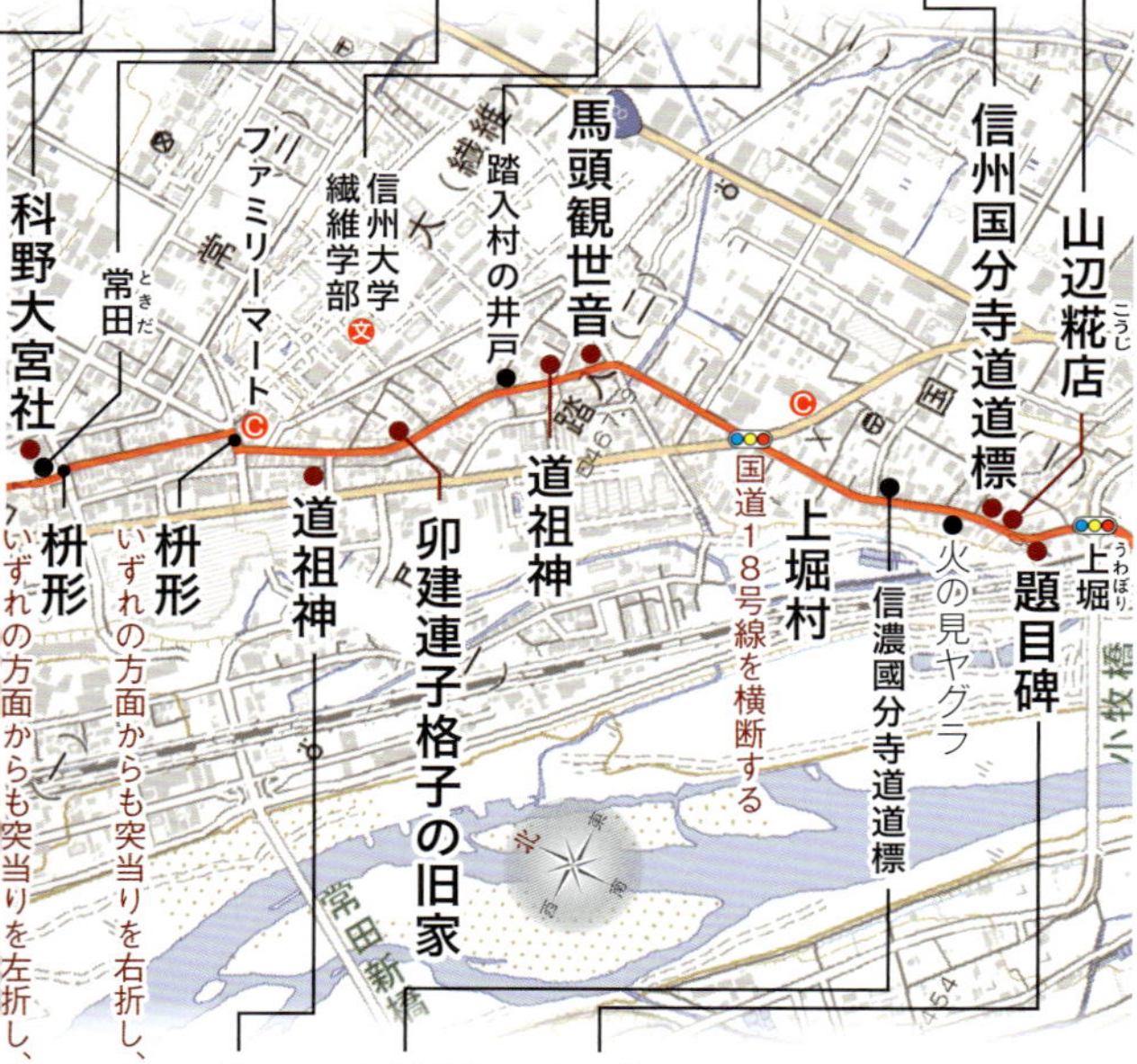

山辺糀《こうじ》店
信州国分寺道道標
馬頭観世音
踏入村の井戸
信州大学繊維学部
ファミリーマート
常田《ときだ》
科野大宮社
枡形
いずれの方面からも突当りを左折し、1本目を右折する
枡形
いずれの方面からも突当りを右折し、1本目を左折する
道祖神
卯建連子格子の旧家
道祖神
上堀村
国道18号線を横断する
信濃國分寺道道標
火の見ヤグラ
題目碑
上堀《うわぼり》
小牧橋
常田新橋

慶応二年（1866）の髯文字「南無妙法蓮華経」

昭和二年（1927）の「上堀停留所入口 国分寺ヲ経テ上澤黒坪ニ至ル」

路地奥に祀られている

【上田宿】
上田宿は松平伊賀守五万八千石の城下町として発展し、宿場町が形成された。名産の上田縞（じま）、紬縞（つむぎしま）、白紬を近郷より織出し、宿並には呉服屋が軒を連ね、市が月に十一度立ち、信濃では松本に次ぐ賑わいであった

エリア＝長野県上田市中央2丁目
最寄り駅＝JR北陸新幹線／しなの鉄道線 上田駅

0 250 500m

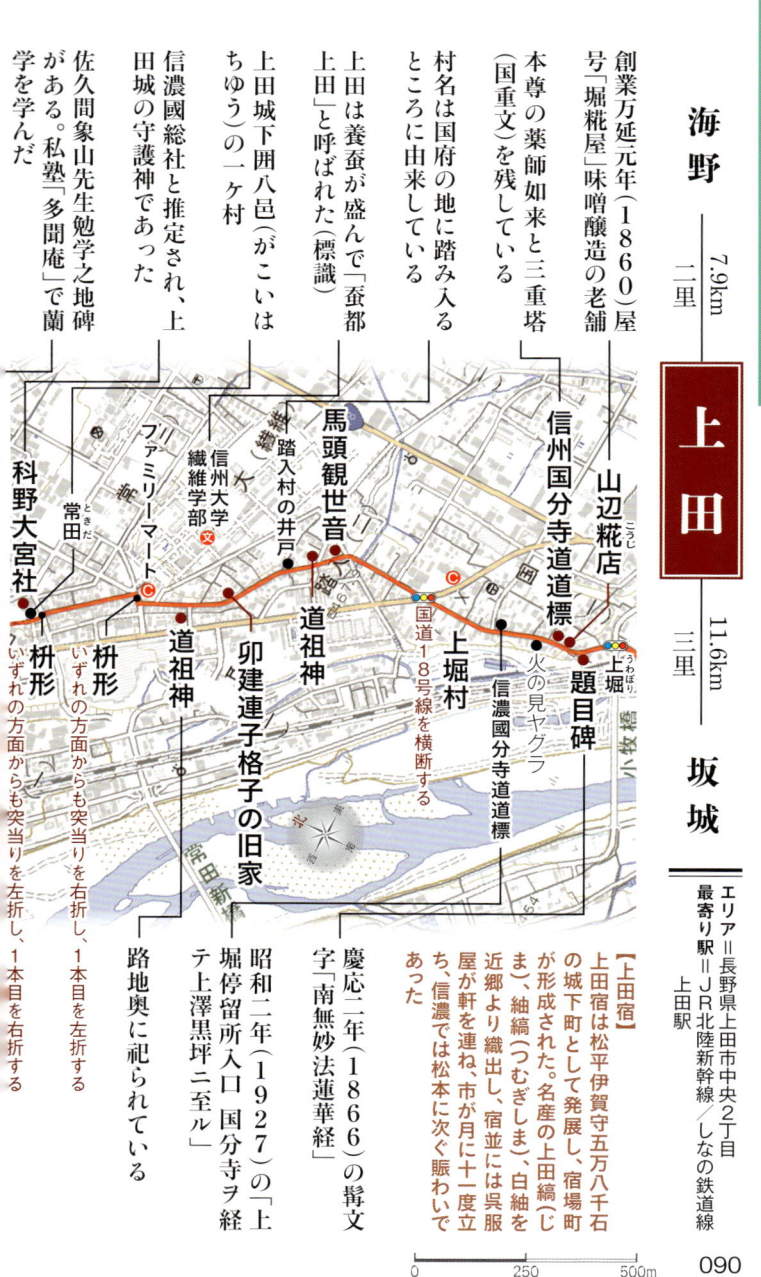

上田藩主仙石氏、松平氏の祈願寺で参勤出立の吉日を占った

上田藩主松平氏の菩提寺

海野から移住した商人が最初に形成した町

一と六の日に市が立った

仙石忠俊に嫁いだ芸州浅野家亀姫の守護神「厳島弁財天分身像」を祀っている

標石がある。滝沢家が勤め柳町、田町の世話役を兼ねた

上田大神宮
伊勢神宮の末社。芭蕉句碑「何の木の花とはしらず匂いかな」がある

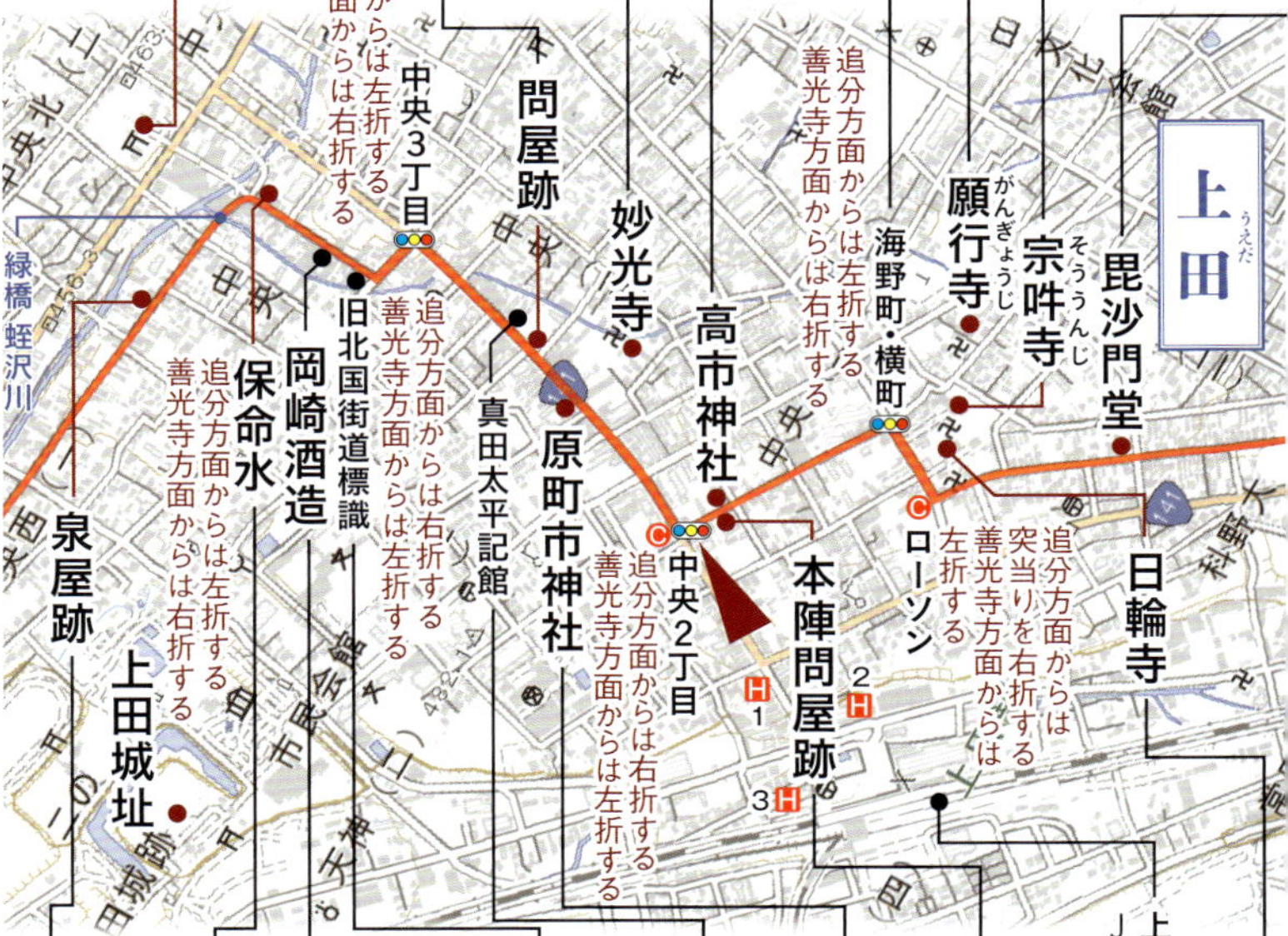

上田《うえだ》
毘沙門堂
宗吽寺《そううんじ》
願行寺《がんぎょうじ》
海野町・横町
追分方面からは左折する 善光寺方面からは右折する
高市神社
妙光寺
問屋跡
中央3丁目
追分方面からは左折する 善光寺方面からは右折する
原町市神社
真田太平記館
追分方面からは右折する 善光寺方面からは左折する
旧北国街道標識
岡崎酒造
保命水
追分方面からは左折する 善光寺方面からは右折する
泉屋跡
上田城址
緑橋
蛭沢川
中央2丁目
追分方面からは右折する 善光寺方面からは左折する
本陣問屋跡
ローソン
追分方面から突当りを右折する 善光寺方面からは左折する
日輪寺

真田昌幸が海野から移した

上田駅
JR北陸新幹線／しなの鉄道線

標石がある。柳沢太郎兵衛が勤め問屋を兼ねた

五と十の日に市が立った

池波正太郎は真田昌幸、信幸、幸村父子の活躍を著した

柳町は商家が軒を連ね、呉服屋は二十五軒あった

創業寛文五年（１６６５）銘酒「亀齢（きれい）」の蔵元

海禅寺に湧き出る清水を木管で引いて生活用水とした

真田昌幸が海野から染物屋を招いた

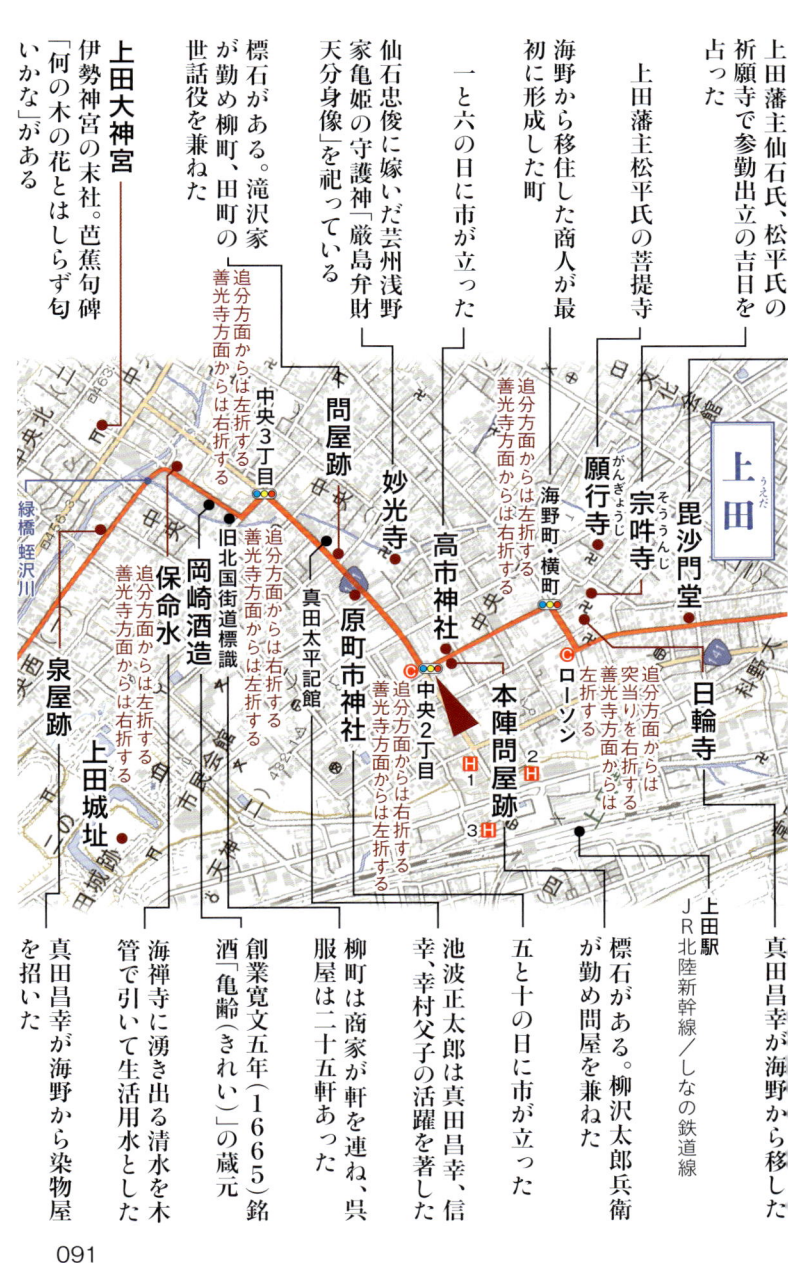

真田昌幸が海野より遷座させ、上田城の守護神とした

創業明治二十年（1887）銘酒「和田龍」の蔵元

真田昌幸が城下囲いに創建したもの

万延元年（1860）の建立

小林一茶が江戸に出立する前の数年間を過ごした

西の枡形で合戦の際は橋を切り落とし要害堀とした

延命地蔵菩薩半跏像が安置されている

流死含霊識千人塚がある。壬戌洪水で諏訪部川原に流着した死骸を埋葬した

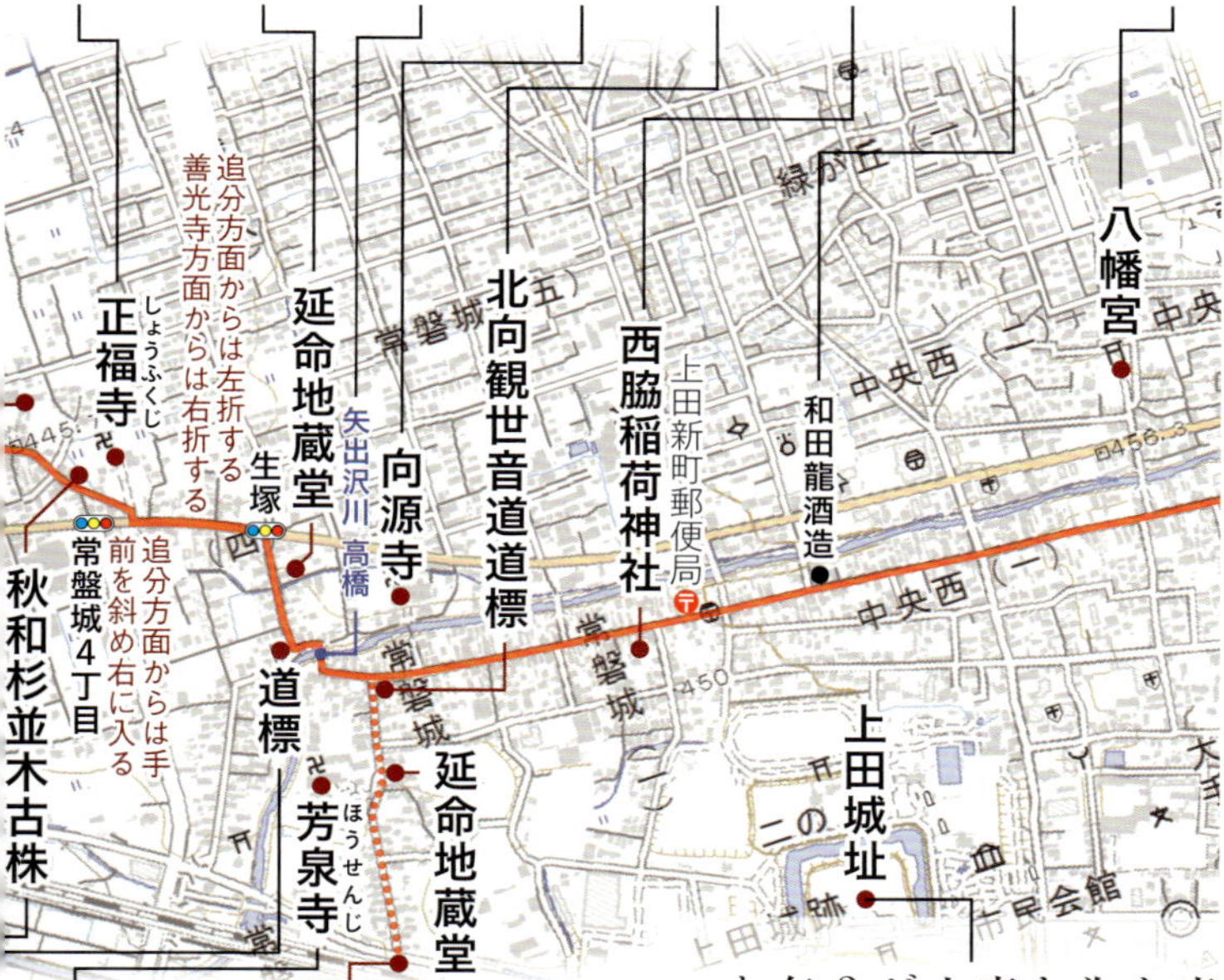

八幡宮
和田龍酒造
西脇稲荷神社
上田新町郵便局
北向観世音道道標
向源寺
矢出沢川 高橋
延命地蔵堂
生塚
正福寺《しょうふくじ》
追分方面からは左折する
善光寺方面からは右折する
追分方面からは手前を斜め右に入る
常盤城4丁目
秋和杉並木古株
道標
芳泉寺《ほうせんじ》
延命地蔵堂
上田城址
緑が丘
常磐城（五）
中央西（二）
中央西（一）
常磐城
二の丸
市民会館
上田城跡
0
250
500m

真田昌幸の築城に始まる。関ケ原合戦に際し、家名存続の為嫡男の信幸は東軍に、昌幸と次男幸村は西軍に組した。東軍が勝利すると、二人は九度山に蟄居となり、信之（信幸）が入城したが元和八年（1622）松代へ移封となった。宝永三年（1706）松平忠周（ただちか）が入城し明治まで存続した

【六文銭】真田家紋で「六連銭」とも呼ばれた。三途の川の渡し賃が六文であった

境内に馬頭観音像等がある

北向観世音道

北向観音は別所温泉にある

小松姫の墓がある。本多忠勝の娘で家康の養女となり真田信幸に嫁いだ

飛騨守小林長昌が武田晴信（信玄）に追われ、この地で出家し「小林堂」を創建したのが始まり。大日如来像は長昌の守り本尊であった。六地蔵坐像、庚申塔、境内社に倉掛稲荷社がある

寛政十二年（1800）村人や旅人の道中安全を祈願して建立された。明治三年（1870）の常夜燈が二基ある

斜面上に旧道痕跡と文久元年（1861）の道標「右北国街道 左さくば道」がある。この道標は「秋和の一里塚跡」ともいう、追分から九里、江戸日本橋より四十八里目

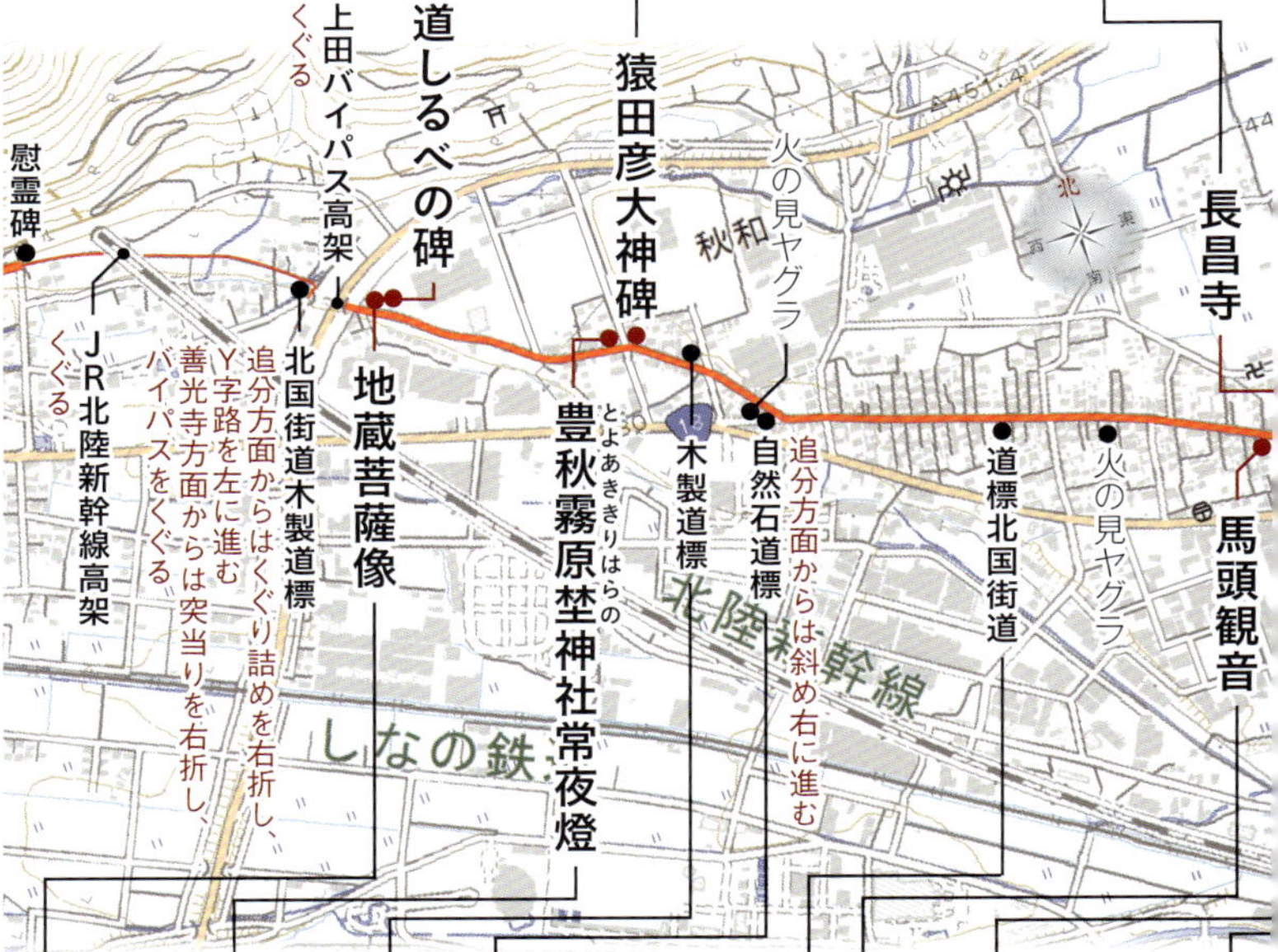

長昌寺
馬頭観音
火の見ヤグラ
道標北国街道
自然石道標
追分方面からは斜め右に進む
木製道標
火の見ヤグラ
秋和
豊秋霧原埜《とよあききりはらの》神社常夜燈
猿田彦大神碑
北陸新幹線
しなの鉄
地蔵菩薩像
道しるべの碑
上田バイパス高架
くぐる
北国街道木製道標
追分方面からはくぐり詰めを右折し、Y字路を左に進む
善光寺方面からは突当りを右折し、バイパスをくぐる
JR北陸新幹線高架
くぐる
慰霊碑

元禄五年（1692）建立の「右ぜんかうじ道」

追分方面からは右折する
善光寺方面からは左折する

二百六十七本の杉並木であった

小さな馬頭観世音がある

秋和公会堂の敷地内にある。秋和村は上田城の西口に位置し、上田城下囲八邑（村）であった

「右ねずみじく 信仰の道」

「北国街道 杉原」

並びに文政十二年（1829）と慶応四年（1868）の常夜燈がある

陽刻地蔵立像が斜面に安置されている

保食神を蚕種養蚕の守護神として祀っている。安永六年（1777）の芭蕉句碑「雪散るや穂屋の薄（すすき）の刈り残し」がある

天平十四年（742）行基上人の開基という。境内に享保十二年（1727）の善光寺四十八慶供養塔等がある

諏訪大明神を祀っている。境内に他田舎人大嶋（おさだのとねりおおしま）の万葉歌碑「唐衣裾にとりつき泣く子らを置きてぞきぬや母なしにして」がある

創業元禄年間（1688～704）銘酒「福無量」蔵元

岩山下の旧道にある。寛政十一年（1799）の「岩鼻や爰（ここ）にもひとり月の客」芭蕉の高弟であった

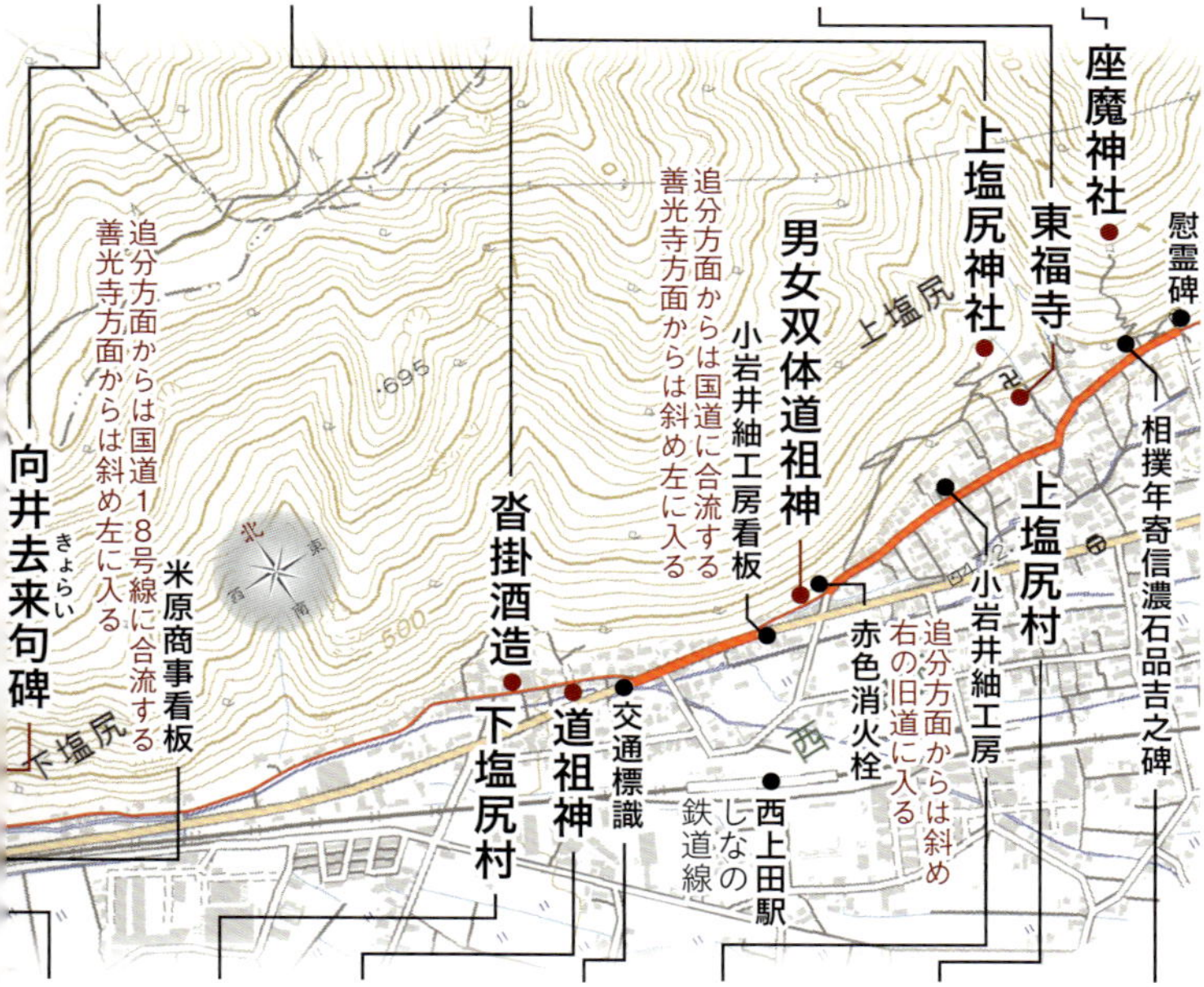
座魔神社
東福寺
上塩尻神社
男女双体道祖神
小岩井紬工房看板
追分方面からは国道に合流する
善光寺方面からは斜め左に入る
慰霊碑
相撲年寄信濃石品吉之碑
上塩尻
上塩尻村
小岩井紬工房
赤色消火栓
追分方面からは斜め右の旧道に入る
西上田駅
しなの鉄道線
交通標識
道祖神
下塩尻村
沓掛酒造
向井去来《きょらい》句碑
米原商事看板
追分方面からは国道18号線に合流する
善光寺方面からは斜め左に入る
下塩尻
695
500
北
東
南
西
0 250 500m

座摩神社では八十八夜の祭礼に奉納相撲が行われた

立場で領内一の上田紬の生産地であった。養蚕で財を成した「気抜き屋根」の旧家を残している

庄屋を勤めた。今は手織り上田紬の織元

「自転車および歩行者専用7-9」
追分方面からは斜め右に入る
善光寺方面からは国道に合流する

奥に火の見ヤグラがある

上塩尻村と同じく立場で、養蚕、紬の産地であった

上田市と坂城町の境「ここは標高415m」

明治二十年（１８８７）の西澤翁筆塚碑

万葉防人歌碑「ちはやふる神の御坂に幣（ぬさ）奉り斎（いは）ふ命は母父がため」と芭蕉句碑「膝行（いざり）ふ便（びん）や姥捨の月」がある

【鼠宿《ねずみ》】松代藩主真田信之が設けた私宿。「鼠」とは古に狼煙台があり寝ずに見張った「不寝見」や野宿した日本武尊が月が美しく「寝ずに見ん」といったところに由来している

鎌倉時代の桧材寄木造り釈迦如来坐像は坂城町指定有形文化財

ここから北は「新地」で鼠宿より一年遅れて開村した

新地公民館に文化四年（１８０７）の石祠秋葉社と埴科郡南條村道路元標がある

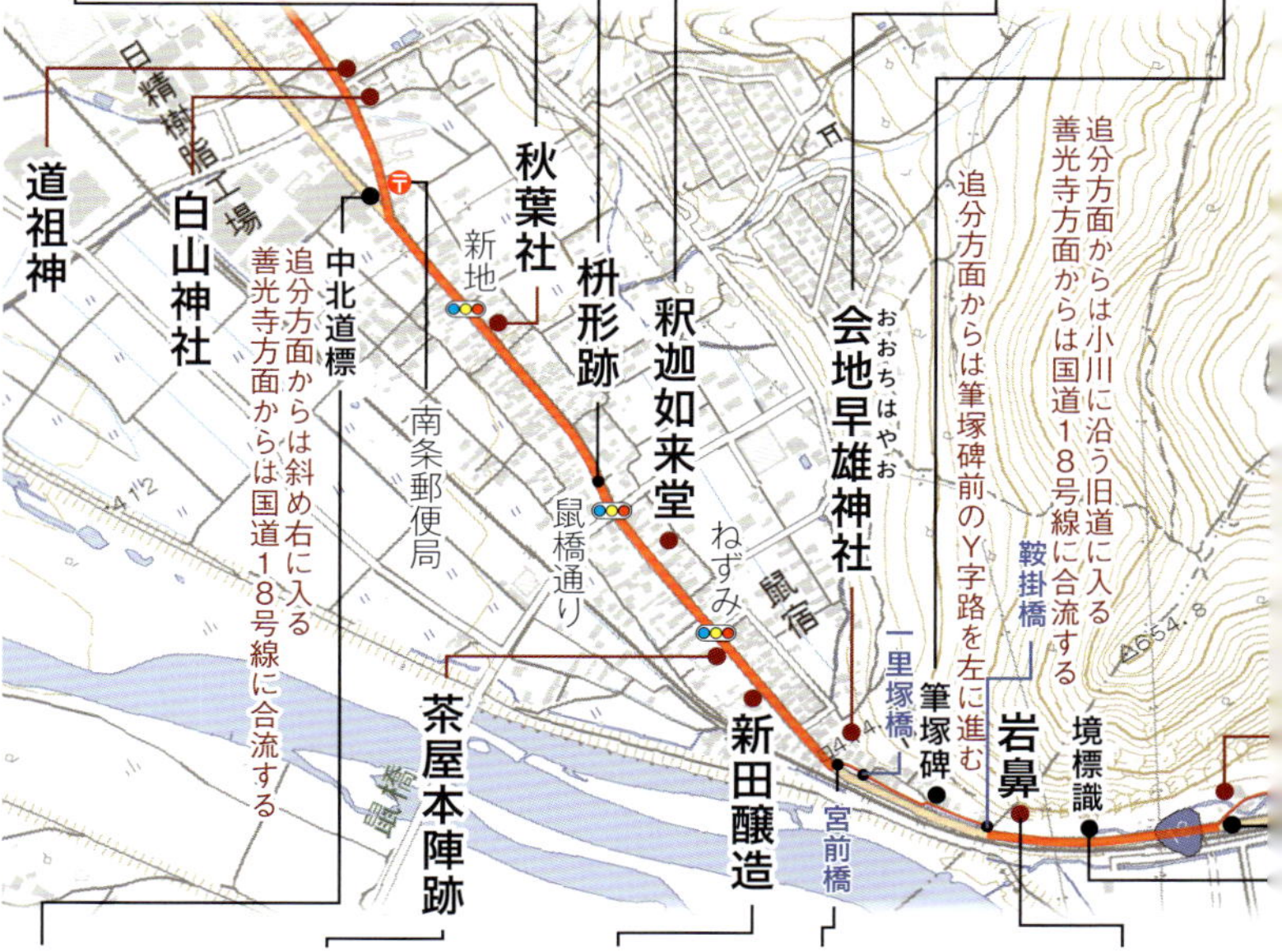

道祖神
白山神社
日精樹脂工場
中北道標
追分方面からは斜め右に入る
善光寺方面からは国道１８号線に合流する
南条郵便局
新地
秋葉社
枡形跡
鼠橋通り
釈迦如来堂
ねずみ
鼠宿
会地早雄神社《おおちはやお》
追分方面からは筆塚碑前のＹ字路を左に進む
追分方面からは小川に沿う旧道に入る
善光寺方面からは国道１８号線に合流する
鞍掛橋
一里塚橋
筆塚碑
岩鼻
境標識
茶屋本陣跡
新田醸造
宮前橋
鼠橋

千曲川に落ち込む断崖は「岩鼻の険」と呼ばれ、善光寺街道一の難所であった。加賀の前田公は岩鼻を越えると、国許に無事通過の飛脚を立てた

追分方面からは国に合流する
善光寺方面からは斜め左に入る

創業安政二年（１８５５）「信州白樺印みそ」の老舗

滝沢家が勤め明治天皇鼠宿御小休所碑がある。明治十一年（１８７８）北陸東海巡幸の際に休息所となり、邸内に御膳水井戸がある

「←村上義清公墓所３．３ｋｍ／→別所峠１３．６ｋｍ」

境内社に石祠稲荷社がある

南条集会所の敷地内に祀られている

竹留吉翁碑と顕彰碑がある

江戸時代初期にたばこ栽培を始め、「玄古たばこ」として、この地の名産品であった。並びに道祖神がある

銅板葺き屋根鳥居奥の段上に鎮座している

徳本名号碑や芭蕉句碑「身にしみて大根からし秋の風」がある。この地は「辛味ねずみ大根」が名産であった

坂城町に寄贈された旧家で築山の庭園がある

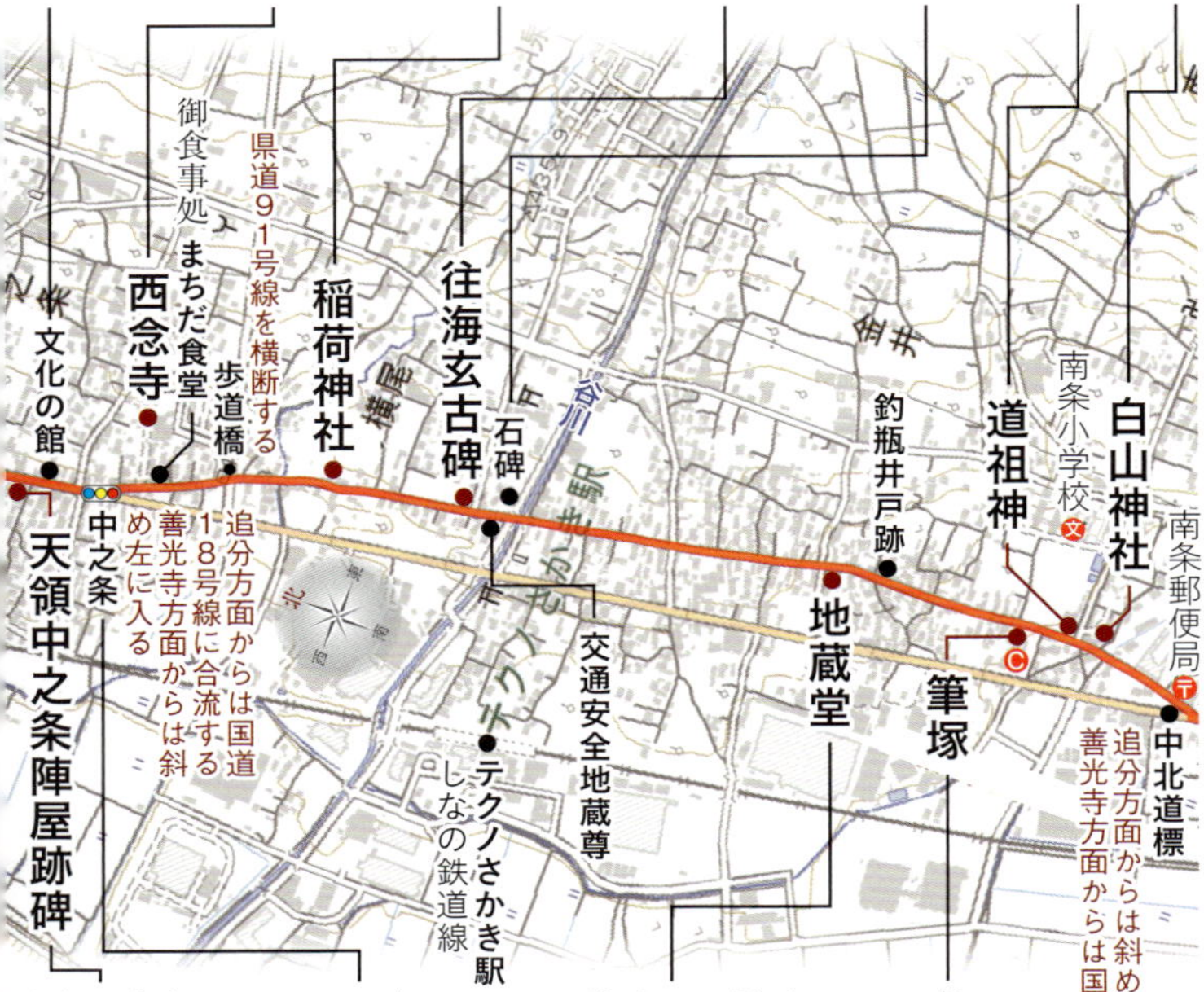
南条郵便局
白山神社
南条小学校
道祖神
筆塚
追分方面からは斜め右に入る善光寺方面からは国道18号線に合流する
中北道標
釣瓶井戸跡
金井
地蔵堂
交通安全地蔵尊
テクノさかき駅
しなの鉄道線
石碑
往海玄古碑
稲荷神社
横尾
県道91号線を横断する
歩道橋
御食事処 まちだ食堂
西念寺
文化の館
中之条
追分方面からは国道18号線に合流する善光寺方面からは斜め左に入る
天領中之条陣屋跡碑
0
250
500m

嘉永二年（１８４９）の建立

大正十三年（１９２４）の開墾碑があり、境内には享保二年（１７１７）の石燈籠、大正六年（１９１７）の筆塚碑、大正十三年（１９２４）の甲子塔等がある

中北道標「←村上義清公墓所１.８km／→別所峠１５.１km」

安永八年（１７７９）に本陣屋が設置され明治まで約百九年間、坂城五千石を支配した。陣屋井戸を残している

中之条陣屋稲荷社がある。明治四年（１８７１）陣屋廃止により遷座された

万延元年（１８６０）の建立、左右には筆塚がある

名水として古くから知られ、参勤の前田侯は愛飲した。揮毫の中之条陣屋代官男谷思孝（おたにひろたか）は勝海舟の伯父

大道山は御嶽講の信者によって霊場として開山され「堂叡山」と呼ばれた

田町十王堂の裏にある。葛尾（かつらお）城主村上義清は武田晴信（信玄）に敗れ、上杉謙信を頼り越後へ落ち延び、元亀四年（１５７３）病没した

中條神社
善光寺常夜燈
追分方面からは斜め左に入る
善光寺方面からは国道18号線に合流する
甘泉碑《かんせんひ》
堂叡山《どうえいざん》道道標
長屋門の旧家
村上義清墓所
田町十王堂
入田川、栄橋
筆塚
石塔群
四ツ屋
追分方面からは三差路の中央を進む
善光寺方面からは国道18号線に合流する
御堂川
追分方面からは御堂川の渡り詰めを右折し、国道18号線に合流する
善光寺方面からは御堂川手前を右折し、1本目を左折する
まねき食堂
御食事処
坂城中学入口
中島仲重先生生誕之地碑
坂城大橋

南条小学校校長を勤め、大正十年（１９２１）同校の火災の際に大正天皇の御真影を取り出そうとし殉死した

二十三夜塔、道祖神、大正六年（１９１７）庚申塔がある

文化十二年（１８１５）の筆塚や坂城町出身の水野源三、沓掛仲子の詩碑と歌碑がある。水野源三は脳性麻痺で目の動きで表現し「瞬きの詩人」と呼ばれた

【坂城宿】坂木、榊とも書かれた。坂城宿は慶長八年（１６０３）に設置され、当初横町と立町で構成されたが、加賀藩、高田藩の参勤を収容しきれず、立町の北に大門町と新町が増設された。田町十王堂辺りから横町までは旅籠町と呼ばれ、飯盛旅籠が軒を連ね賑わった

上田

11.6km 三里

坂城

3.2km 一里

上戸倉

エリア＝長野県埴科郡坂城町坂城
最寄り駅＝しなの鉄道線 坂城駅

天保二年（1831）の秋葉山碑等がある

文化十三年（1816）の徳本名号碑がある

宮原家が勤め本陣門を残し、明治天皇御小休所碑がある

外壁に屋号「さかた」が漆喰文字で陽刻されている

葛尾城を築城した村上顕国の開基で村上家の菩提寺

慶安四年（1651）代官長谷川安左衛門利次が設けた

「↓こうがいの渡し碑1.4km／↑村上義清公墓所0.9km」

新設地蔵立像が斜面にある

西宮神社
心光寺
坂城宿本陣跡
名主坂田家
連子格子の旧家
満泉寺《まんせんじ》
長谷川井戸
中北道標
追分方面からは左折する
善光寺方面からは右折する
聖徳太子碑
しなの鉄道線ガードくぐる
地蔵尊
日名澤川 大橋
連子格子の旧家
善光寺常夜燈
道祖神
田町十王堂
坂木陣屋跡
小田切商店
真澄
歌碑
坂城駅
坂城《さかき》
しなの鉄道線
追分方面からは右折する
善光寺方面からは左折する
追分方面からは国道に合流する
善光寺方面からは左折し、Y字路を左に進む
中北道標
横吹新道
千曲川
昭和橋
坂城駅

追分方面からは左折する／善光寺方面からは右折する

解説がある。坂城藩庁であったが元禄十六年（1703）天領となり廃された

坂城駅舎の並びに若山牧水歌碑と高浜虚子句碑がある

嘉永六年（1853）の建立。坂城宿の北口
追分方面からは右折する
善光寺方面からは左折する

「↑村上義清公墓所1.7km／↓こうがいの渡し碑0.6km」

明治十年（1877）難所「横吹八丁」下の千曲川沿いに新道が開通した

0 250 500m

坂城 — 3.2km 一里 —

上戸倉

— 2.0km 十八町 — 下戸倉

エリア＝長野県千曲市磯部
最寄り駅＝しなの鉄道線 戸倉駅

【上戸倉宿】上戸倉宿は小宿で下戸倉宿と合宿であった。問屋業務は月の内二十二日以降を上戸倉宿が勤めた

断崖の中腹を通行した。「横吹八丁」と呼ばれ「岩鼻」と並ぶ難所であった、殿様も駕籠から降りて歩いたという

徳本名号碑や宮本虎杖（こじょう）句碑「夜桜や世に阿類（ある）ものの迎馬」等がある

台石上に道祖神、庚申塔がある

本陣門と屋敷を残している。幕末、玉井家より本陣職を譲り受けた

追分方面からは突当りを左折する
善光寺方面からは右折する

横吹坂跡
北
東
南
西
450
604
上戸倉《かみとぐら》
刈屋原
笄《こうがい》の渡し
筆塚
火の見ヤグラ
泉徳寺
守屋工機
郡市境標識
しなの鉄道線を横断する
岩崎街道踏切
追分方面からは左に進む
Y字路
石塔
小出本陣跡
芝宮神社
瓦葺塀
玉井本陣跡
磯部ミニ公園バス停
問屋場跡

落ち延びる村上義清の奥方が船頭に礼として笄を手渡した。芭蕉句碑「いさよひもまたさらしなの郡（こおり）哉」、小林一茶句碑「よこ吹や猪首（いくび）に着なす蒲（がま）頭巾」等がある

文久三年（１８６３）の建立

坂城町と千曲市の境「ここは標高３８７ｍ」表示。「舟つなぎ石」標柱がある、信越線の敷設で失われた

解説がある。玉井家（建坪五百六十坪）が勤め、幕末に本陣職を小出家に譲った

千曲市循環バス五加戸倉線

玉井家が勤めた

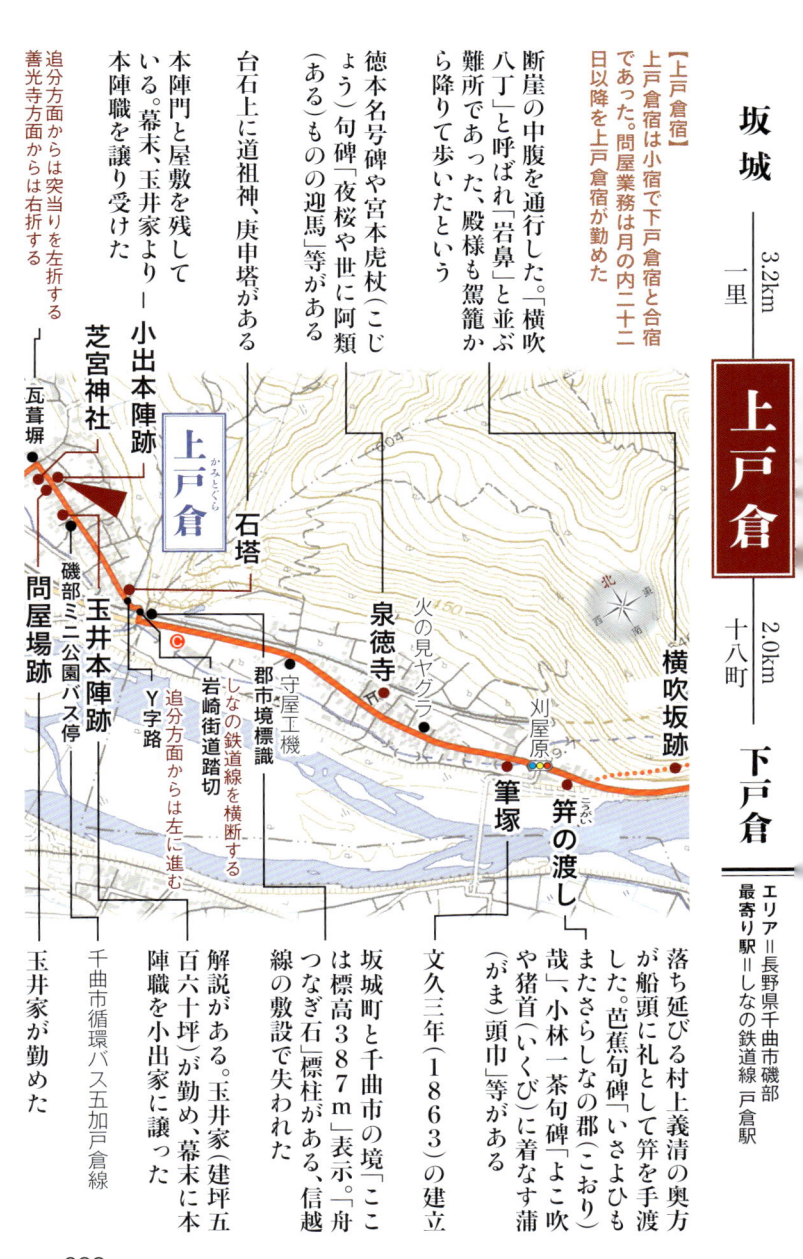

上戸倉 2.0km 十八町

下戸倉

5.1km 一里半 矢代

エリア＝長野県千曲市戸倉
最寄り駅＝しなの鉄道線 戸倉駅

【下戸倉宿】
上戸倉宿と合宿で問屋業務は月の内二十一日迄を勤めた。飯盛が盛んで賑わった

千曲市循環バス五加戸倉線（さざなみ）号

台石上に安永二年（1773）の道祖神と慶応三年（1867）の二十三夜塔が安置されている

【上戸倉宿の用水】

上戸倉宿は丘陵に位置するため千曲川からの引水は不可能であった。山間の貝喰沢（かいばみさわ）より引水し防火、日常用水とした

【聖徳太子碑】
聖徳太子は渡来の仏教を保護し布教したところから「仏教の父」と呼ばれている

千曲市循環バス更科線（やまびこ号）

追分方面からは突当りを左折する
善光寺方面からは右折する
瓦葺塀
芝宮神社
追分方面からはしなの鉄道線を横断し国道18号線を右折する
磯部踏切
句碑
聖徳太子碑
追分方面からはY字路を右に進む
川香菜房《せんこうさいぼう》
追分方面からは国道に合流する
善光寺方面からは斜め右に入る
とよき内科前バス停
戸倉上山田温泉入口
国道18号線
磯部
追分方面からは先を斜め左に入る
善光寺方面からは左手の磯部踏切を横断する
石塔
磯部畑野商店横バス停
新戸倉温泉
450
0 250 500m

千曲市循環バス大循環線

明治天皇行在所跡碑がある。問屋を兼ね「上の酒屋」と呼ばれた

本陣名残りのクロマツは樹齢三百五十年（千曲市保存樹林）、根方には小社、句碑、山燈籠等がある

【戸倉上山田温泉】

慶応四年（１８６８）千曲川の漁民が河原で温泉を見つけ、明治二十六年（１８９３）下戸倉宿の名主坂井量之助が「戸倉温泉」を開湯し、同三十六年（１９０３）「上山田温泉」が開湯された。善光寺詣りの精進落としの湯として親しまれ、泉質の良さから「美肌の湯」として知られる信濃屈指の温泉

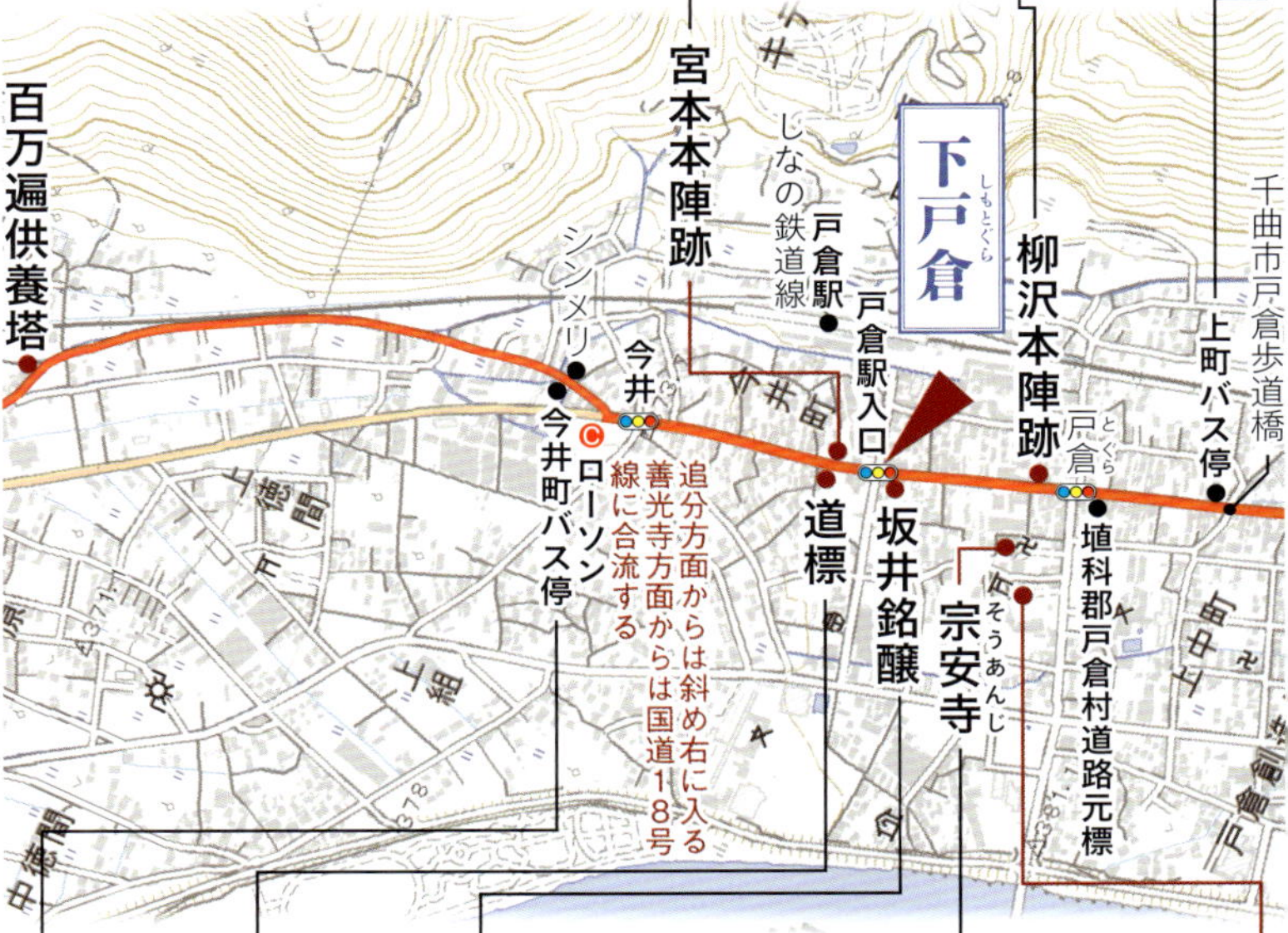

下戸倉《しもとぐら》
千曲市戸倉歩道橋
上町バス停
柳沢本陣跡
戸倉《とぐら》
埴科郡戸倉村道路元標
宗安寺《そうあんじ》
坂井銘醸
戸倉駅入口
道標
戸倉駅
しなの鉄道線
宮本本陣跡
追分方面からは斜め右に入る
善光寺方面からは国道１８号線に合流する
今井
シンメリ
今井町バス停
ローソン
百万遍供養塔

水上布奈山神社
諏訪大社を勧請し鎮守とした。本殿は寛政元年（１７８９）諏訪の大隅流棟梁柴宮長左衛門矩重（のりしげ）の手によるもので、見事な彫刻が施されている（国重要文化財）。境内には旅籠屋主や飯盛が奉納した献燈がある

境内に南無阿弥陀佛名号碑や庚申塔等がある

創業慶長元年（１５９６）、「下の酒屋」と呼ばれた

明和元年（１７６４）建立の「左 おばすてやしろ 道」、月の名所「姥捨山」に至る

千曲市循環バス五加戸倉線（さざなみ号）

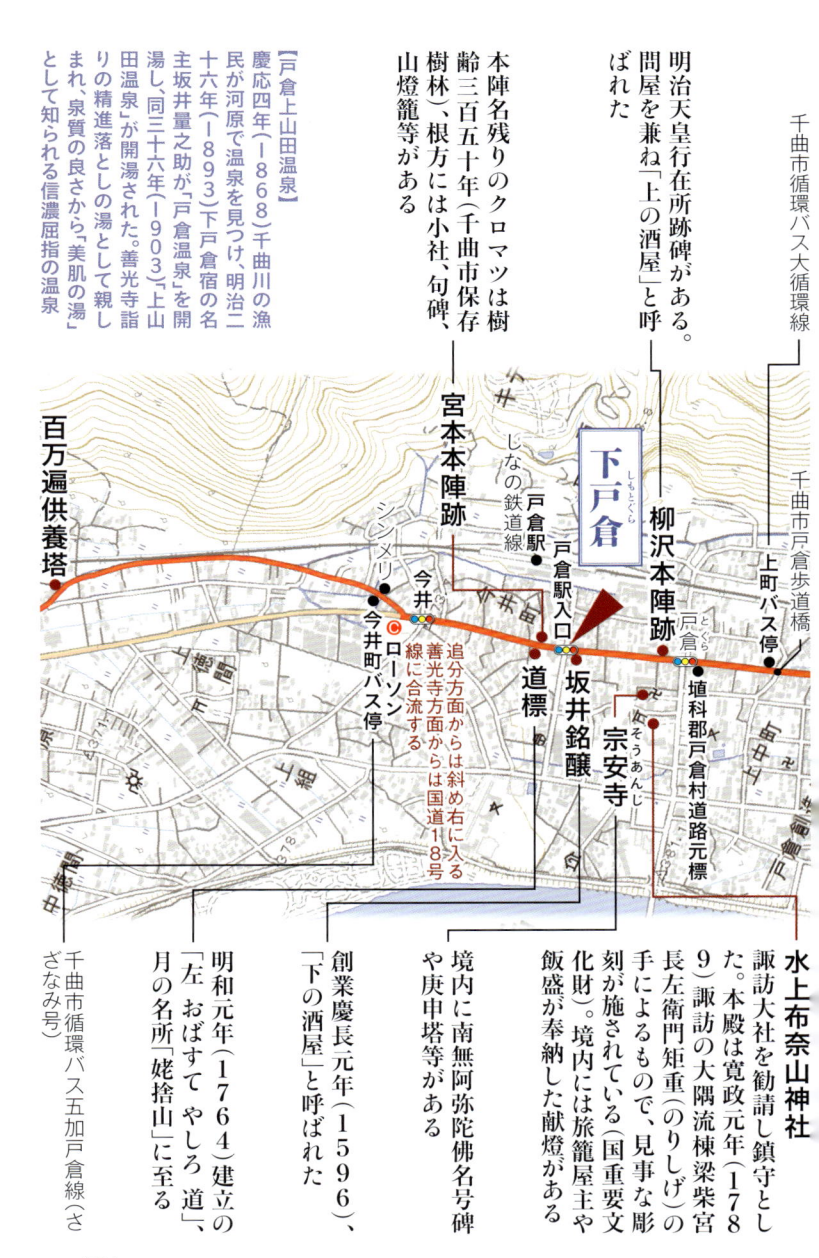

宗良親王を相殿に祀っている。境内に信濃宮髻（もとどり）塚と供養塔がある。宗良親王（信濃宮）がこの地で病に罹り、平癒祈願に髻を埋め塚を築いた

観音堂の木造薬師如来坐像は戸倉町指定有形文化財で脊椎にご利益がある。境内には徳本名号碑や文化九年（1812）の如意輪観音像等がある

【宗良親王《むねなが・むねよし》】後醍醐天皇の皇子で元弘元年（1331）鎌倉幕府討幕の「元弘の変」に連座し讃岐國に流罪となった。鎌倉幕府が倒れ、南北朝の対立が本格化すると南朝方として越後、信濃と転戦し活躍した

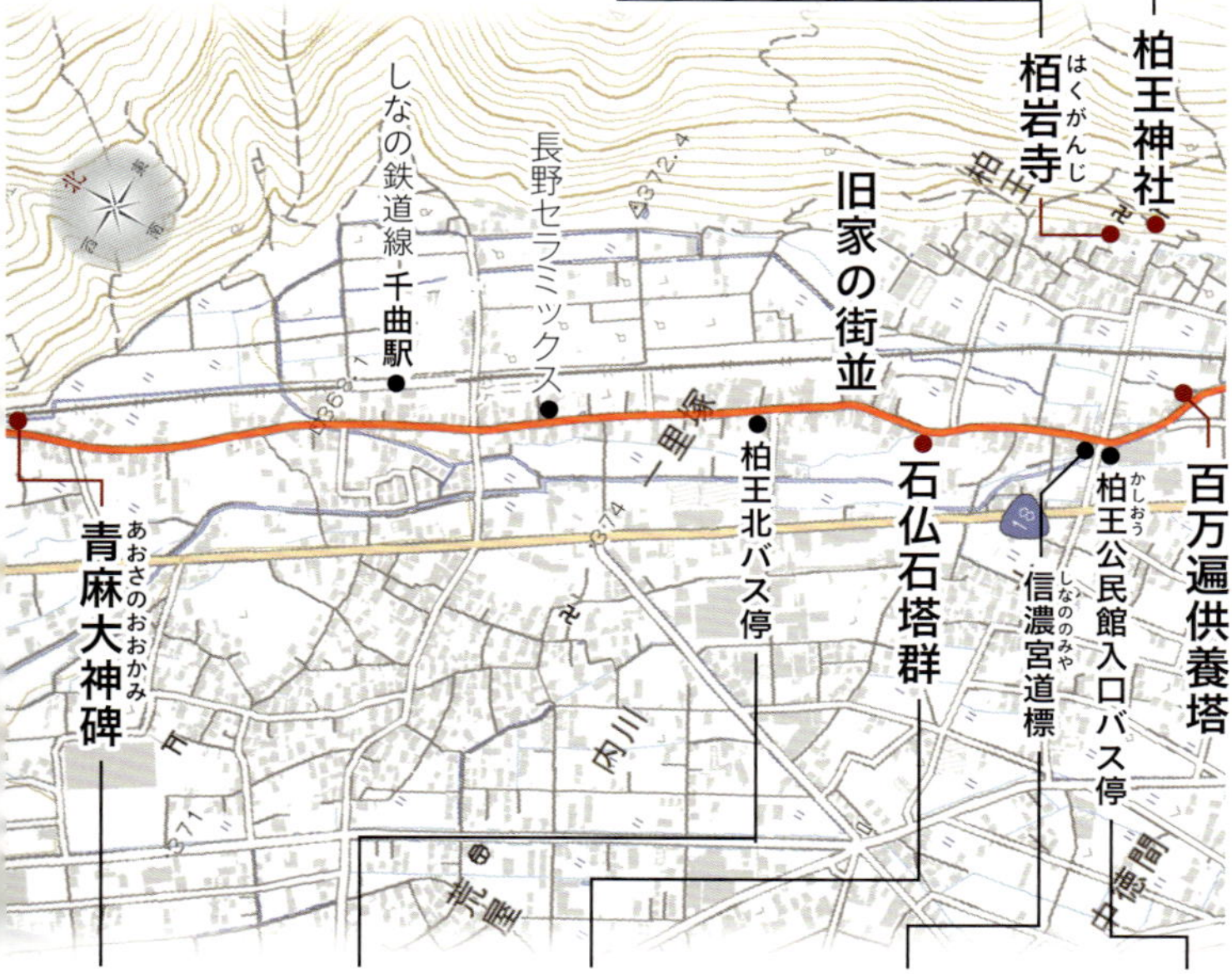
柏王神社
栢岩寺《はくがんじ》
旧家の街並
しなの鉄道線
千曲駅
長野セラミックス
一里塚
柏王北バス停
石仏石塔群
信濃宮《しなののみや》道標
柏王《かしおう》公民館入口バス停
百万遍供養塔
青麻大神《あおさのおおかみ》碑
内川

千曲市循環バス五加戸倉線（さざなみ号）

火の見ヤグラの前にある。明治十四年（1881）建立の「信濃宮御古蹟迄二町」、宗良親王所縁の柏王神社への道しるべ

南無阿弥陀佛徳本名号碑、二十三夜塔、石祠、道祖神が並んでいる

千曲市循環バス五加戸倉線（さざなみ号）

上町集会所脇に青麻大神碑と石祠が祀られている。青麻大神は眼や中風の守護神という

0 250 500m

元禄六年（１６９３）千曲川の氾濫から近隣四ヶ村の家屋や田畑を守るために築堤された（千曲市文化財）。堤内には二十三夜塔、道祖神、句碑がある

立場で茶屋には遠眼鏡があり、旅人に姥捨山を眺めさせた。真田織の帯や打紐が名物であった

千曲市循環バス東西線（かむりき号）

境内に稲荷社、六地蔵、安政四年（１８５７）の三界萬霊塔、宝暦三年（１７５３）の南無阿弥陀佛名号碑等がある

明治二十五年（１８９２）の建立。宮阪喜昌は埴科郡の国文学者であった

寂蒔水除土堤
寂蒔村《じゃくまく》
芭蕉塚
寂蒔公民館バス停
和田食品店
永昌寺
宮阪翁之碑
サクラ精機
埴生《はにゅう》小学校
打澤《うっさわ》神社
永昌寺前バス停
天皇子《あまおうじ》神社
寂蒔仲町バス停
東寂蒔
寂蒔
鋳物師屋

松風塚ともいう「名月や児（ちご）達ならぶ堂乃掾（えん）」、周囲には庚申塔、馬頭観音、地蔵尊等が集められている

千曲市循環バス五加戸倉線（さざなみ号）、東西線（かむりき号）

推定樹齢三百年以上の大ケヤキ（千曲市指定天然記念物）が聳え、境内社に天神社、養蚕大神社、鹿島社がある

千曲市循環バス東西線、東部線

境内に天保七年（１８３６）の献燈、東照宮碑、天満宮碑、二十三夜塔等がある

下戸倉
5.1km 一里半

矢代

13.0km 三里
丹波島

エリア＝長野県千曲市屋代
最寄り駅＝しなの鉄道線 屋代駅

【宿泊】
H1 ホテルルートイン コート千曲更埴
☎026(273)0100
H2 藤屋旅館
☎026(272)0013

【矢代宿】

屋代とも書く。慶長十六年（1611）に設置され宿長は八町（約873m）で、天保十三年（1842）の宿内規模は本陣一、脇本陣一、問屋二、旅籠三十九軒であった。矢代の渡し、松代道の追分を控え賑わった

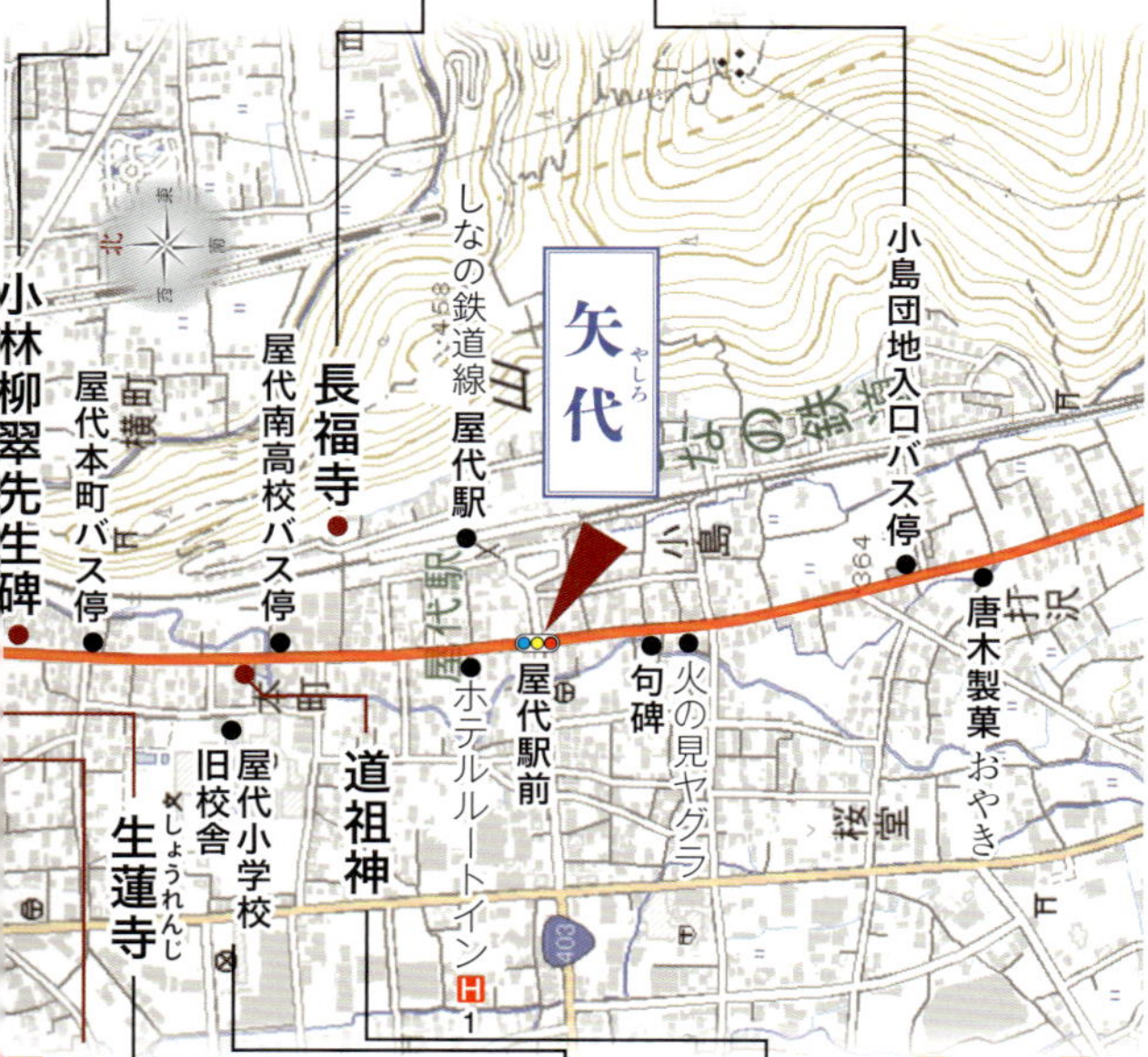

矢代《やしろ》
小島団地入口バス停
唐木製菓 おやき
火の見ヤグラ
句碑
屋代駅前
ホテルルートイン H1
しなの鉄道線 屋代駅
長福寺
屋代南高校バス停
屋代本町バス停
小林柳翠先生碑
道祖神
屋代小学校 旧校舎
生蓮寺《しょうれんじ》
旧旅籠ふぢや作治右衛門 H2 現藤屋旅館
0 250 500m

小島団地入口バス停：千曲市循環バス東西線、東部線

長福寺：本堂に武田菱が掲げられている。境内には文化十二年（1815）の徳本南無阿弥陀佛名号碑がある

小林柳翠先生碑：文久二年（1862）屋代町生まれの南画家で、多くの作品を残し昭和四年（1929）没した

句碑：並びに筆塚がある

屋代小学校 旧校舎：明治二十一年（1888）築で昭和五十三年（1978）迄使用された（千曲市指定有形文化財）

生蓮寺：正徳二年（1712）の三つ葉葵紋青銅燈籠、徳川九代将軍家重供養に寄進された石灯籠、徳本名号碑等がある

旧旅籠ふぢや作治右衛門
H2 現藤屋旅館

「北國街道矢代宿 是より江戸へ五十里 是より善光寺へ四里」

「北国街道信濃矢代宿脇本陣跡」標石がある。柿崎平九郎が勤めた

「松代へ二里余り」

【松代藩】元和八年（1622）真田信之（信幸）が上田から入封し、十万石の城下町を形成した。幕末、八代藩主幸貫（ゆきつら）は老中となり、藩士佐久間象山の具申により海岸防備に寄与した。しかし象山は吉田松陰の密航事件に関与したとして幕府より松代に蟄居を命じられた。後に一橋慶喜より召し出され開国論を説くと攘夷派から「西洋かぶれ」と誹謗され、暗殺された

松代道
矢代宿脇本陣跡
新設道標
横町
追分方面からは左折する
善光寺方面からは右折する
高見町
須須岐水神社《すすきみず》
横町
追分方面からは右折する
善光寺方面からは左折する
矢代宿本陣跡
屋代寺
追分方面からは国道18号線に合流する
善光寺方面からは斜め左に入る
屋代
セブンイレブン
大栄建設
追分方面からは斜め左に入る
善光寺方面からは国道18号線に合流する
←市道升の浦線標識
長野通運
峯村材木店
沢田産業
しなの鉄道線
屋代高校前駅
更埴IC
岡谷酸素
くぐる
長野自動車道高架

この地の産土神で近隣十八ケ村に生活灌漑用水を供給していた屋代用水の守護神。本殿は嘉永四年（1851）諏訪の名工二代目立川富昌による再建。境内社に高市神社、養蚕社、祝神社、高見社がある

柿崎源左衛門が勤め問屋、宿役人を兼ねた。明治天皇屋代御小休所址碑、明治天皇御小休所趾碑、道祖神、小社、万延元年（1860）の常夜燈がある

本堂に不動明王像を祀っている。境内に延命地蔵尊、宝篋印塔、文政十三年（1830）の二十三夜塔等がある

甲武信ケ岳に源を発し、佐久平、上田平、善光寺平を北流し、犀川を吸収し、越後に入ると信濃川と名を変え、流末は日本海に注ぐ日本最長の大河

「矢代の渡し」は明治五年（1872）舟橋となり、同四十三年（1910）木橋が架橋された。千曲市、長野市の境で橋上からは北アルプスが望める

寛政十二年（1800）建立

本尊は阿弥陀如来立像。境内に徳本南無阿弥陀佛名号碑、地蔵菩薩坐像、文政八年（1825）の馬頭観世音等がある

嘉永二年（1849）の手差し道標「せんく王し道」

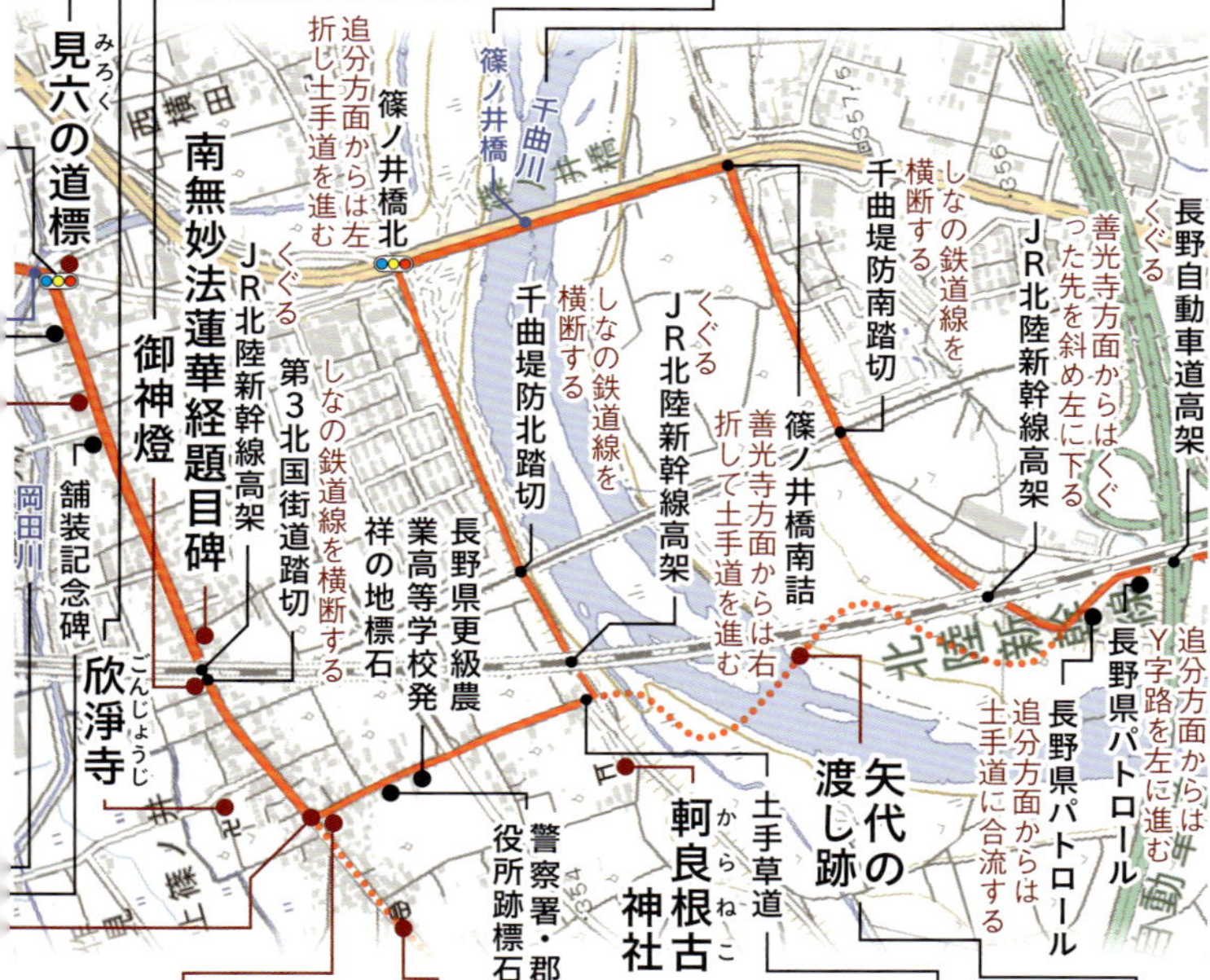
長野自動車道高架
善光寺方面からはくぐった先を斜め左に下る
JR北陸新幹線高架
しなの鉄道線を横断する
千曲堤防南踏切
篠ノ井橋南詰
善光寺方面からは右折して土手道を進む
くぐる
JR北陸新幹線高架
しなの鉄道線を横断する
千曲堤防北踏切
篠ノ井橋
千曲川
長野県更級農業高等学校発祥の地標石
しなの鉄道線を横断する
第3北国街道踏切
くぐる
JR北陸新幹線高架
篠ノ井橋北
追分方面からは左折し土手道を進む
南無妙法蓮華経題目碑
御神燈
見六《みろく》の道標
舗装記念碑
岡田川
欣浄寺《ごんじょうじ》
追分方面からはY字路を左に進む
長野県パトロール
長野県パトロール
追分方面からは土手道に合流する
北陸新幹線
矢代の渡し跡
土手草道
軻良根古《からねこ》神社
警察署・郡役所跡標石
356
354

両岸から張った綱をたぐる繰舟（くりふね）による渡しであった

追分方面からは土手草道を下って、旧道に復帰する

善光寺方面からは正面の土手草道を上って、土手道を左に進む

田畑を荒らす大鼠を退治した「唐猫」を祀っている。境内に明治天皇御召喚之処碑がある。宮司等が明治天皇を板に乗せて千曲川を渡った

善光寺西街道

松本を経て中山道洗馬の分去れに至る（P116参照）

篠ノ井追分宿跡碑

間の宿で「矢代の渡し」、善光寺西街道の追分を控え賑わった

0 250 500m

篠ノ井方面からは左折する
善光寺方面からは右折する

篠ノ井方面からはY字路を左に進む
善光寺方面からは県道77号線に合流する

明治四年（1871）建立

薬師如来像は謡曲「紅葉狩」の平惟茂（これもち）が戸隠山の鬼女を退治した後、残党の復讐を恐れる里人の為に、自分に模した像を与えたものという。

松代藩の家老鎌原氏が和尚の遺徳を慕って本堂再建に貢献したところから家紋である「蟹」が寺紋になっている

台石上に芝澤の秋葉神社と天神さんの二社が祀られている。並びに蠶神（さんしん）碑がある

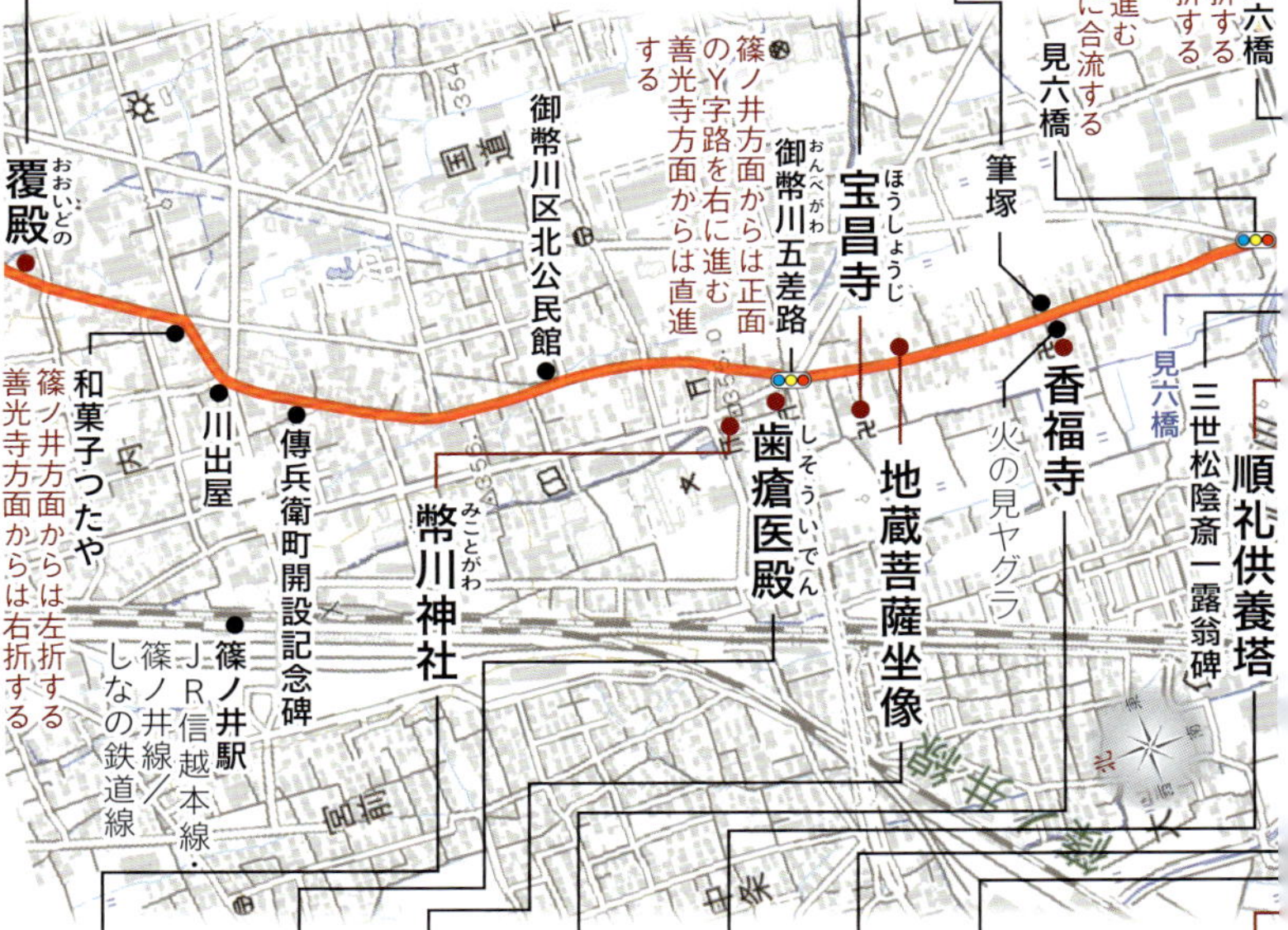
見六橋
見六橋
筆塚
宝昌寺《ほうしょうじ》
御幣川《おんべがわ》五差路
篠ノ井方面からは正面のY字路を右に進む
善光寺方面からは直進する
御幣川区北公民館
覆殿《おおいどの》
和菓子つたや
篠ノ井方面からは左折する
善光寺方面からは右折する
川出屋
傳兵衛町開設記念碑
篠ノ井駅
JR信越本線・篠ノ井線／しなの鉄道線
幣川《みことがわ》神社
歯瘡医殿《しそういでん》
地蔵菩薩坐像
香福寺
火の見ヤグラ
見六橋
三世松陰斎一露翁碑
順礼供養塔

篠ノ井追分

善光寺西街道の起点（善光寺西街道154ページ参照）

追分方面からは右折する
善光寺方面からは左折する

昭和三十五年（1960）建立

信濃川水系の一級河川で流末は千曲川に落合う

大乗妙典六十六部順禮百番

慶長十年（1605）の創建。境内に六地蔵、天保三年（1832）の筆塚等がある

宮入源之助先生頌徳碑前

寛政九年（1797）の創建。歯槽膿漏や歯痛に霊験あらたか

慶長年間（1596〜615）水田開墾中に出土した八幡宮と刻まれた黄金御幣を祀ったのが始まり

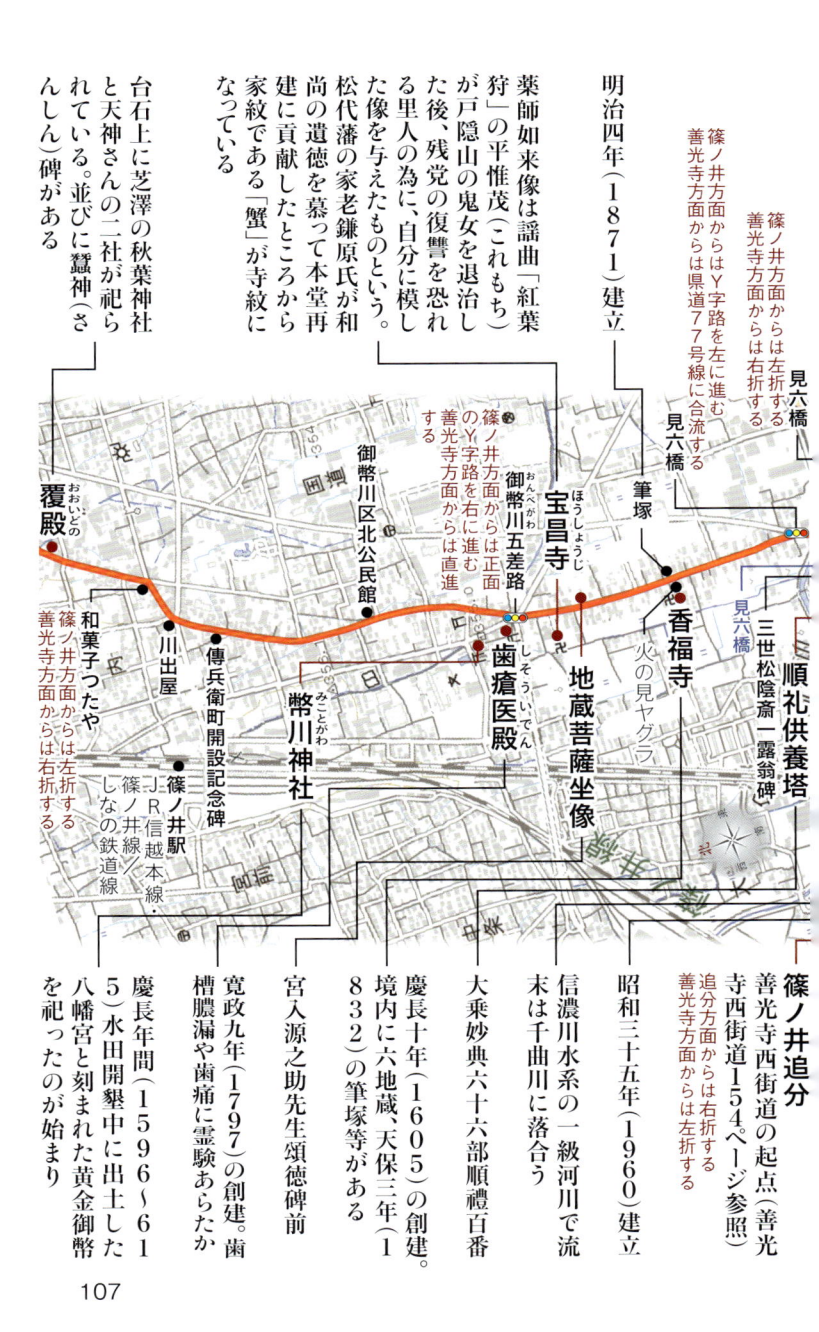

台石上に芝澤の秋葉神社と天神さんの二社が祀られている。並びに蠶神（さんしん）碑がある

万延元年（1860）の建立で裏面に布施高田村と刻まれている

室町時代造立の石造地蔵菩薩坐像と石造薬師如来坐像（共に長野市文化財）が安置されている

旧家裏に明治天皇原御小休所碑が二基ある

諏訪大社を勧請。境内に庚申塔、道祖神、二十三夜塔、猿田彦命等がある

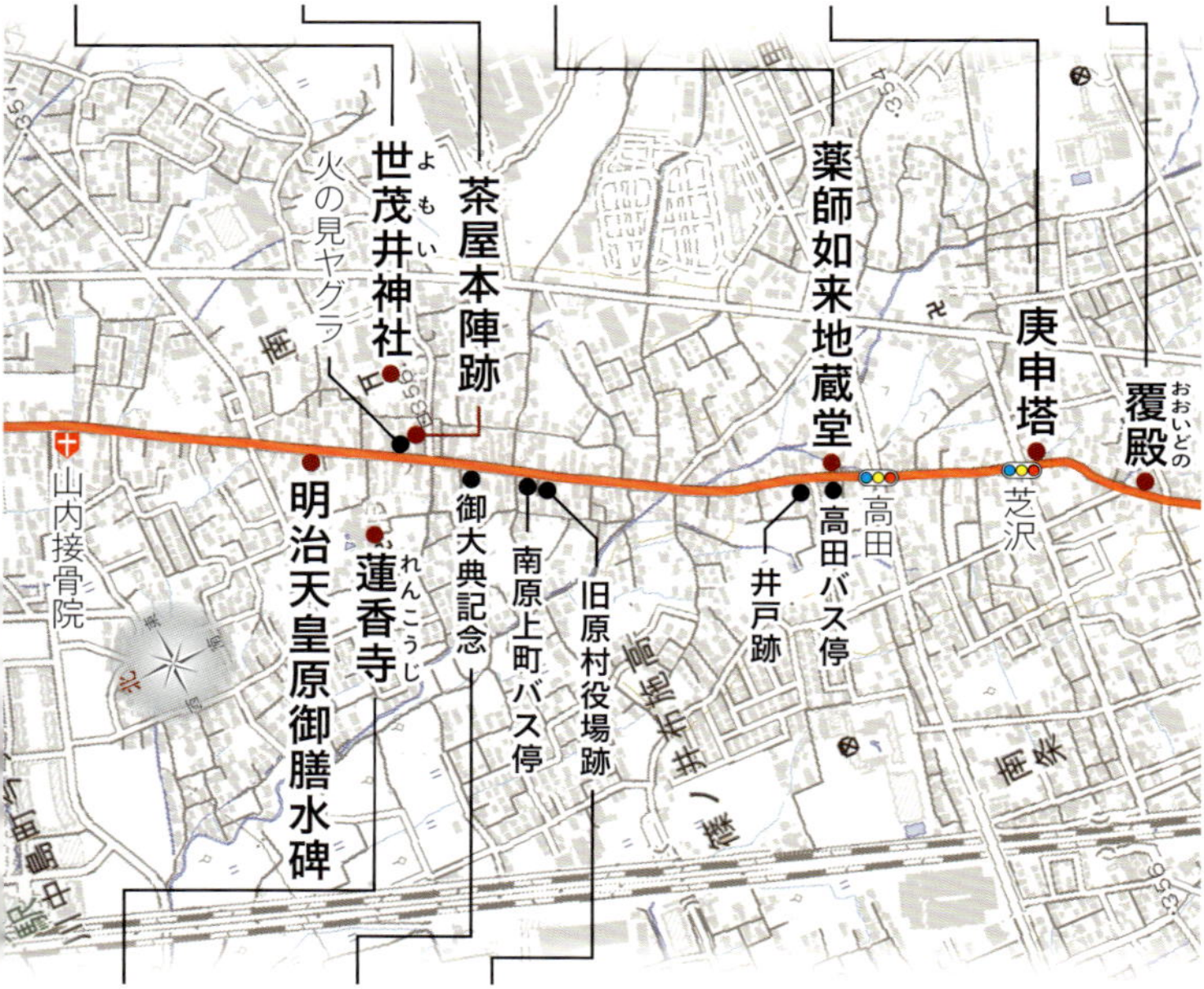
覆殿《おおいどの》
庚申塔
芝沢
薬師如来地蔵堂
高田
高田バス停
井戸跡
旧原村役場跡
南原上町バス停
御大典記念
茶屋本陣跡
世茂井《よもい》神社
火の見ヤグラ
蓮香寺《れんこうじ》
明治天皇原御膳水碑
山内接骨院
0
250
500m

標柱がある

標石がある

貞治六年（1367）造立の本尊木造子安荒神坐像は葛尾城主村上義清が奉納したもので安産に霊験あらたかという（国重要文化財）

【善光寺御開帳】

数え年で七年（丑と未の年）に一度、絶対秘仏である本尊の身代わり「前立本尊」が御開帳になる。前立本尊は善光寺本尊と同じく一光三尊阿弥陀如来で光背の中央に阿弥陀如来、右に観音菩薩、左に勢至菩薩が並んでいる。御開帳際は中央の阿弥陀如来の右手に金糸が結ばれ、五色の紐の「善の綱」となり、本堂前の回向柱に結ばれる。この回向柱に触れると前立本尊に触れたのと同じ御利益があるといわれる

火の見ヤグラ前に標柱がある

明治五年（１８７２）の「節婦おせん」顕彰碑がある。明治四年（１８７１）農夫の妻「せん」が東京から来た祈祷師にいい寄られたが撥ねつけたため殺された、政府は金一封を下賜し表彰した。文化十三年（１８１６）の徳本名号碑、天保十年（１８３９）の三界萬霊塔、万延元年（１８６０）の庚申塔がある

解説がある

標柱がある

昭和十二年（１９３７）建立で「支那事変昭和十二年十一月戦敝死」と刻まれている

中津村～昭和村役場跡
昭和小学校
茅葺屋根の旧家
北原西
北原天満宮
北原警察分署跡
川中島町役場跡
馬頭観世音
荒屋
昭和小学校前
今井村役場跡
北原仲町バス停
北原延命大仏殿
川中島支所前
川中島支所前バス停
三俣バス停
長野南バイパス高架
くぐる

【善光寺大地震】

弘化四年（１８４７）三月二十四日善光寺は七年に一度の善光寺如来ご開帳の最中で、諸国から参拝の善男善女が集まり、その人数は一万人ともいわれ旅籠は満杯状態であった。夜、四ツ時頃（午後十時頃）大地震が発生、家屋は倒壊し、やがて火の海となり参拝客の生存者は一割前後といわれた。周辺では山崩れが多発し、中でも虚空蔵山の崩壊は最大であった。土砂は犀川を堰き止め、二十日後に決壊し大洪水が発生、日本災害史上稀な二次災害をもたらした

標柱がある

寛政十二年（１８００）阿弥陀堂を建立し、寛政四年（１７９２）の大仏を安置したのが始まりという。善光寺への参拝途次の祈願所として賑わった。今は阿弥陀如来坐像と子安地蔵菩薩坐像を安置している

矢代

13.0km 三里

丹波島

5.4km 一里十二町

善光寺

エリア＝長野県長野市丹波島1丁目
最寄り駅＝ＪＲ信越本線 川中島駅

【丹波島宿】

丹波島宿は慶長十六年（１６１１）に開設され、善光寺を目前にし「犀川の渡し」を控え賑わった。宿並の東西には枡形があり、宿長は六町（約６５５ｍ）であった

「第拾三師団秋季演習記念碑」と刻まれている

傍らに昭和二十四年（１９４９）の道祖神がある

【川中島合戦】

川中島は千曲川と犀川が落合う扇状地。戦国時代甲斐の武田晴信（信玄）と越後の上杉謙信は北信濃の覇権をかけ五度に渡って激突し、中でも四度目の合戦は激戦であった

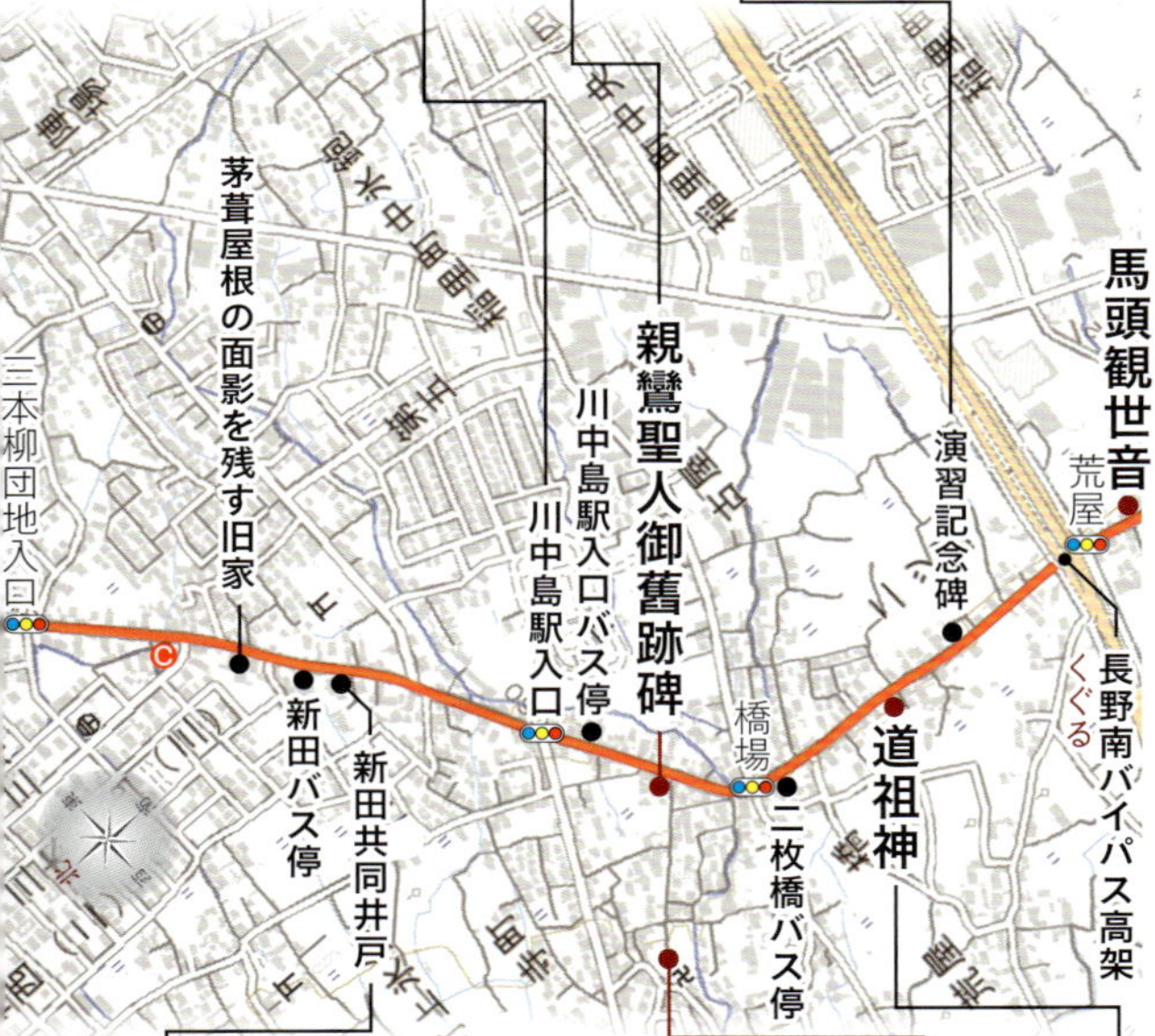
JR信越本線
馬頭観世音
荒屋
長野南バイパス高架
くぐる
演習記念碑
道祖神
橋場
二枚橋バス停
親鸞聖人御舊跡碑
川中島駅入口バス停
川中島駅入口
新田共同井戸
新田バス停
茅葺屋根の面影を残す旧家
三本柳団地入口
0
250
500m

文化四年（１８０７）の建立

唯念寺
嘉元三年（１３０５）親鸞の弟子和田新四郎義包（よしかね）の創建で本尊は阿弥陀如来。境内に弘化四年（１８４７）の善光寺大地震で亡くなった玄海上人の墓や寛政十二年（１８００）の常夜燈等がある

明治十年代（１８７７〜８６）に新田組二十三戸の共同井戸として掘削された釣瓶井戸。昭和三十年（１９５５）公営上水道が敷設されるまで使用された

丹波島宿の鎮守。境内に筆塚や道祖神、境内社に秋葉社等がある。社前が西桝形

本尊の阿弥陀三尊立像は元禄年間（1688〜704）問屋の柳島市郎左衛門が寄進したもの

宿並の処々にあって邪鬼を追い払っている

旧屋号札「いづみや」を掲げている。旅籠「和泉屋勘左衛門」

旧屋号札「こまつや」を掲げている。旅籠「小松屋栄重郎」

小林一茶句碑「まっすぐにかすみたもうや善光寺」と十辺舎一九戯れ歌碑「大江山ならねと酒の鬼殺し売る家もある丹波島かな」がある

於佐加《おさか》神社
篠ノ井方面からは枡形を右折する
善光寺方面からは枡形を左折する
丹波島《たんばじま》
丹生寺《たんしょうじ》
鍾馗様の飾り瓦
旅籠和泉屋跡
旅籠小松屋跡
消火栓
篠ノ井方面からは左折する
善光寺方面からは右折する
丹波嶋の渡し碑
篠ノ井方面からは土手道に合流する
善光寺方面からは斜め左に下る
丹波島橋南詰
善光寺方面からは右折して土手道を進む
丹波嶋の渡し跡
犀川《さいがわ》
丹波嶋宿の遺産マップ
旧屋号富田屋
旅籠加賀屋跡
丹波島宿本陣跡
高札場
問屋場跡
丹波島
観音堂
久津町バス停

（浄生庵）元禄年間（1688〜704）丹波島宿問屋柳島市郎左衛門の創建

明治天皇丹波島御膳水碑がある。柳島家が勤めた

復元されている。松代藩四十一ケ所の一つ

門前に明治天皇御小休所碑がある。柳島家が勤め代々太郎左衛門を襲名した

旧屋号札「加賀屋」を掲げている。旅籠「加賀屋孫八郎」

丹波島宿の東桝形

飛騨山脈の槍ケ岳に源を発し、流末は千曲川に落合う。本陣の柳島家は毎年加賀前田侯に初鮭を献上した

急流のため、両岸から大綱を張り渡し、これをたぐりながらの舟渡しであった

欄干には「渡し舟の時代」、「舟橋の時代」、「木橋の時代」、「鋼橋の時代」のレリーフが組み込まれている

文政三年（1820）の建立

熊谷山佛導寺墓地内に五輪塔がある。熊谷次郎直実は出家し善光寺で修道の身であった。母を亡くした娘玉鶴姫は父を訪ね、川中島まで来て病に倒れたが、善光寺如来の導きにより臨終の間際、父との再会を果たした

本尊は「風吹如来」と呼ばれている。犀川上流から流された善光寺造営用の木材を風で吹き寄せ、流失を防いだという

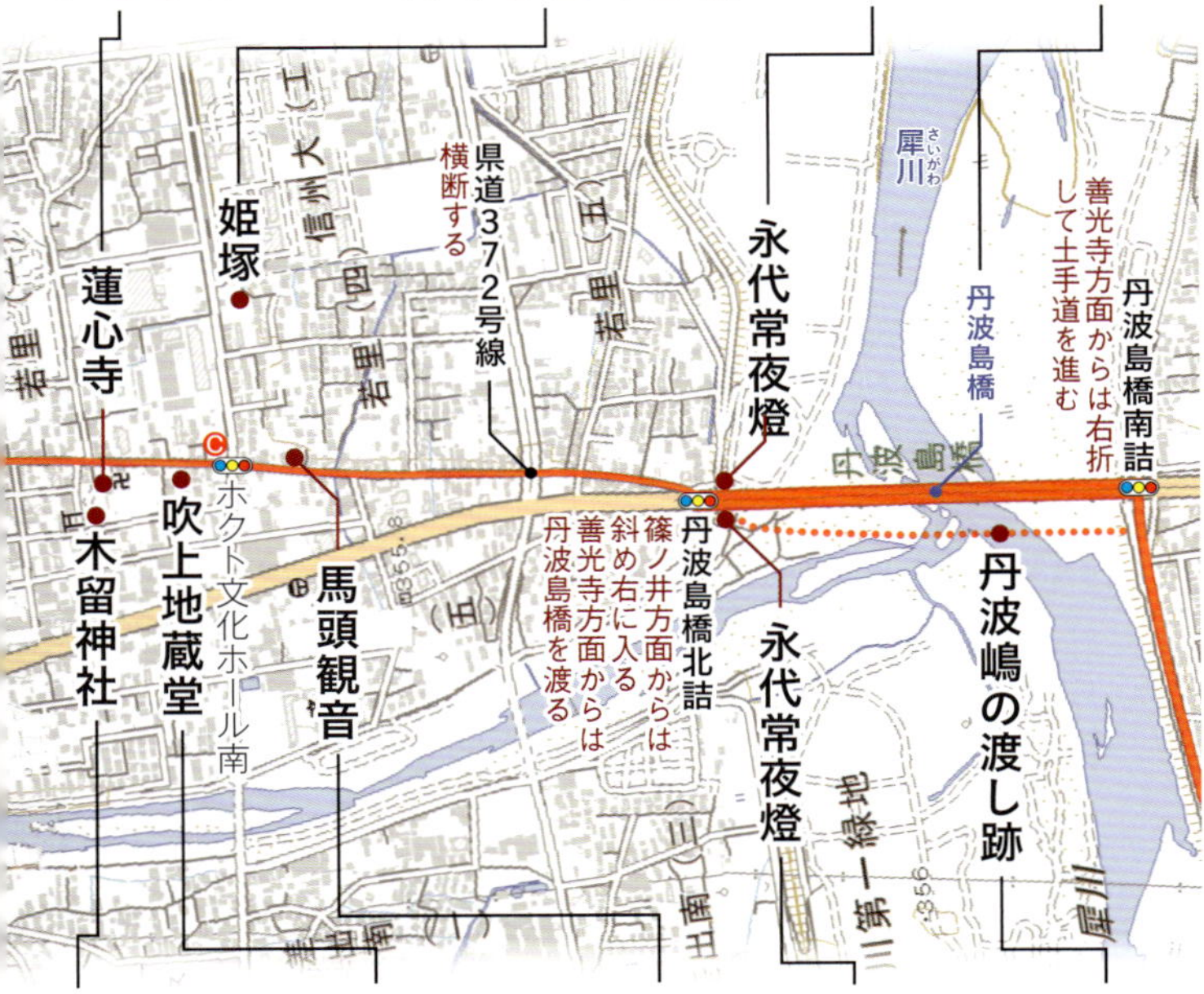
犀川《さいがわ》
善光寺方面からは右折して土手道を進む
丹波島橋南詰
丹波島橋
永代常夜燈
県道372号線
横断する
姫塚
信州大（工）
若里
蓮心寺
吹上地蔵堂
ホクト文化ホール南
木留神社
馬頭観音
丹波島橋北詰
篠ノ井方面からは斜め右に入る
善光寺方面からは丹波島橋を渡る
永代常夜燈
丹波嶋の渡し跡
犀川第一緑地
0
250
500m

犀川は急流のため、両岸から大綱を張り渡し、これをたぐりながらの舟渡しであった

文政六年（1823）の建立

馬頭観世音祠内に馬頭観音立像が安置されている

文政元年（1818）の延命地蔵尊が安置されている。安産、子育安穏、延命長寿にご利益がある

犀川上流から流された善光寺造営用の木材を境内に留め置いた

【善光寺と源頼朝】善光寺は治承三年（1179）焼失し、礎石の他には何も残っていないという状況であった。頼朝は善光寺を再建し、建久八年（1197）自ら参詣した。その折り、参道口の石橋の穴に駒の蹄が挟まり駒を返したという、以来石橋は「駒返り橋」と呼ばれている

八幡宮御所天満宮がある。源頼朝の善光寺詣での際の宿所であった

境内に刈萱上人親子の墓と像、大蛇小蛇の蛇塚、寛保三年（1743）信濃最古の芭蕉句碑「雪ちるや穂屋のすすきの刈残し」、一茶句碑「花の世は佛の身さえ親子哉」等がある

寺の北と南に川があるところから「島の寮（しまんりょう）」と呼ばれた

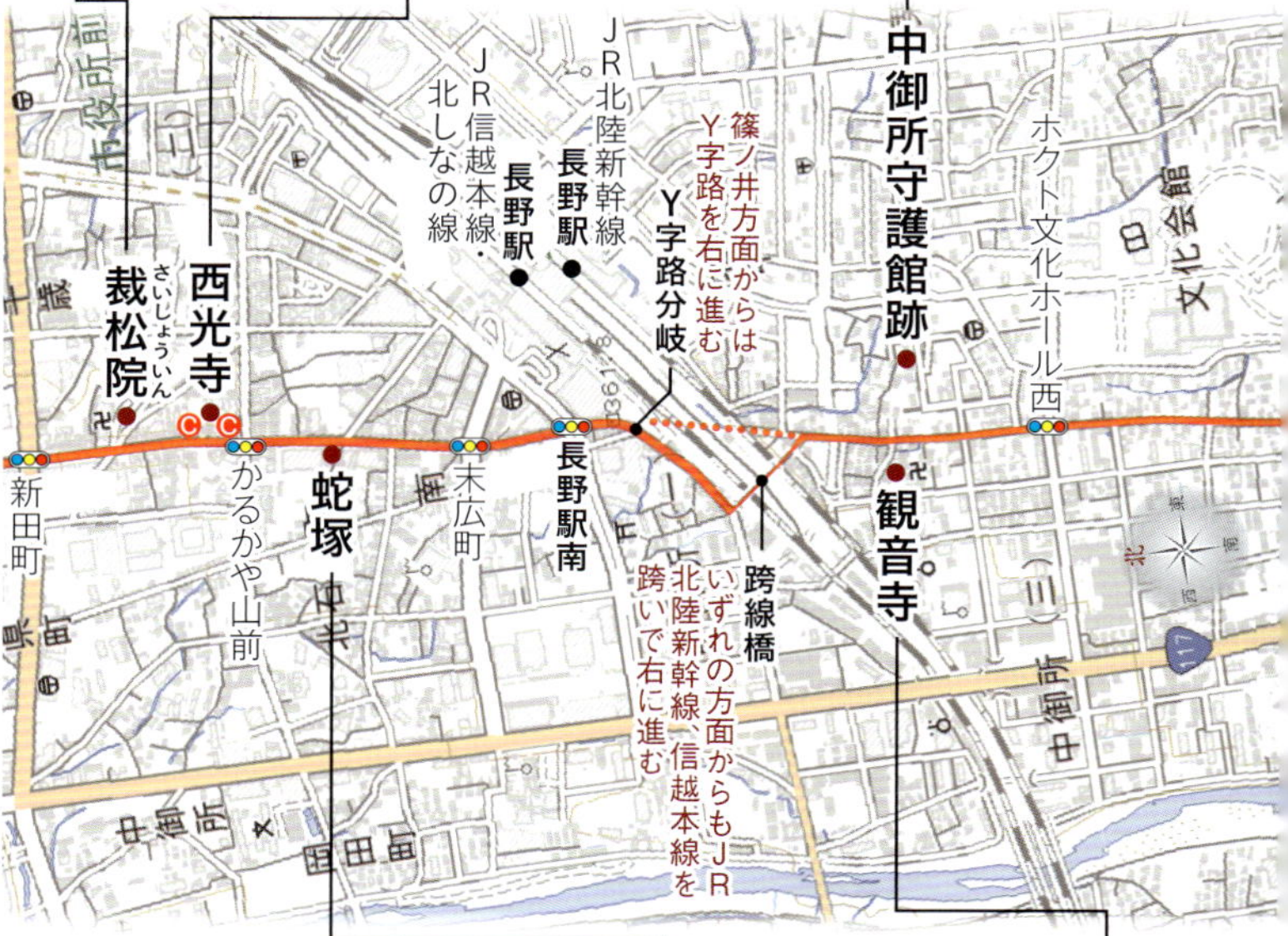

中御所守護館跡
ホクト文化ホール西
文化会館
JR北陸新幹線
JR信越本線・北しなの線
長野駅
長野駅
Y字路分岐
篠ノ井方面からはY字路を右に進む
西光寺
裁松院《さいしょういん》
市役所前
新田町
かるかや山前
蛇塚
末広町
長野駅南
跨線橋
いずれの方面からもJR北陸新幹線、信越本線を跨いで右に進む
観音寺
中御所
県町
岡田町

本尊は建久八年（1197）源頼朝が善光寺参詣の折に、領主漆田出羽ノ守元春に託した守護仏髻（もとどり）馬頭観音、妻政子の念持仏厄除観音、聖徳太子作の火防地蔵菩薩

自然石碑がある。樵（きこり）に切り殺された「朝日山の大蛇」の見世物小屋があった。この大蛇が祟ったため西光寺に「大蛇小蛇（おおにょうこにょう）の塚」が建立された

【かるかや親子】刈萱上人は正室と側室の確執に悩み出家した。やがて子の石堂丸が訪ねて来たが、出家の身では何も出来ぬと父とは名乗らず、父は死んだといった。やがて石堂丸は刈萱上人を慕い出家し弟子となり、二人は師弟として修行に励んだ

丹波島

5.4km 一里十二町

善光寺

【善光寺宿】
善光寺宿は善光寺の門前町として発展し、町年寄の支配下にあった八町と大勧進及び大本願の支配下にあった両御所前の二町で構成され、北陸諸國の参勤大名の定宿であり、善光寺詣での善男善女で賑わった

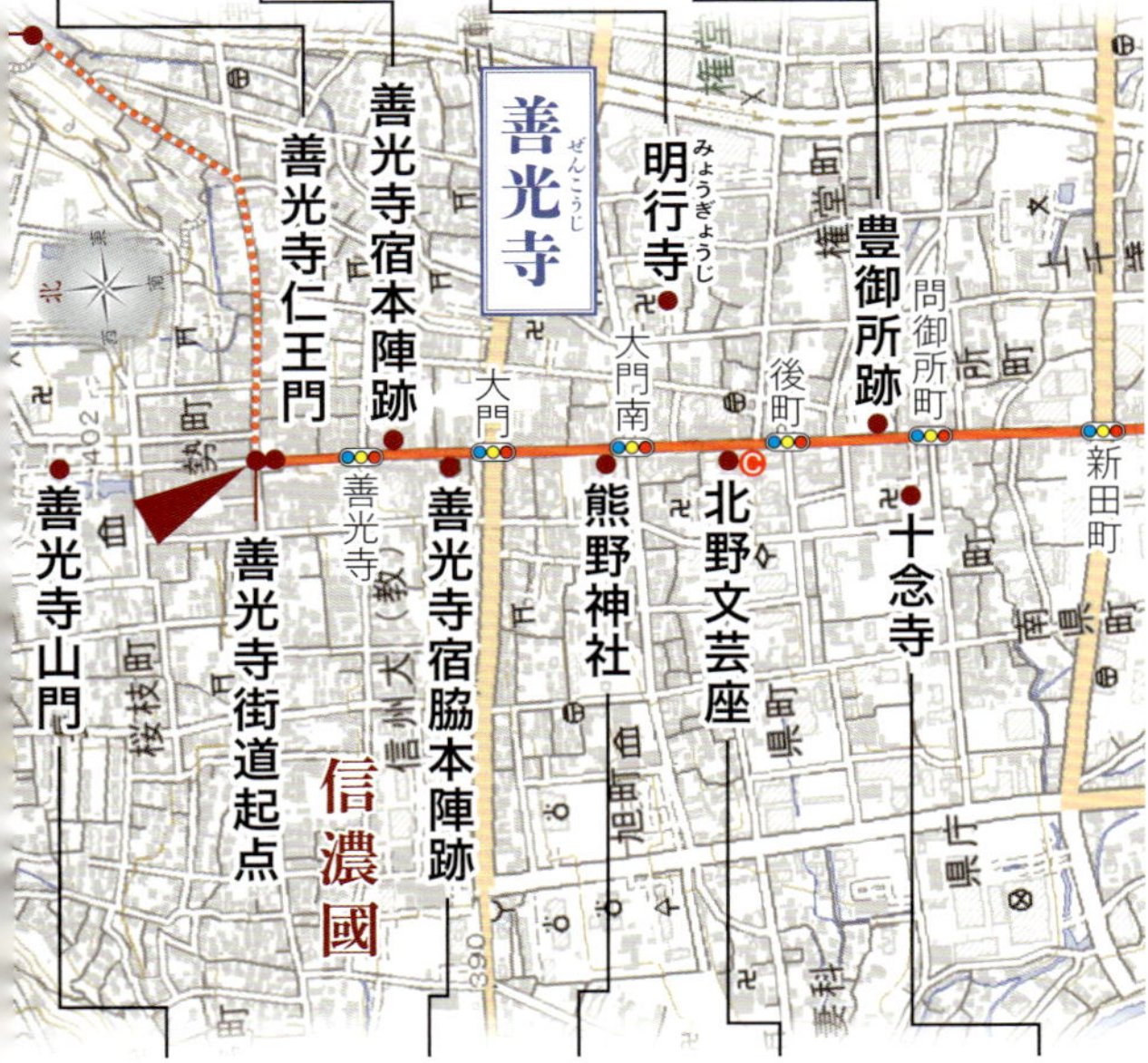
善光寺《ぜんこうじ》
善光寺仁王門
善光寺宿本陣跡
明行寺《みょうぎょうじ》
豊御所跡
問御所町
後町
大門南
大門
善光寺
新田町
十念寺
北野文芸座
熊野神社
善光寺宿脇本陣跡
善光寺街道起点
善光寺山門
信濃國
権堂町
県町
旭町
桜枝町
南県町
県庁
妻科
0 250 500m

豊御所跡：標石がある。鎌倉時代信濃国衙（こくが）が置かれた

明行寺：遊女の墓がある。権堂町は遊郭を形成し、「精進落とし」と称して大いに賑わった

善光寺宿本陣跡：現藤屋旅館（国有形文化財）、創業慶安元年（1648）「御本陣ふぢや平五郎」

善光寺仁王門：大正七年（1918）の再建、仁王像は高村光雲の作

十念寺：源頼朝の開基。頼朝が善光寺参詣の折、にわかに紫雲がたなびき善光寺如来が現れ、念仏十遍を授かった

北野文芸座：この辺りは芝居小屋が軒を連ね、ここで舞台に立てない役者は佐渡回りとなり、「ドサ回り」の語源になった

熊野神社：大門町の鎮守。「龍と天女の彫刻」は左甚五郎作という

善光寺宿脇本陣跡：現善光寺郵便局、中澤家が勤め「五明館」と称した

善光寺山門：（三門）寛延三年（1750）建立の二層入母屋造り。「平成の大修理」で創建当時のサワラ板による栩葺（とちぶき）の屋根が復元された（国重要文化財）

エリア＝長野県長野市長野元善町
最寄り駅＝JR北陸新幹線・信越本線 長野駅

善光寺本堂

創建以来十一度の火災に見舞われ、その都度復興されてきた。現在の本堂は宝永四年（１７０７）の再建で国宝

翻弄された善光寺本尊

善光寺平は北信濃に侵攻した甲斐の武田晴信（信玄）と越後の上杉謙信の川中島合戦の舞台となり、善光寺は兵火を蒙り荒廃した。

武田晴信（信玄）は善光寺焼失の懸念を名目に弘治元年（１５５５）善光寺本尊のみならず什宝、寺僧に至るまでを甲府へ移し、甲斐善光寺を創建した。

織田信長は武田氏を滅ぼすと、天正十年（１５８２）善光寺本尊を岐阜の伊奈波へ移した。

「本能寺の変」で織田信長が没すると、次男織田信雄（のぶかつ）は善光寺本尊を尾張國清洲甚目寺に安置させた。

その後、徳川家康は善光寺本尊を領国の遠江國浜松鴨江寺に移し、後に甲斐善光寺に安置させた。

天下を掌握した豊臣秀吉は慶長二年（１５９７）慶長伏見地震で倒壊した方広寺の大仏に代わる本尊として善光寺本尊を甲斐から京の方広寺へ移した。

慶長三年（１５９８）病に倒れた豊臣秀吉は善光寺本尊の祟りといわれ、死の前日に信濃へ送り出した。

時の権力者に翻弄された善光寺本尊は約四十二年の流転を経て、ようやく信濃の地に帰り着いた。

この間、常に本尊に付き添って移動したのが「大本願」であり、本尊不在で荒廃した善光寺を守り続けたのが「大勧進」であった。

『ちゃんと歩ける中山道 東』P142より続く

洗馬分去れ

4.9km
一里二十四町

郷原

エリア＝長野県塩尻市宗賀（そうが）
最寄り駅＝JR中央本線 洗馬駅

旧分去れ道標「右中山道 左北国洗馬往還善光寺道」がある。元は洗馬分去れにあったが昭和七年（1932）洗馬の大火後、新道が敷設され、その際に移設された。並びに南無阿弥陀佛名号碑、安政七年（1860）の庚申塔等がある

安政四年（1857）の天照皇大神宮常夜燈がある

至 江戸日本橋

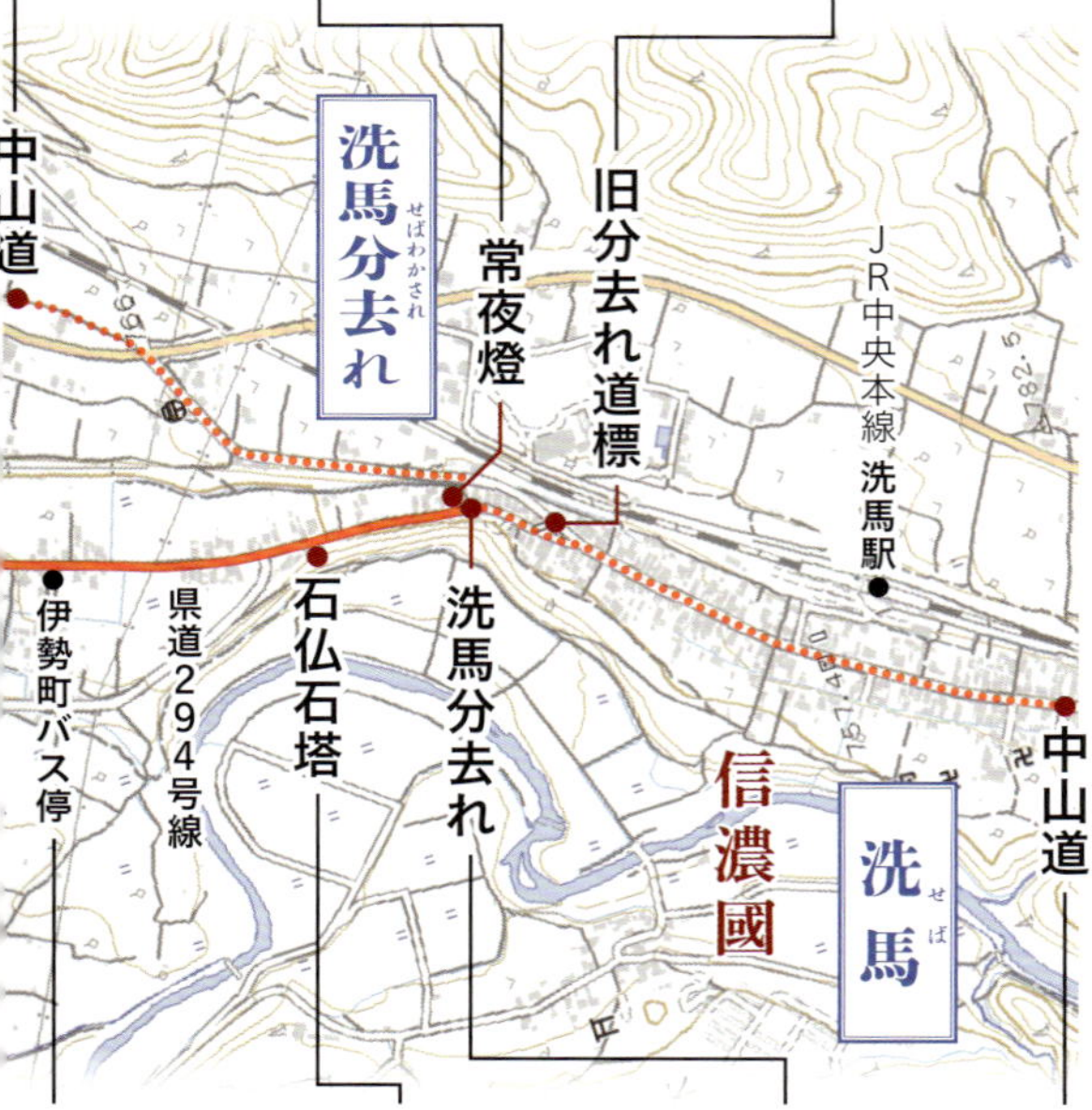
中山道
洗馬分去れ《せばわかされ》
常夜燈
旧分去れ道標
JR中央本線 洗馬駅
伊勢町バス停
県道294号線
石仏石塔
洗馬分去れ
信濃國
洗馬《せば》
中山道

至 京三条大橋

善光寺西街道の起点

馬頭観音像、文化八年（1811）の南無阿弥陀仏名号碑、明和三年（1766）の道標を兼ねた観音供養塔「右善光寺」がある

地域振興バス

0 250 500m

【中山道洗馬宿】

洗馬宿は慶長十九年（１６１４）中仙道が塩尻峠経由に付け替えられた際に、塩尻宿、本山宿と共に新設された宿で善光寺西街道の追分にあたり大いに賑わい、北陸の鮭や鰤（ぶり）を煮込んだ「洗馬煮」が名物であった。宿並は昭和七年（１９３２）の大火で灰塵に帰してしまった。天保十四年（１８４３）の中山道宿村大概帳によると、洗馬宿の宿内家数は百六十三軒、うち本陣一、脇本陣一、旅籠二十九軒で宿内人口は六百六十一人（男三百四十人、女三百二十一人）であった

日露戦役従軍碑

塩尻西部中学校
塩原兄弟忠魂之碑
中原野菜集荷場バス停
中原上バス停
下平口バス停

【洗馬由来】
洗馬の地名は、挙兵した木曽義仲がこの地で家臣の今井四郎兼平と落ち合（会）うと、兼平が疲弊した義仲の馬の足を「邂逅（あふた、会うたが転化）の清水」で洗うと元気を取り戻したという故事に由来している

【果樹園】
明治二十三年（１８９０）ブドウの栽培が開始され、近年ワインの醸造が盛んになった

洗馬分去れ
4.9km 一里二十四町

郷原

5.4km 一里十二町
村井

エリア＝長野県塩原市広丘郷原
最寄り駅＝ＪＲ篠ノ井線 広丘駅

【宿泊】
H ー すがの旅館 ☎０２６３(５２)ー２８５

大正九年（１９２０）の建立

自然石道標「左善光寺道 右諏訪」

「善光寺道一里塚跡」標石がある。洗馬より一里目

【本棟造り】
信州の松本平、木曽谷、伊奈谷にかけて分布する威風堂々とした大型住宅形式で、勾配の緩やかな切妻屋根の上に雀返し（雀踊り）と呼ばれる棟飾りを掲げた建築様式

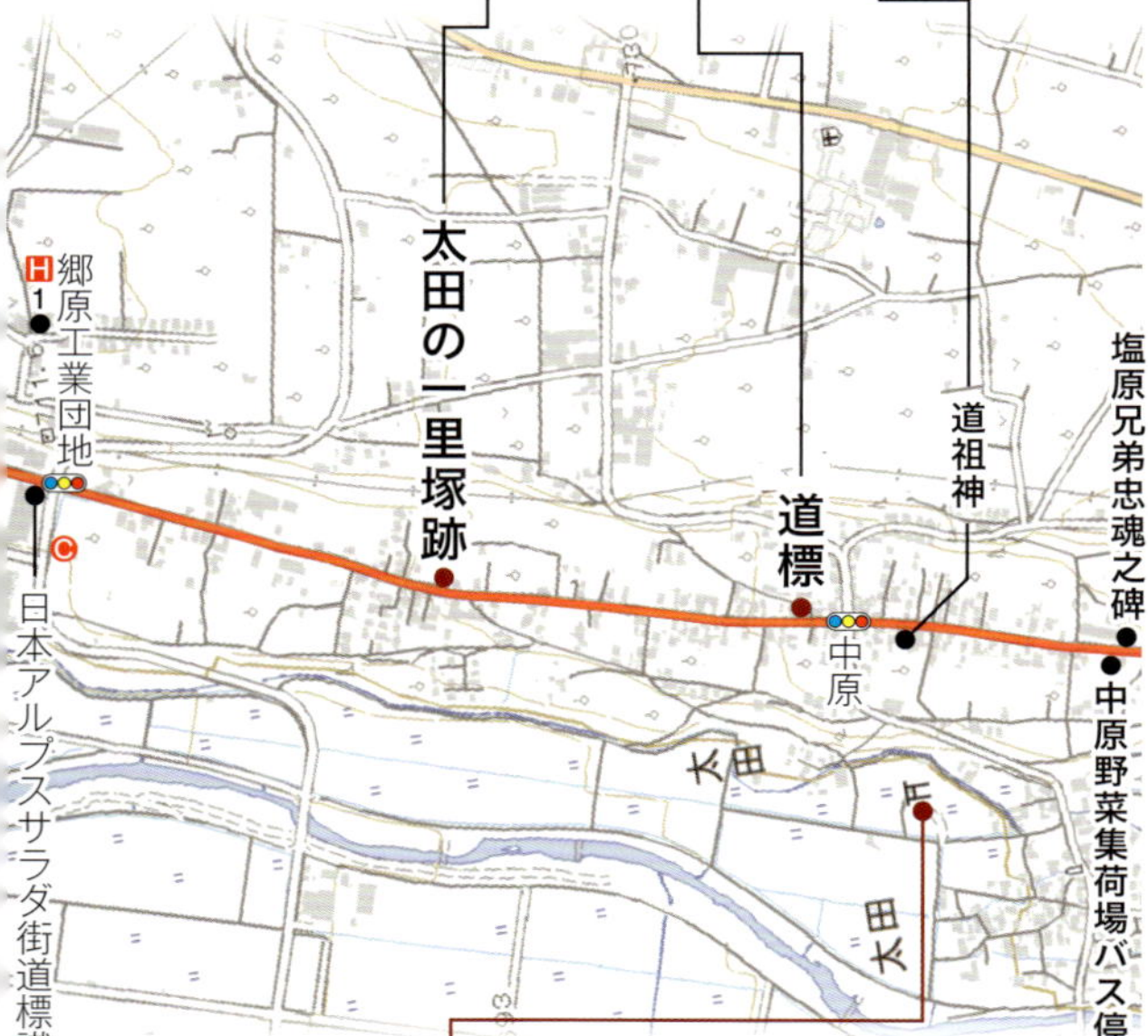

道祖神
塩原兄弟忠魂之碑
道標
中原
中原野菜集荷場バス停
太田の一里塚跡
太田
太田
郷原工業団地
日本アルプスサラダ街道標識

【郷原宿】
慶長十九年（１６１４）初代松本藩主小笠原秀政は奈良井川の東岸にあった郷原村を移して宿駅とした。宿長は郷原宿標柱から郷福寺迄の三町三十二間（約３８５ｍ）で、宿並には奈良井川から引水した用水が流れていた。文政四年（１８２１）と安政五年（１８５８）の大火で宿並は灰燼に帰し、以降に建てられた本棟造りの家屋を残している

太田諏訪神社
農業の守護神でもある諏訪大明神を祀っている。境内には御神木のケヤキや境内社に津島神社、妙義神社がある

0 250 500m

馬頭観世音

本棟造り

上の問屋跡

郷原簡易郵便局に旧屋号札「問屋」が掲げられている。赤羽家が勤め脇本陣を兼ねた

本堂は安政五年（1858）の大火後の再建で本尊は大日如来。参道口に郷原宿碑、古井戸、明治天皇御膳水碑があり、境内には薬師瑠璃光如来像を安置する瑠璃光殿、復元高札場、宝篋印塔、庚申塔、二十三夜塔、安永四年（1775）の芭蕉句碑「野を横に馬挽（ひき）む計（け）よ郭公（ほと丶ぎす）」等がある

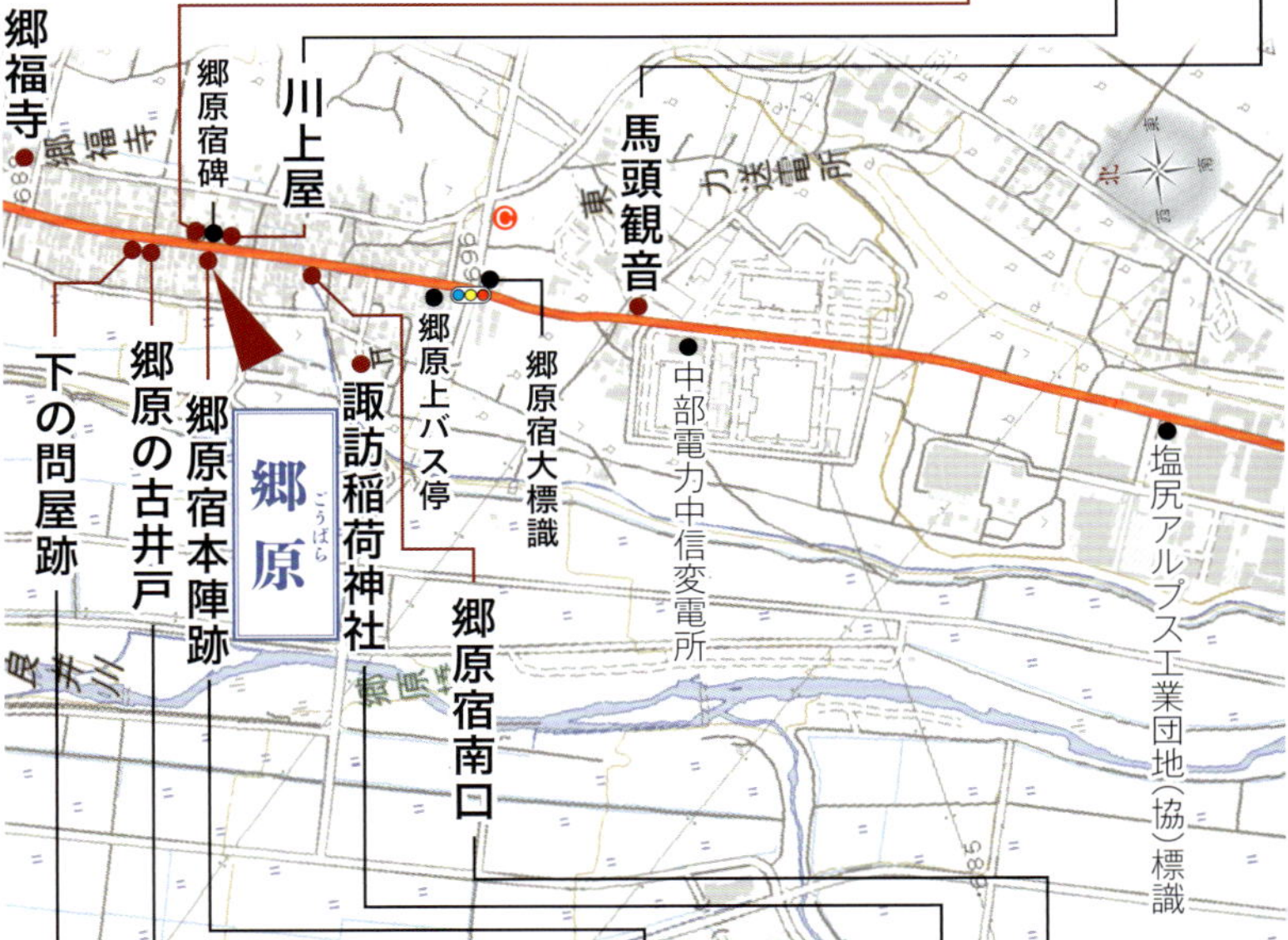
郷福寺
郷原宿碑
川上屋
馬頭観音
下の問屋跡
郷原の古井戸
郷原宿本陣跡
郷原《ごうばら》
諏訪稲荷神社
郷原上バス停
郷原宿大標識
郷原宿南口
中部電力中信変電所
塩尻アルプス工業団地（協）標識

火の見ヤグラの足元に「善光寺街道郷原宿」標柱、郷原宿解説、第1部詰所前バス停がある

郷原宿の産土神。境内には道祖神や奉納された明治三十七八年戦役（日露戦争）の砲弾等がある

旧屋号札「山城屋」を掲げている。「御本陣山城屋太郎右衛門」で赤羽家が勤め、建坪百坪の本棟造り。松代藩士佐久間象山は上京する際に宿泊した

この辺りは水位が低く井戸掘りに苦労した。この井戸は共同で使用され管理維持費は頼母子講、無尽講によって捻出した

本棟造りの家屋に旧屋号札「下問屋」を掲げている。赤羽家が勤めた

本堂は安政五年（1858）の大火後の再建で本尊は大日如来。参道口に郷原宿碑、古井戸、明治天皇御膳水碑がある、明治十三年（1880）明治天皇巡幸の際に御小休所となった。境内には薬師瑠璃光如来像を安置する瑠璃光殿、復元高札場、宝篋印塔、庚申塔、二十三夜塔、安永四年（1775）の芭蕉句碑「野を横に馬拽（ひき）む計（け）よ郭公（ほとゝぎす）」等がある

【善光寺西街道今昔】慶長十九年（1614）初代松本藩主小笠原秀政は「宿場改め」を行い、中山道洗馬宿から猿ケ馬場峠を越えて谷街道稲荷山宿までの善光寺西街道を整備した。明治三十五年（1902）篠ノ井線が開通すると人馬の通行は一気に衰退してしまった

郷福寺
本棟造りの家屋
本棟造りの家屋
医師古厩勇一先生頌徳碑
本棟造り冠木門の家屋
第3集会所入口バス停
押しボタン式信号
堅石上町バス停
弁財天前バス停
本棟造りの家屋
堅石《かたいし》三社
堅石中町バス停
堅石中町
歌碑
堅石下町バス停
大下町バス停
原新田バス停
0
250
500m

社標に「神饌幣帛供進神社」と刻まれている。明治から終戦に至るまで勅令に基づき県知事から歳費等が供された。境内には阿吽の狛犬、道祖神、石祠、天保十五年（1844）の男女双体道祖神がある

「ひたすらにうた詠みてゆく吾が一代直立なせば高き大空」郁夫

至 塩尻 ――― **伊奈諏訪道**

明治二年（１８６９）の「左 東京 いな すわ道」「右京 い せ きそ道」

境内に文政五年（１８２２）の御神燈がある

明治天皇広丘御小休所碑
本棟造り冠木門の平林家にて休息した

島木赤彦は明治九年（１８７６）旧諏訪藩士の四男として生まれ、伊藤左千夫に師事したアララギ派の歌人。広丘小学校の校長を勤めた際、この牛屋に下宿した

短歌館入口バス停がある

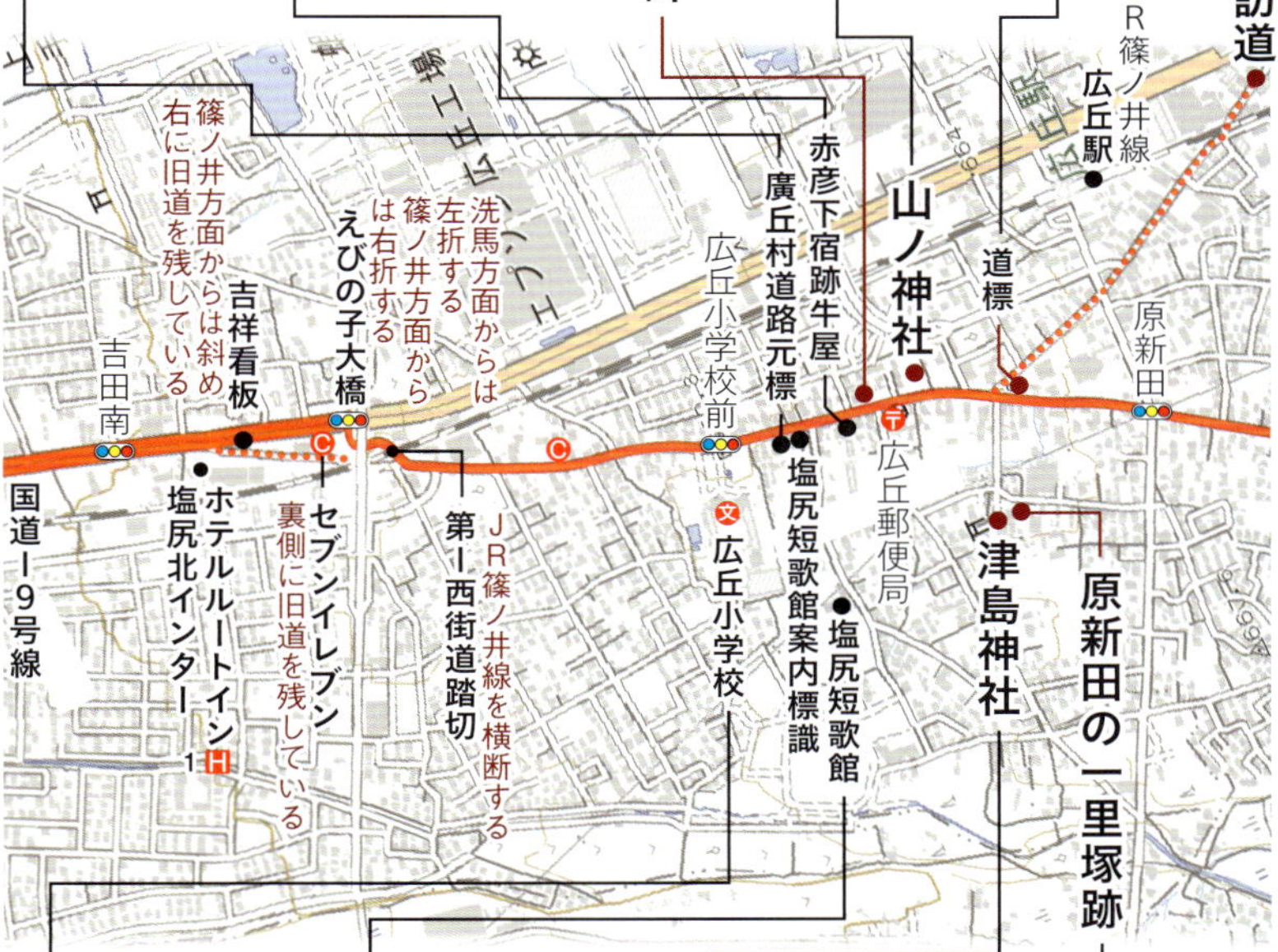

JR篠ノ井線
広丘駅
道標
原新田
山ノ神社
赤彦下宿跡牛屋
廣丘村道路元標
広丘小学校前
広丘郵便局
塩尻短歌館案内標識
塩尻短歌館
広丘小学校
津島神社
原新田の一里塚跡
洗馬方面からは左折する
篠ノ井方面からは右折する
えびの子大橋
篠ノ井方面からは斜め右に旧道を残している
吉祥看板
吉田南
国道19号線
ホテルルートイン塩尻北インター
セブンイレブン
裏側に旧道を残している
第一西街道踏切
JR篠ノ井線を横断する

公園内に一里塚跡碑がある。一里塚は筑摩野精器南工場棟の敷地内にあった、洗馬より二里目。園内には本棟造りの原新田第二公民館や道祖神、男女双体道祖神がある

境内に青面金剛像庚申塔、大日如来、養蠶（ようさん）守護神、秋葉神社等がある

島木赤彦、太田水穂、若山牧水等の資料を展示公開している。塩尻は多くの歌人が生まれ集ったところから「短歌の里」と呼ばれている

校庭に「短歌と生きる」碑やトチ、イチョウの大樹がある

郷原 5.4km 一里十二町

村井

6.4km 一里十町 松本

エリア＝長野県松本市村井町南一丁目
最寄り駅＝JR篠ノ井線 村井駅

【村井宿】慶長十七年（1612）善光寺西街道の宿駅となり、本陣一、脇本陣一、問屋二、旅籠二十軒で、宿長は五町九間（約562m）であった。宿並は明治と大正に三度大火に見舞われ灰塵に帰してしまった

【能登の寒ブリ】ブリは一般的に九州北部で孵化して日本海を北海道まで北上し、冬場にかけて南下し富山湾に入る。富山湾はプランクトンが豊富で「天然の生け簀」と呼ばれ、最高のエサ場になっている。日本海の厳しい荒波と低水温で身がしまり脂ののったブリとなる。雪の降る頃に鳴る雷を「ブリ起こし」と呼び、ブリ到来の知らせという

吉田横断地下道でくぐる
吉田小学校
吉田北
国道19号線
吉田
塩尻市広丘吉田歩道橋
チサンイン塩尻北インター
長野自動車道高架
洗馬方面からは斜め左に入る
篠ノ井方面からは国道19号線に合流する
下吉田
牛馬観世音
0
250
500m

【宿泊】
H1 ホテルルートイン塩尻北インター（P121）☎0263（59）6411
H2 チサンイン塩尻北インター ☎0263（57）0511

裏側に「牛馬の霊に捧げる」と刻まれている

伊勢両宮を祀っている、村井の産土神。社標には「神饌幣帛料供進神社」と刻まれ、境内には村井番所跡から移設した高札場や明治十一年（1878）の常夜燈がある

枝垂れ桜と解説がある。明治五年（１８７２）筑摩県第一小学校が開校した

松本藩と天領の境にあり口留番所が設置された。天領が松本藩預かりになると中山道の本山宿に移設された

明治天皇村井御小休所碑

明治十三年（１８８０）巡幸の際、中村家で休息し木曽へと向った

天正年間（１５７３〜９２）の開山で本尊は阿弥陀如来。境内に六地蔵、賽の河原地蔵、子育地蔵等がある

村井の一里塚跡・芭蕉句碑

一里塚跡碑がある。洗馬より三里目。文化十年（１８１３）の芭蕉句碑「霧しぐれ富士を見ぬ日ぞ面白き」がある

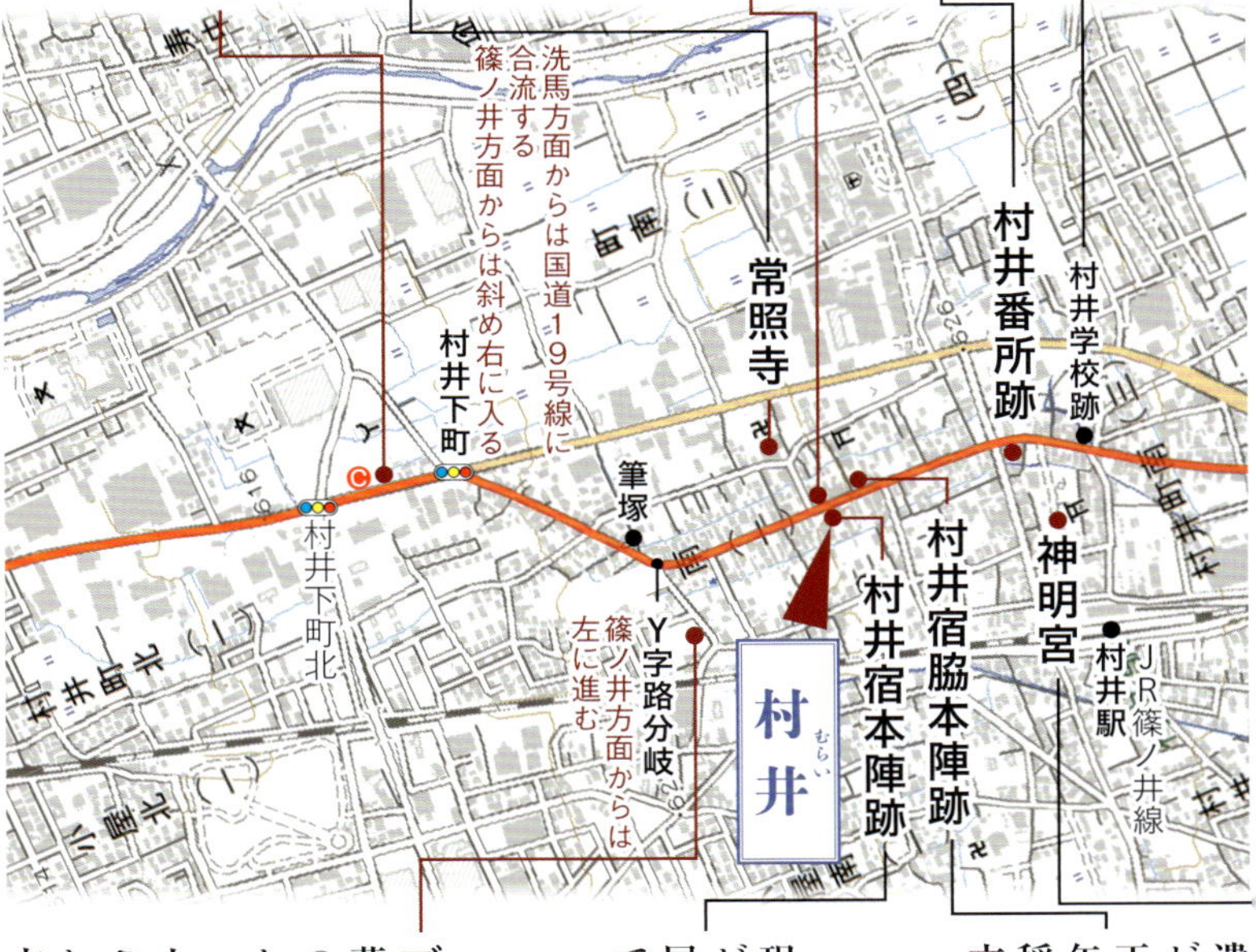

村井《むらい》
村井番所跡
村井学校跡
神明宮
村井駅
JR篠ノ井線
村井宿脇本陣跡
村井宿本陣跡
常照寺
筆塚
Y字路分岐
篠ノ井方面からは左に進む
洗馬方面からは国道19号線に合流する
篠ノ井方面からは斜め右に入る
村井下町
村井下町北

遺構を残している。山村家が勤め上問屋を兼ねた。端正な彫刻が施された文政二年（１８１９）建立の屋敷神稲荷社がある（松本市重要文化財）

現大和屋「笹の誉」。中村家が勤め下問屋を兼ねた。問屋業務は脇本陣と半月交代で勤めた

ブリ（鰤）場跡

墓地脇に標柱がある。明治の中頃まで「ブリ市」が立った。富山湾で獲れたブリは一旦塩漬けにされ飛騨の高山に運び、さらに塩漬けにされ、歩荷（ぽっか）に背負われて野麦峠を越え、松本方面に出回った

【松本城】

別名深志城（ふかしじょう）とも烏城（からすじょう）とも呼ばれ、天守は国宝、城跡は国の史跡に指定されている。戦国時代の永正年間（１５０４〜２１）信濃守護小笠原氏が深志城を築城したのが始まり。天文十九年（１５５０）甲斐の武田晴信（信玄）の攻めにより深志城は落城し、小笠原長時は追放された。天正十八年（１５９０）豊臣秀吉の命により、石川数正が入城し、天守を始め城郭や城下町の整備を行った

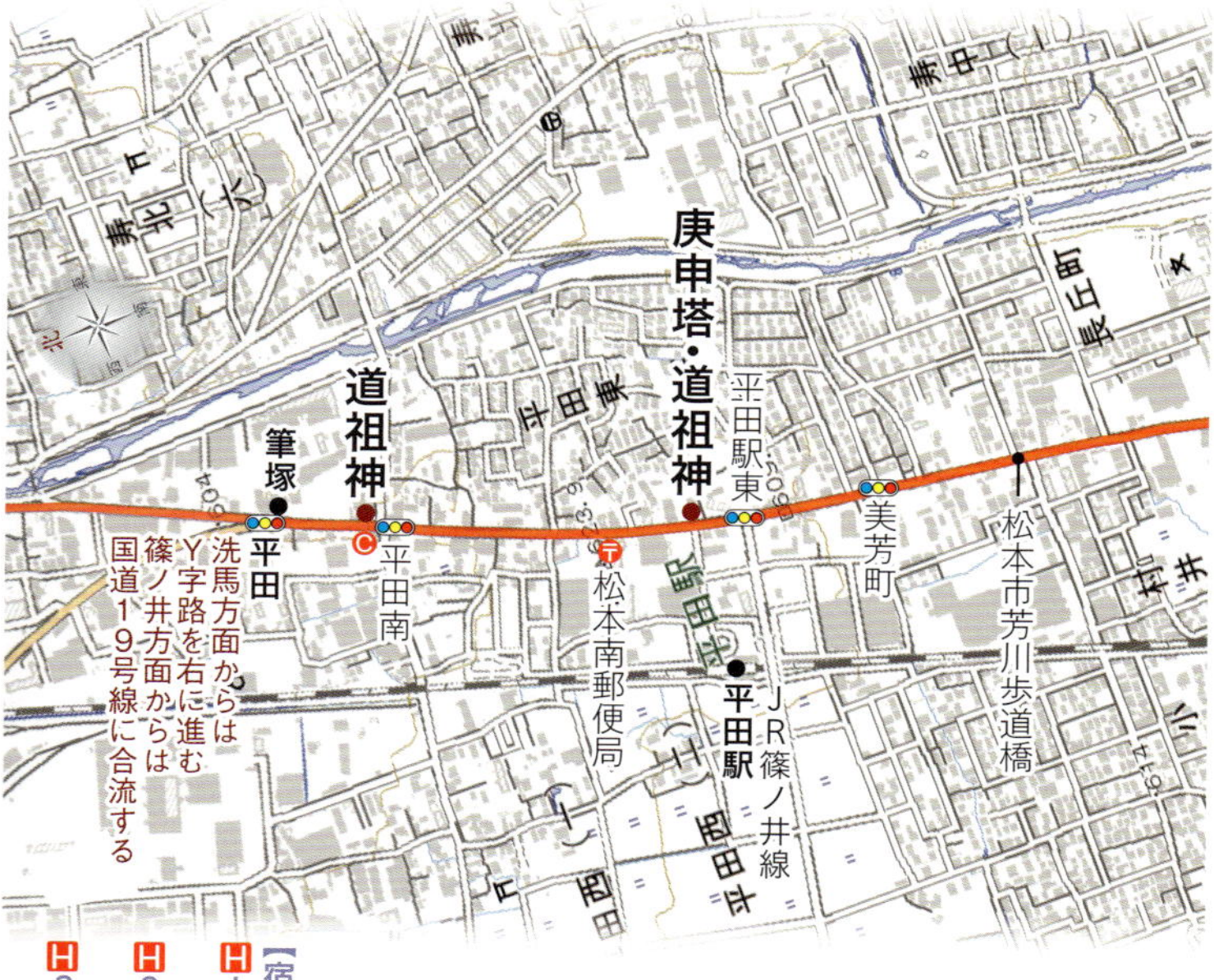

【貞享《じょうきょう》騒動】
貞享三年（１６８６）は不作であったが松本藩は年貢の引き上げを行った。中萱（なかがや）村の元庄屋多田加助等一万人の百姓等が松本城下に押し寄せ、年貢減免等を求める「五か条の訴状」を提出した。藩主水野忠直は参勤のため不在であったが、事態を重く見た城代家老は年貢減免を約した。後に藩主は年貢減免を反故にし加助等八名を磔、二十名を斬首に処した

【宿泊】（P１２７）
H１ 松本ツーリストホテル ☎０２６３（３３）９０００
H２ ホテルウェルカム松本 ☎０２６３（３２）００７２
H３ ぬのや旅館 ☎０２６３（３２）０５４５

擁壁上に安置され、共に「新茶屋中」と刻まれている

標柱がある。弘法山古墳石室の搬送路であった

滋賀県犬上郡多賀町の多賀神社の分霊を祀っている。拝殿の扁額には多賀大明神、諏訪大明神と併記されている

青面金剛像庚申塔、馬頭観世音、道祖神、天保十五年（1844）の南無妙法蓮華経題目碑等が並んでいる

標柱がある

出川公民館の前に標柱があり「盛業学校跡地」が併記されている

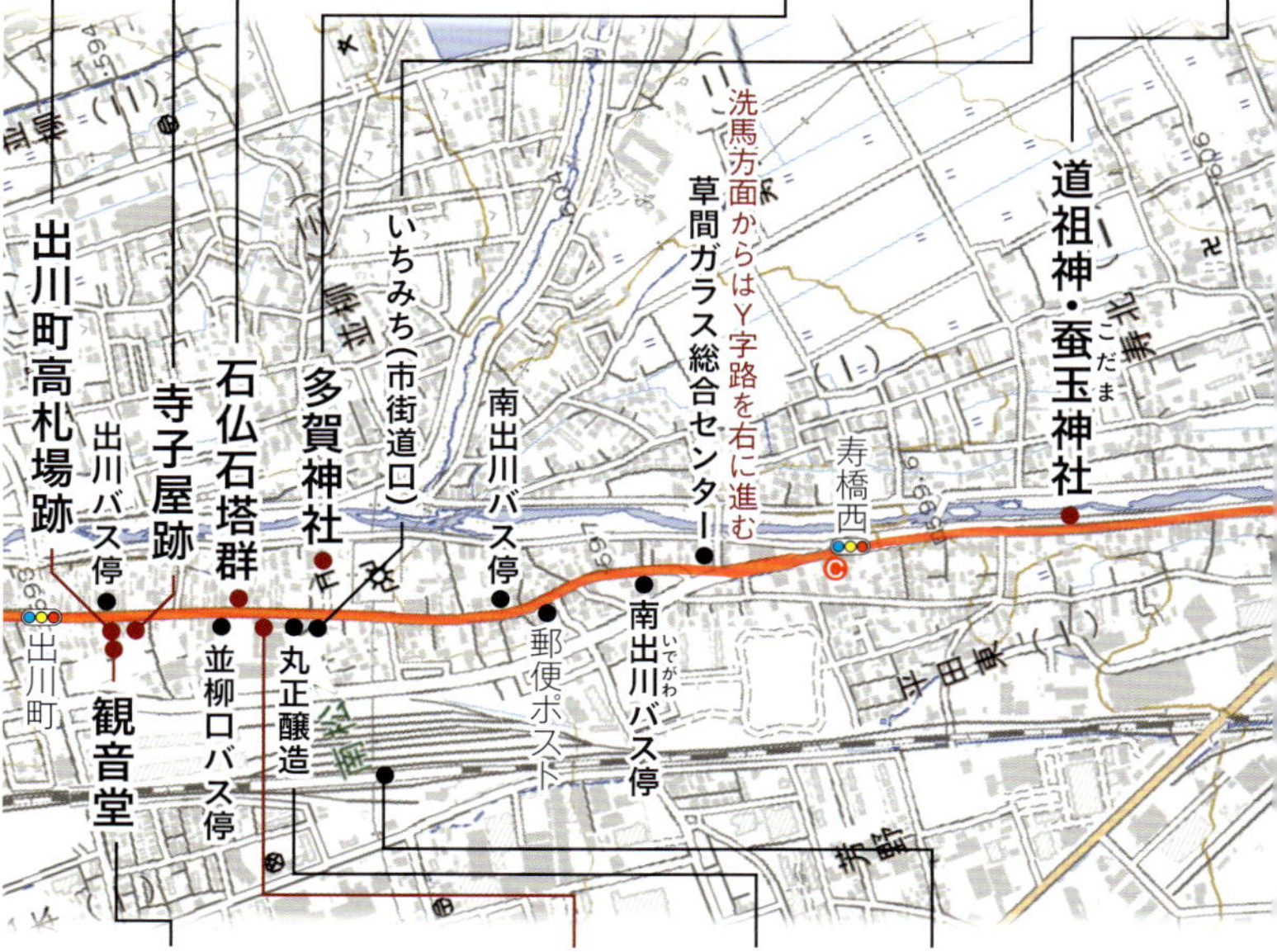

道祖神・蚕玉《こだま》神社
洗馬方面からはY字路を右に進む
草間ガラス総合センター
寿橋西
いちみち（市街道口）
南出川バス停
多賀神社
石仏石塔群
寺子屋跡
出川バス停
出川町高札場跡
出川町
観音堂
並柳口バス停
丸正醸造
郵便ポスト
南出川《いでがわ》バス停

【松本祭り】

毎年十一月三日「国宝松本城武者行列」が行われる。総勢約二百名の鎧（よろい）武者が松本の街を練り歩く

南松本駅 JR篠ノ井線

創業明治二十八年（1895）味噌醤油醸造の老舗

出川差矢場跡地《さしやば》
標柱がある。西へ62m入った所に通矢の弓道場があった

厄除十一面観世音菩薩立像を安置している。境内には徳本名号碑、三界萬霊塔、元禄十五年（1702）の大悲観世音菩薩碑、明和六年（1769）の観音講供養塔等がある

村井 6.4km 一里十町

松本

5.3km 一里十町 岡田

エリア＝長野県松本市深志2丁目
最寄り駅＝JR篠ノ井線／松本電鉄上高地線 松本駅

【松本宿】
松本宿は松本城の城下町として発展し、宿並には商家が軒を連ね、千国街道、野麦街道の要衝を控え大いに賑わった

出川組の名主を勤めた。庭は長野県名勝、住宅は松本市重要文化財で破風飾りには鶴亀の彫刻が施されている。明治天皇信楽御小休所碑がある

出川刑場跡で名号碑、題目碑がある。貞享騒動の首謀者等が処刑された

北に松本城が望めた。出川刑場の手前にある所から「ガックリ橋」とも呼ばれた

参道口脇に赤地蔵祠、六地蔵、馬頭観音等があり、境内社に秋葉神社がある

昭和九年（１９３４）の建立

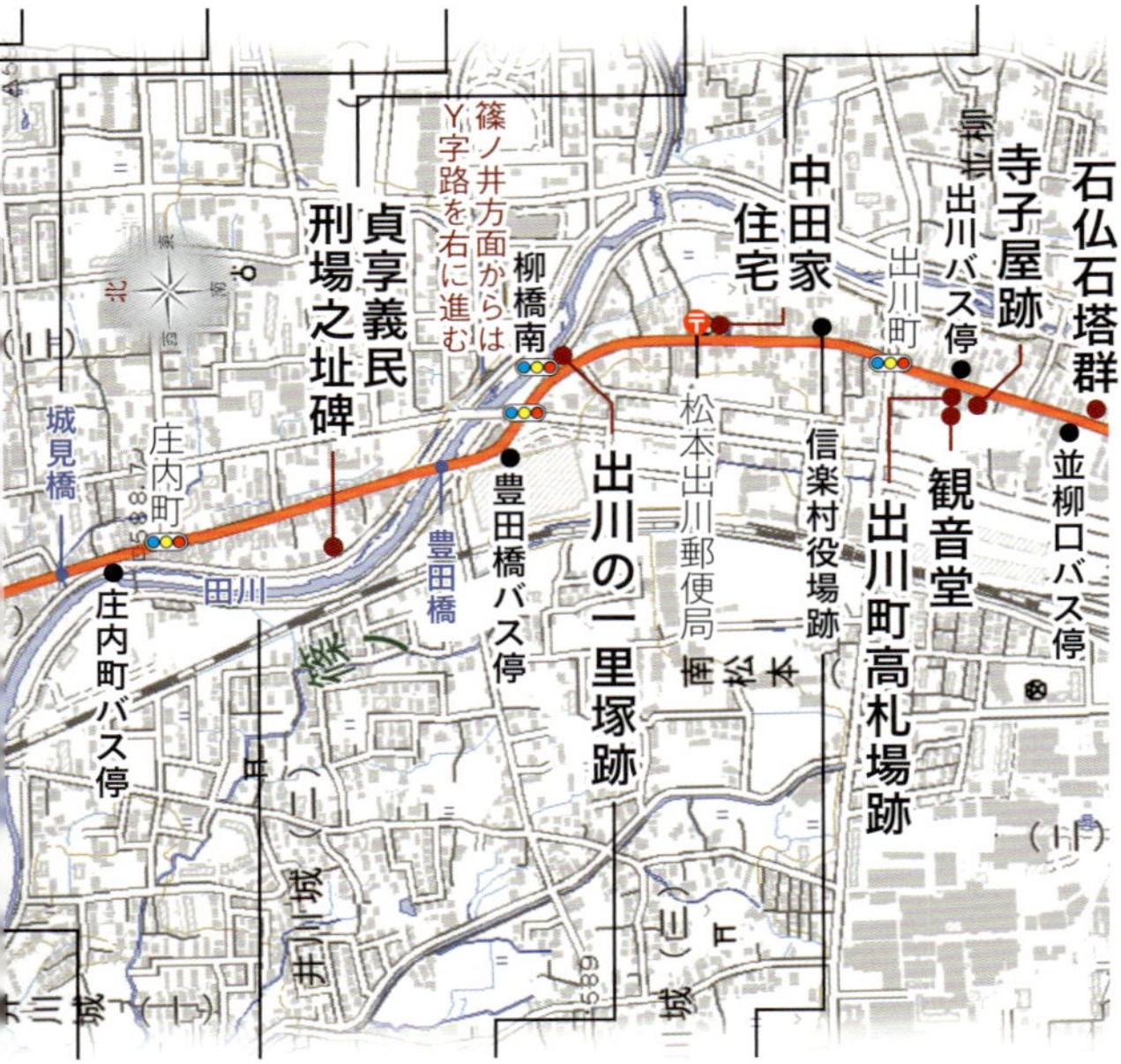

石仏石塔群
寺子屋跡
中田家住宅
観音堂
出川町高札場跡
出川の一里塚跡
貞享義民刑場之址碑
篠ノ井方面からはY字路を右に進む
柳橋南
出川町
並柳口バス停
出川バス停
信楽村役場跡
松本出川郵便局
豊田橋バス停
豊田橋
庄内町
庄内町バス停
城見橋
田川
南松本
0
250
500m

標柱がある。明治五年から十四年（１８７２～８１）迄開設された

標柱がある。「信楽の一里塚」ともいう、洗馬より四里目。並びに名号碑、天保十三年（１８４２）の念仏供養塔がある

塩尻峠に源を発し、流末は奈良井川に落合う

美ケ原に源を発し、流末は田川に落合う。松本城の要害川であった

城下町の南北両口に十王堂が配された。跡地には北向地蔵尊等がある

旧袖留橋、小笠原秀政が「大坂夏の陣」に伴う次男忠政の袖に乳母がすがって離さなかった

標石がある。各種の問屋が軒を連ね、商工の中心であった

信濃一の名水といわれ、酒造家はこぞって仕込みに用いた

商家造りの家屋を残している

三才山峠に源を発し、流末は田川に落合う

松本城主石川数正の菩提寺

「旧宿場町旅籠屋東町三丁目右善光寺街道 左正行寺小路」

境橋と呼ばれ松本宿の南口

標石がある。馬町、馬喰町と呼ばれたが元禄六年(1693)博労町と改められた

松本郵便局発祥の地碑がある。倉科家が勤め問屋を兼ねた

「左野麦街道 右せん光寺道」

上杉謙信が武田晴信(信玄)に送る塩を運ぶ牛を繋いだ

「右せん光寺道 左大町街道」

芭蕉句碑「何の木の花ともしらすにほひかな」がある

松本城主石川数正は女鳥羽川の氾濫鎮護神とした

明治二十年(1887)築で国登録有形文化財

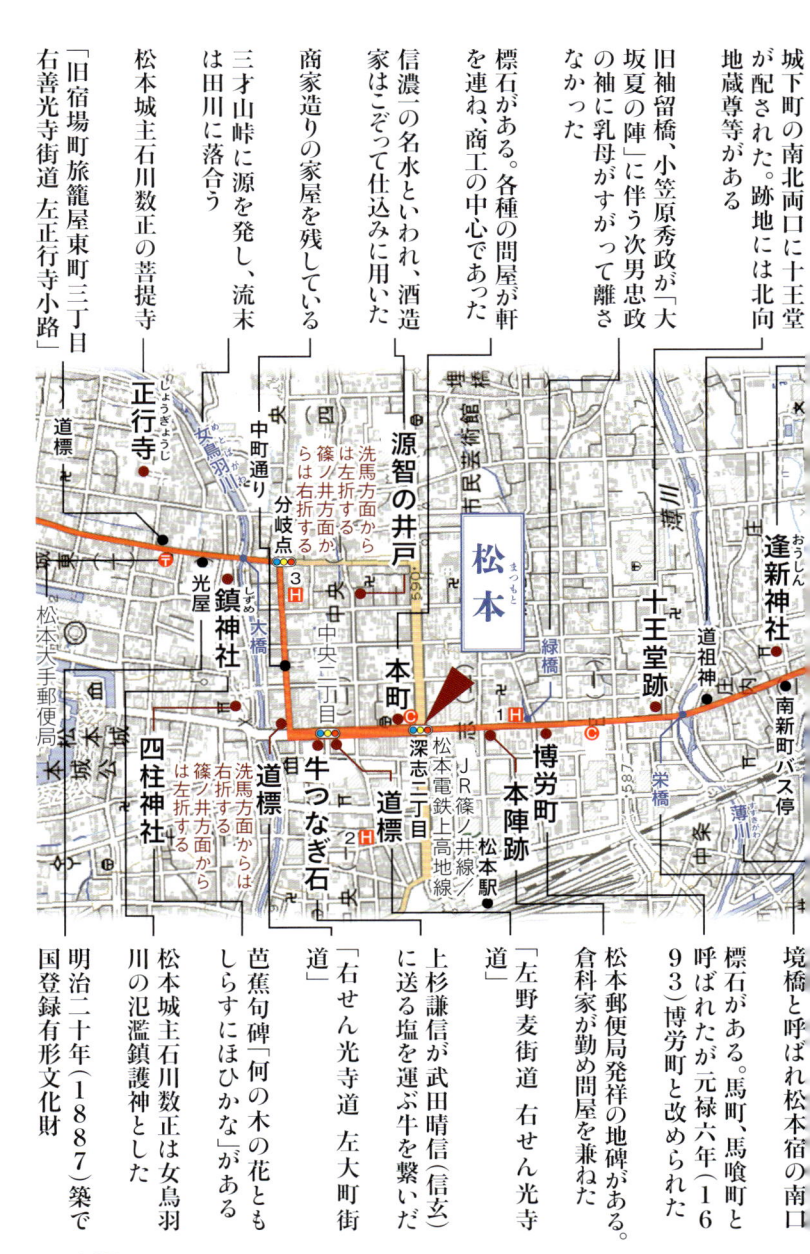

標石がある。小路の全長は二十三間（約42m）で幅員は一間四尺（約3m）であった。小路には冷水の井戸が二ケ所あった

境内に三面六臂馬頭観音像、安政二年（1855）の馬頭観音像、名号碑等がある

元禄十二年（1699）の銅鐘は国重要美術品

大安楽寺
行基の開基。松本城鬼門の鎮護寺で本尊の大日如来は松本市重要文化財。仁王門には多数の木造彫刻像がある

松本城鬼門の鎮護社であった。本殿は寛文三年（1663）の建立で諏訪大明神を祀っている

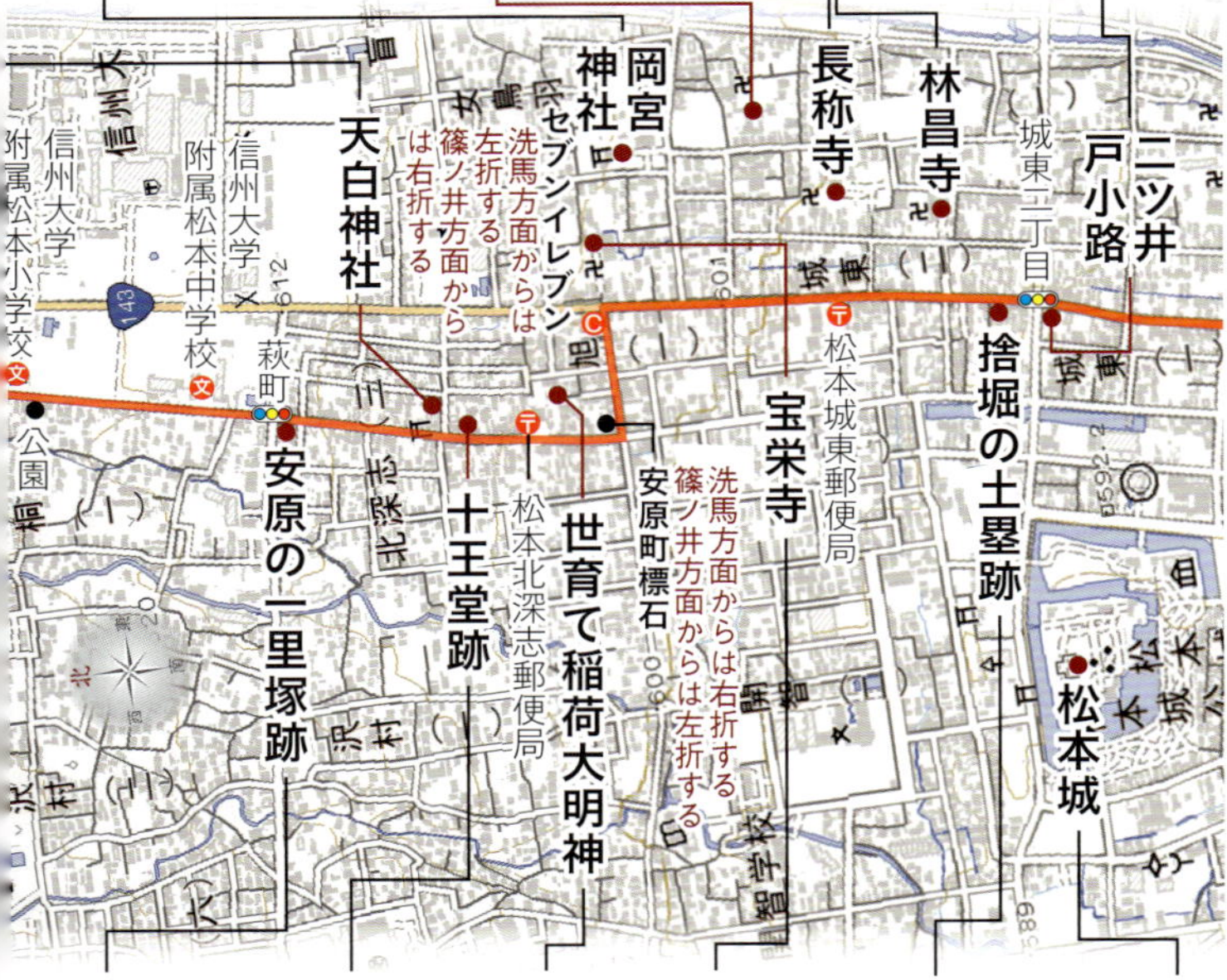
二ツ井戸小路
林昌寺
長称寺
岡宮神社
天白神社
セブンイレブン
洗馬方面からは左折する
篠ノ井方面からは右折する
城東二丁目
捨堀の土塁跡
松本城東郵便局
宝栄寺
松本城
洗馬方面からは右折する
篠ノ井方面からは左折する
安原町標石
世育て稲荷大明神
松本北深志郵便局
十王堂跡
安原の一里塚跡
萩町
信州大学附属松本中学校
信州大学附属松本小学校
公園
0
250
500m

石川数正の築いた五層天守閣は現存最古で国宝

萬年屋に残している。石川数正の子康長は幕府の許可を得ずに土塁を築き改易の一因となった

松本城鬼門の鎮護寺であった

廃仏毀釈により廃寺となった摂取院跡

松本藩は城下町の南北口に十王堂を配した

解説がある。松本城下の北口で木戸と番所があり、一里塚は木戸の左右にあった、洗馬より五里目

石川数正が岡崎から勧請し松本城の鬼門鎮護社とした。境内に寛保三年（1743）、宝暦七年（1757）、嘉永二年（1849）の常夜燈がある

リサイクルショップRBの店先にある

浅間温泉道
東約1kmに浅間温泉がある。天慶二年（939）土豪の犬飼半左衛門が発見し、「犬飼の湯」とも呼ばれた。浅間温泉は「尋常（よのつね）と異なり、臭気なく清潔にして飯を炊き、茶を煮るに風味美しく」といわれた。この温泉は松本の奥座敷と呼ばれ、慶長の頃（1596～1615）松本城主の別邸が建てられた

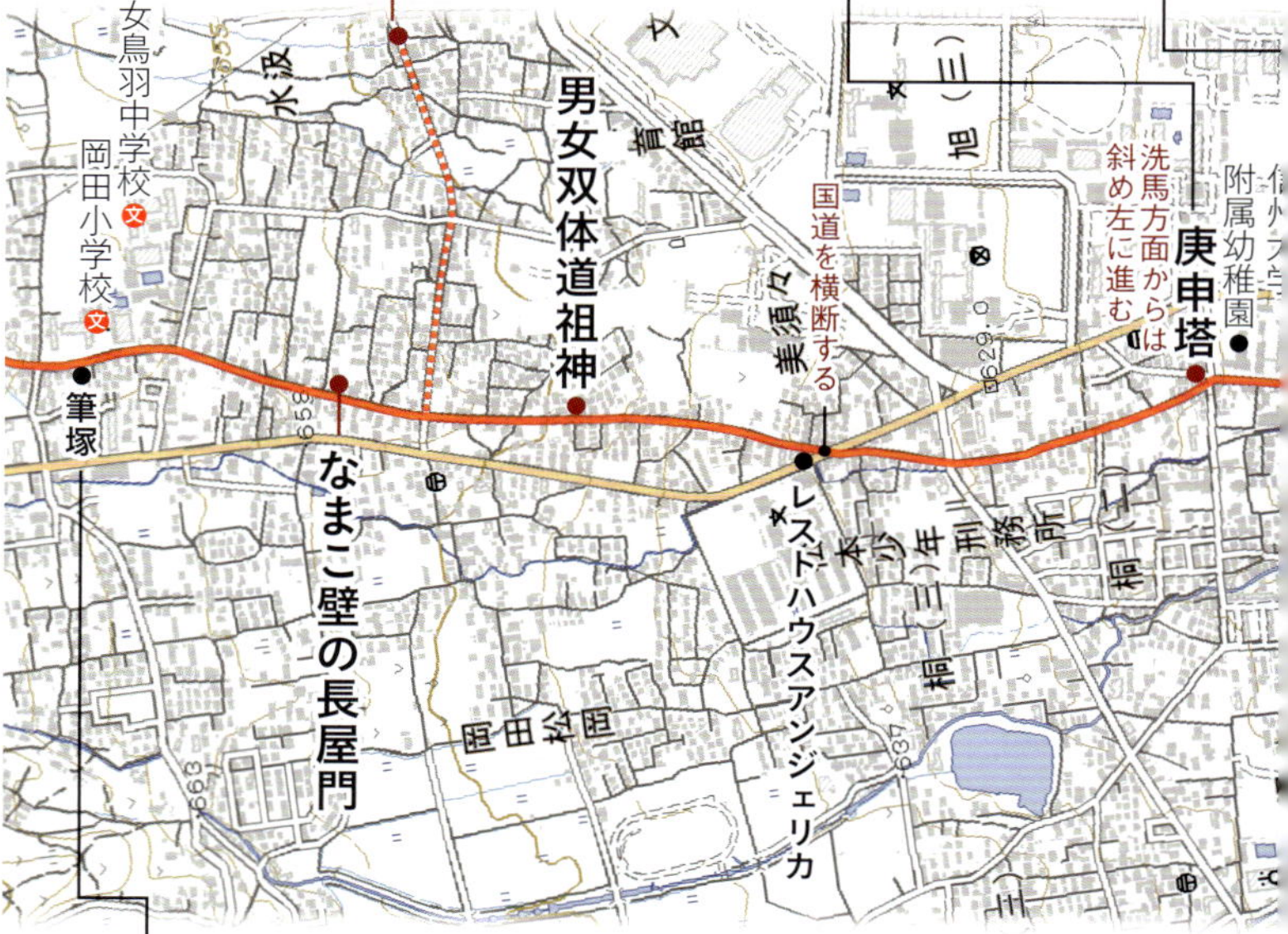

庚申塔
洗馬方面からは斜め左に進む
附属幼稚園
旭
国道を横断する
美須々
男女双体道祖神
なまこ壁の長屋門
レストハウスアンジェリカ
少年刑務所
筆塚
女鳥羽中学校
岡田小学校
岡田松岡

【石川康長改易】

石川数正は徳川家康の重臣で、家康の嫡男信康の後見人であった。天正七年（1579）織田信長の命により信康が切腹すると、数正は家康に不信を抱き、天正十三年（1585）家康を裏切り、一族を連れて大坂へ出奔し豊臣秀吉に臣従した。天正十八年（1590）数正は秀吉の命により松本城主となり城の整備に努め文禄二年（1593）死去、享年六十一歳であった。子の康長は父の意志を継ぎ城普請をさらに進めたが、徳川の世になると数正に煮え湯を飲まされた家康は康長を改易し豊後佐伯に配流した。寛永十九年（1642）康長は配所で死去、享年八十九歳であった

碑は筆の形をしている。松本藩士大澤政一の長男政恒の頌徳碑。明治二十二年（1889）岡田学校に赴任し、後に校長となり大正五年（1916）退職した

松本

5.3km 一里十町

岡田

一里二十八町 5.5km

刈谷原

エリア＝長野県松本市岡田町
最寄り駅＝松本駅 アルピコ交通 岡田線バス 仲町バス停下車

【岡田宿】岡田宿は刈谷原宿と松本宿間が長く、難所刈谷原峠を控えているため、松本藩が近在の農家を集めて新設した宿場で、宿長は南北三町四十間(約400m)であった。堅苦しい城下町の松本宿を避けた参勤の諸大名や旅人で賑わった

稲荷社と白山社の合祀社

「岡田宿問屋兼本陣跡」標柱がある。所七左衛門が勤め問屋を兼ねた。当家には「御本陣問屋七左衛門上田道荷物御廻処」看板を残している

岡田宿公園内に「江戸街道善光寺街道分岐点岡田宿跡」標柱がある

享保十一年（1726）岡田宿は幕府領と松本藩領の境となり、口留番所が設置された

岡田出張所前バス停
岡田小学校
筆塚
中部北陸自然歩道道標
岡田神社旧参道口
岡田村役場跡
合祀社
仲町バス停
地蔵堂
岡田《おかだ》
岡田宿本陣跡
岡田宿跡
道祖神
岡田町バス停
岡田口番所跡
分去れ道標
洗馬方面からはY字路を左に進む
枡形
洗馬方面からは右折する
篠ノ井方面からは左折する
蓮台場

（中北道標）「刈谷原峠3.9km」

参道口の左右に大ケヤキが聳え、享和三年（1803）の常夜燈、社標、鳥居がある

岡田村役場趾碑がある。岡田村は昭和二十九年（1954）松本市に編入された

享保六年（1721）善光寺詣でや旅人の道中安全を祈願して建立された。この辺りが岡田宿の南口で南木戸があった

この地では子供の無病息災を願う「三九郎」と呼ばれる道祖神祭りが行われる

0 250 500m

「右江戸海道　左せんく王うし道」、道祖神、明和二年（1765）の名号碑がある

江戸街道とも呼ばれた。保福寺峠を越えて上田に至る、松本藩主の参勤路であった

解説がある。かつてはこの辺を塩辛といい、縄文時代の竪穴住居跡、古墳時代の掘立柱建物跡、遺物等が多数出土している

道標「右むら道　左松本道」、堂田遺跡解説「縄文、平安時代の複合遺跡」、問屋跡解説「岡田宿開設以前の問屋場跡で所氏が勤め問屋原と呼ばれた」がある

中北道標「←刈谷原峠1.6km」

文政十二年（1829）の建立で上部の「信濃百」がある

文政十二年（1829）の建立で下部の「供養塔」がある

保福寺道
山城口バス停
洞バス停
山城バス停
塩辛遺跡
伊深バス停
道祖神
問屋原の池
信濃百番供養塔
信濃百番供養塔
石仏石塔群
廻國供養塔
馬飼《うまかい》峠分岐
洗馬方面からはY字路を右に進む
国道254号線隧道くぐる
石仏石塔群
伊深の一里塚跡
966
933

公園に解説がある。旅人の無縁墓地で棺桶を乗せる台が「蓮の花」の形をしていたところから「蓮台」と呼ばれた

「善光寺街道　岡田伊深一里塚跡」標柱と解説がある。塚木はエノキとマツであった。洗馬より六里目

明治、大正、昭和の馬頭観音や「一里塚中」と刻まれた道祖神等がある

墓地の斜面に頌徳碑、馬頭観音、百八十八番供養塔、大日如来等がある

明和四年（1767）の大乗妙典六十六部日本廻國供養塔

中北道標「↑刈谷原峠1.4km／←馬飼峠」

岡田

5.5km 一里二十八町

刈谷原

4.8km 一里十町

会田

【刈谷原宿】
刈谷原宿は「三町（約327m）程相対して巷をなす」といわれ小宿であった。宿並は弘化二年（1845）の大火で全焼、後に復興し、幕末には家数七十軒となった。栗の強飯が宿場名物であった

念仏供養塔：解説がある。寛政九年（1797）の南無阿弥陀佛名号碑。向かいには茶屋があった

商人石：解説がある。商人がここで追剥に殺され、怨念が石に乗り移ったといわれる「拳大の石」の群れがあり、景気が良いと道の上に、悪いと道の下にあったという

馬頭観音群：峠道は急峻で過酷なため死んだ馬が多く、飼い主は馬の供養や無病息災を祈願して馬頭観音を祀った

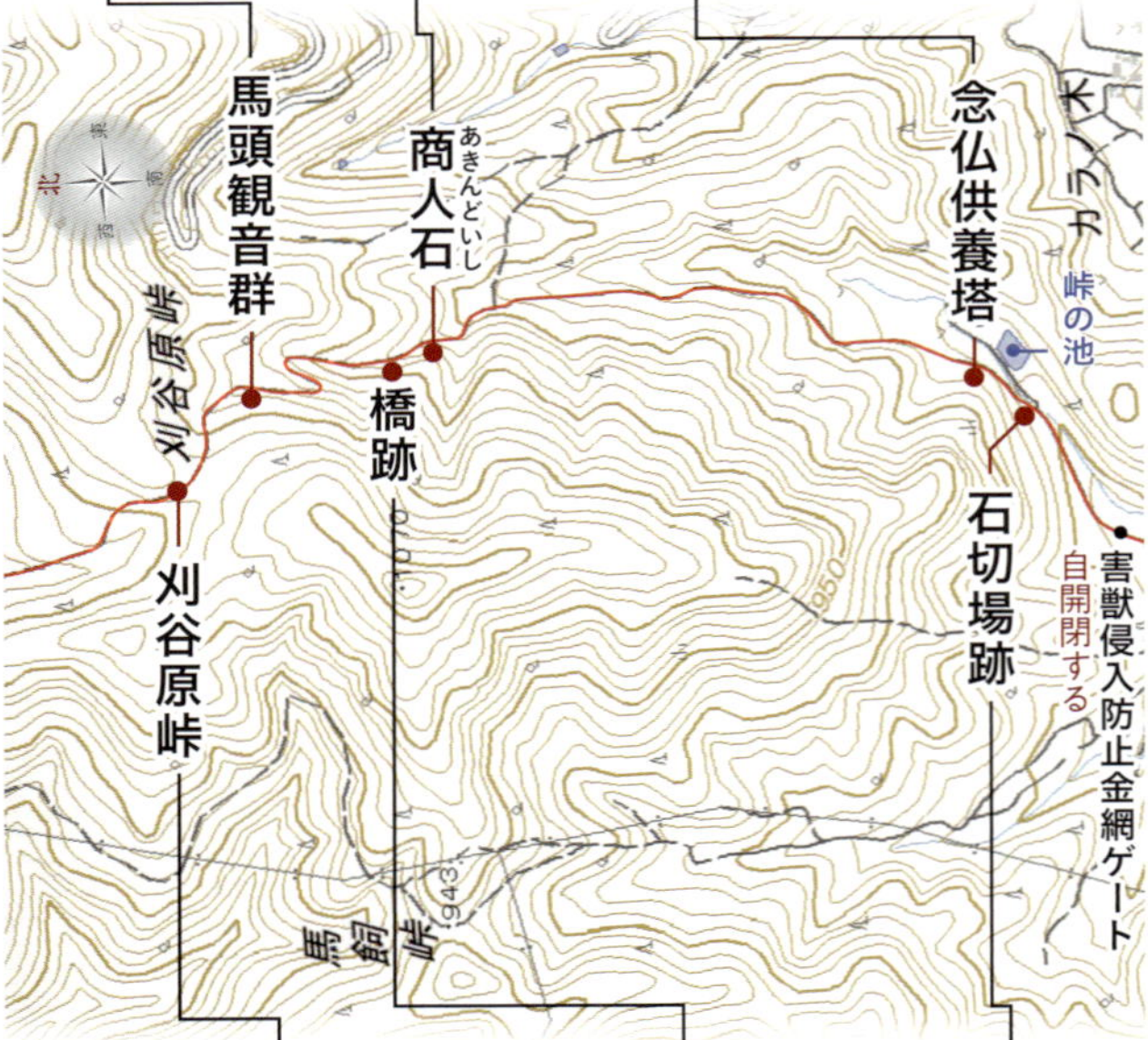

石切場跡：解説がある。石川康長は松本城太鼓門の石垣石を切り出した。巨石を運ぶ人足が苦情を訴えると康長は自らその首を刎ねたという

橋跡：解説がある。峠道を横切る川があり、橋が架けられていたが、今は暗渠になっている。慶応二年（1866）の馬頭観世音がある

刈谷原峠：標高920mで三軒あった茶屋の石垣と井戸跡を残している。刈谷原峠は刈谷原から登り二十町（約2.2km）、岡田へ下り三十町（約3.3km）の急坂で「仇坂」と呼ばれた

中北道標「←四賀村役場5.9km／→浅間温泉5.1km」

エリア＝長野県松本市刈谷原町
最寄り駅＝松本駅 アルピコ交通四賀線バス公園前（昭和）バス停下車

0　250　500m

岩上に三体の馬頭観音像が安置されている

「刈谷原峠一里塚跡」標柱がある。洗馬より七里目

砂防ダムの建設により旧道は通行不可となった

昭和七年(1932)の建立
中北道標「←四賀村役場4.4km/→刈谷原峠1.5km」
洗馬方面からはY字路を左に下る篠ノ井方面からは突当りを右折する

刈谷原峠からの旧道痕跡に元禄二年(1689)の青面金剛像庚申塔(松本市指定重要文化財)、道祖神、馬頭観世音菩薩がある。ここが刈谷原宿の南口であった

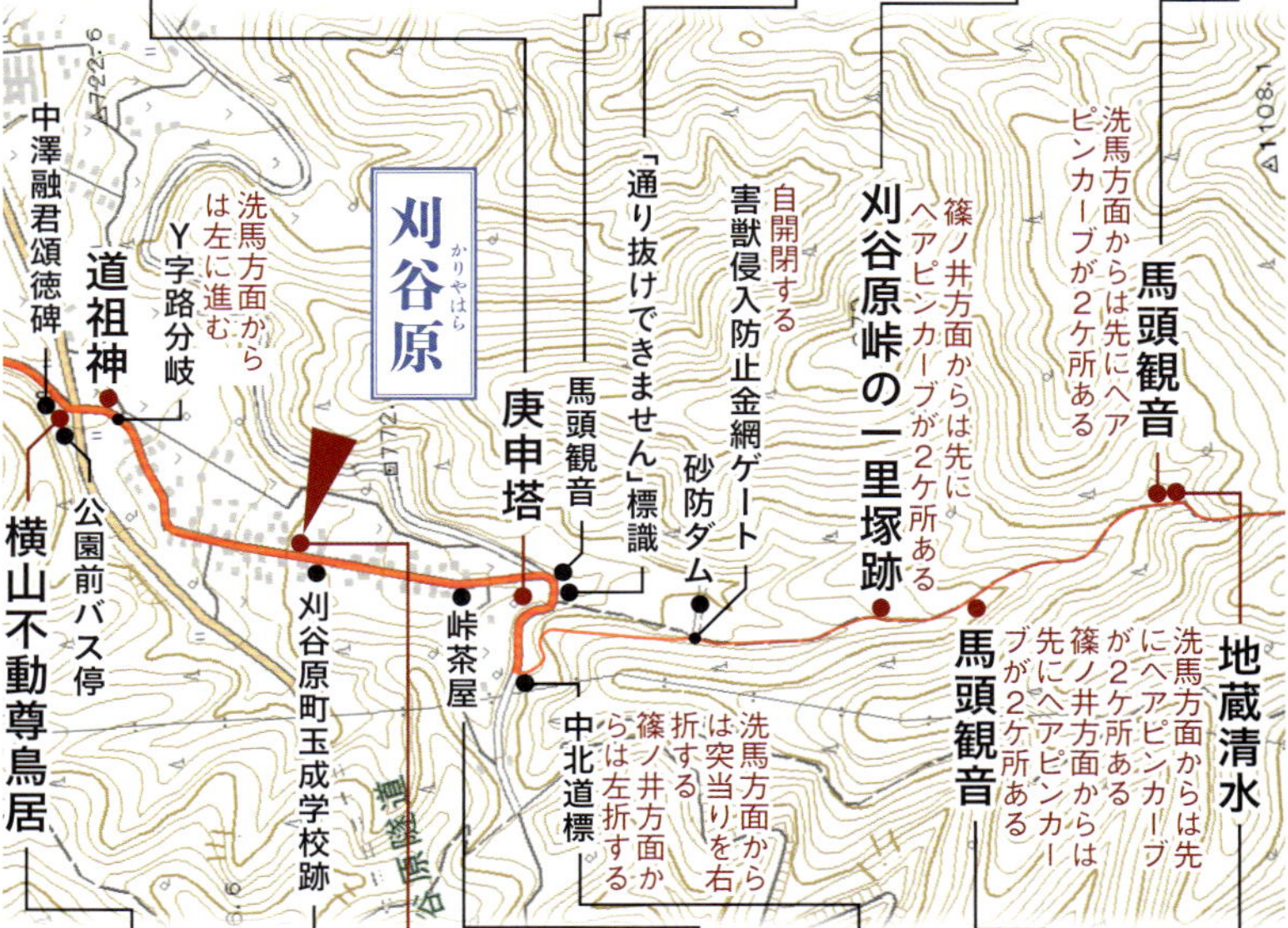

馬頭観音
洗馬方面からは先にヘアピンカーブが2ケ所ある
刈谷原峠の一里塚跡
篠ノ井方面からは先にヘアピンカーブが2ケ所ある
自開閉する
害獣侵入防止金網ゲート
「通り抜けできません」標識
砂防ダム
馬頭観音
庚申塔
刈谷原《かりやはら》
洗馬方面からは左に進む
Y字路分岐
道祖神
中澤融君頌徳碑
公園前バス停
横山不動尊鳥居
刈谷原町玉成学校跡
峠茶屋
中北道標
洗馬方面からは突当りを右折する
篠ノ井方面からは左折する
馬頭観音
洗馬方面からは先にヘアピンカーブが2ケ所ある
篠ノ井方面からは先にヘアピンカーブが2ケ所ある
地蔵清水

陽刻地蔵立像と地蔵立像が安置され、清水跡がある

岩上に嘉永六年(1853)の馬頭観音像が安置されている

「←四賀村役場4.4km/→刈谷原峠1.5km」

通所介護施設宅老所

刈谷原宿脇本陣跡
中澤家が勤め下問屋を兼ねた

標柱がある

社殿は段上に鎮座している。参道口には筆塚等がある
中北道標「←四賀村役場3.7km/→刈谷原峠2.2km」

「神饌幣帛料供進神社」

「←四賀村役場3.2km／↓刈谷原峠2.7km」

洗馬方面からは突当りを左折する
篠ノ井方面からは右折する

擁壁上に馬頭観世音、天保三年（1832）の馬頭観音像、陽刻地蔵尊が安置されている

並びに元治元年（1864）の庚申塔がある

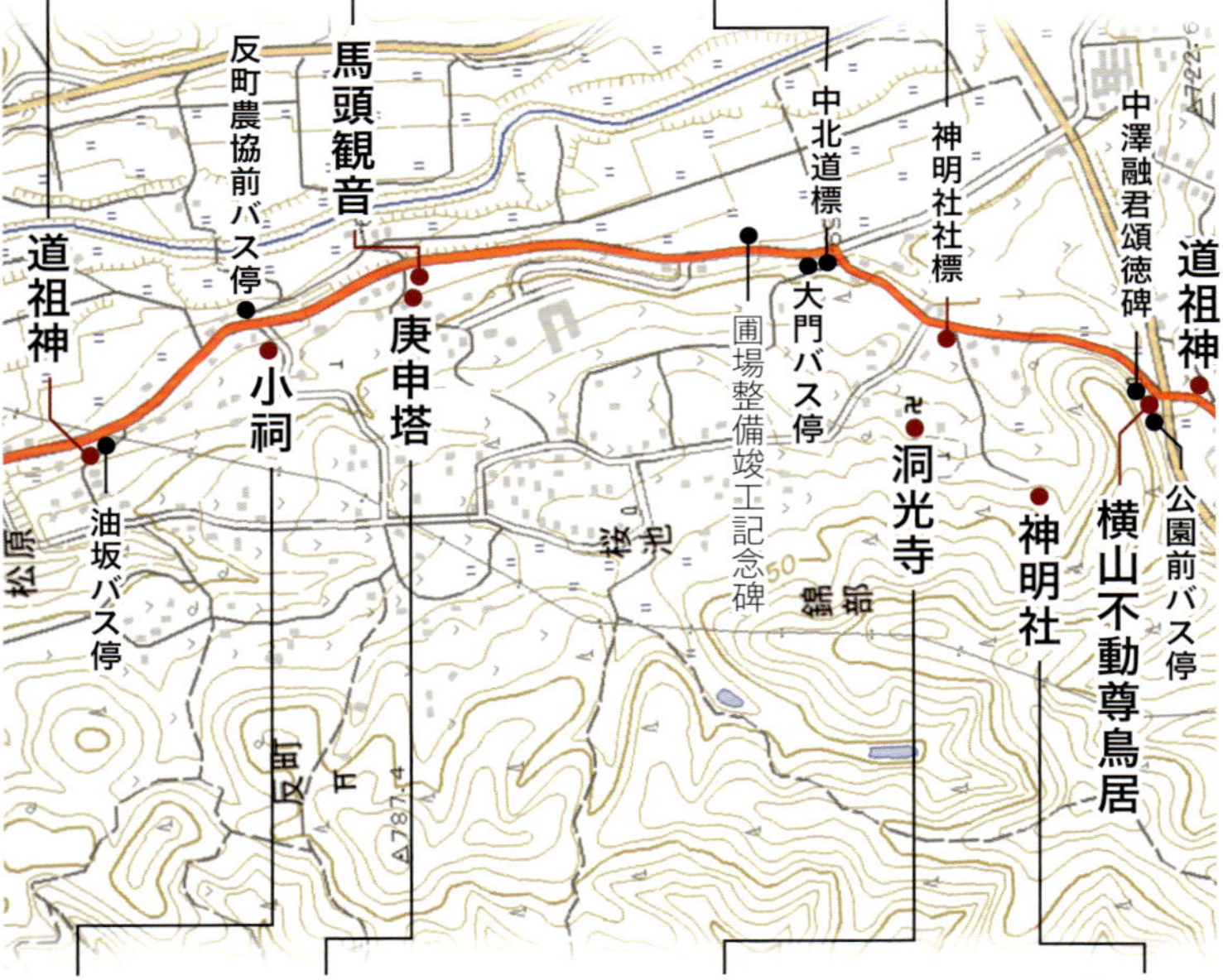

道祖神
中澤融君頌徳碑
神明社社標
中北道標
馬頭観音
反町農協前バス停
道祖神
公園前バス停
横山不動尊鳥居
神明社
洞光寺
大門バス停
圃場整備竣工記念碑
庚申塔
小祠
油坂バス停

0 250 500m

明治から終戦に至るまで勅令に基づき県知事から歳費等が供された

兜石がある。木曽義仲は会田麻績の戦いに際し、この石に兜を置いて戦勝祈願し、平家方との初戦に勝利した。鷹巣根（刈谷原）城主太田弥助（太田道灌の一族）の墓がある、天文二十一年（1552）武田晴信（信玄）の攻めにより落城し戦死した

擁壁上に庚申塔、道祖神二基が安置されている

庚申塔、嘉永年間（1848～54）の道祖神が安置されている

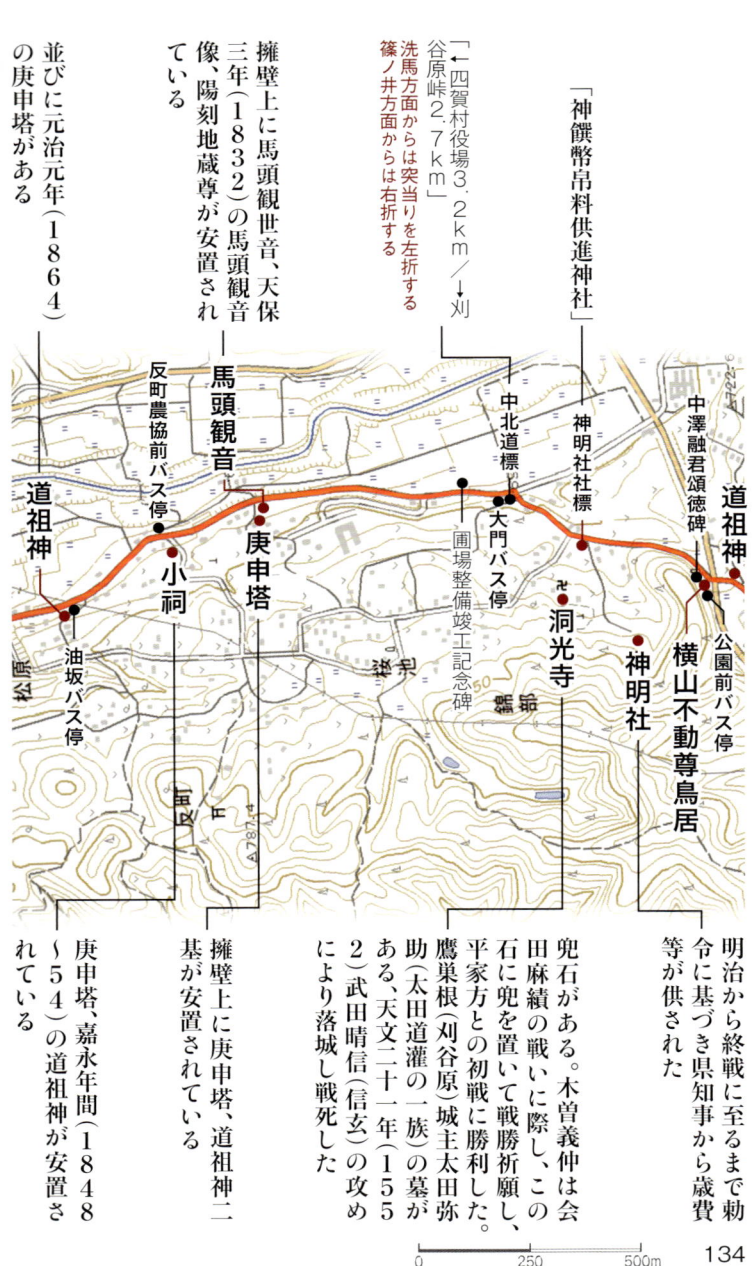

標柱がある。洗馬より八里目

「↑四賀村役場1.1km」

楼門手前の参道に南無阿弥陀佛名号碑、法華千部供養塔がある。本尊の木造阿弥陀如来立像は江戸時代前半の造立で松本市重要文化財

嘉永二年(1849)の大乗妙典日本廻國塔と並びに水神碑が祀られている

【宿泊】
H I KAJIYA(農家民宿)
☎0263(64)3387
※街道より離れるため要問合せ

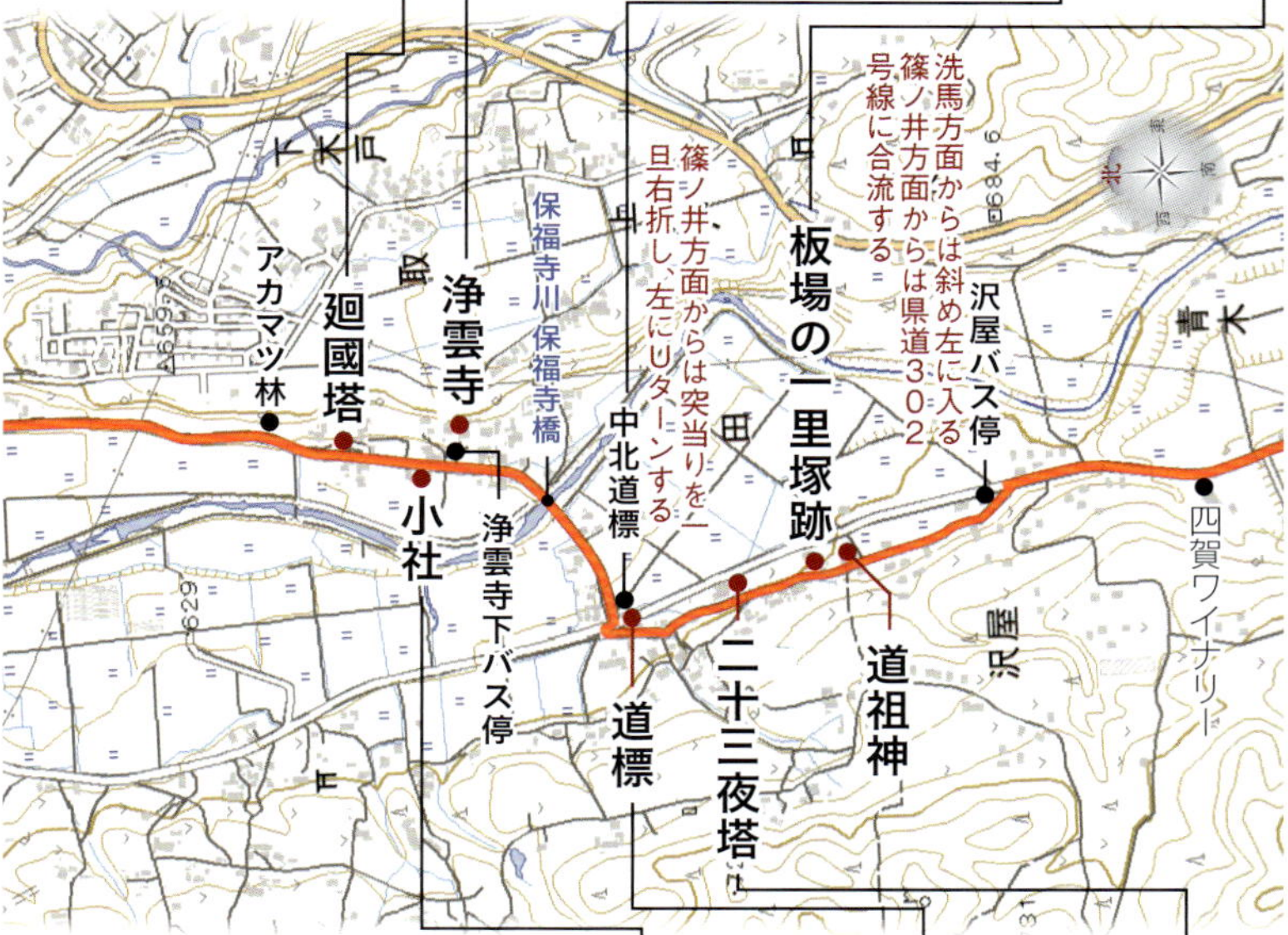

板場の一里塚跡
洗馬方面からは斜め左に入る
篠ノ井方面からは県道302号線に合流する
沢屋バス停
四賀ワイナリー
沢屋
青木
道祖神
二十三夜塔
道標
中北道標
篠ノ井方面からは突当りを一旦右折し、左にUターンする
保福寺川
保福寺橋
浄雲寺
浄雲寺下バス停
小社
廻國塔
アカマツ林
下大戸

板場講中安全と刻まれた石祠に善光寺三十三度供養塔と馬頭観音像が安置されている

表面が剥落し「・・光寺道」のみを残している

洗馬方面からはスグ先で県道に合流し、右にUターンして左折する

黒姫龍神、雲清龍神を祀っている

【会田宿】
小県の海野幸継(ゆきつぐ)は中信地方に進出し、次男の会田小次郎がこの地を支配した。文久三年(1863)の記録によると会田宿の宿内家数は百十七軒、うち本陣一、脇本陣一、問屋場二、旅籠十四軒で宿長は七町四十四間(約844m)であった。南に刈谷原峠、北に立峠の難所を控え賑わった

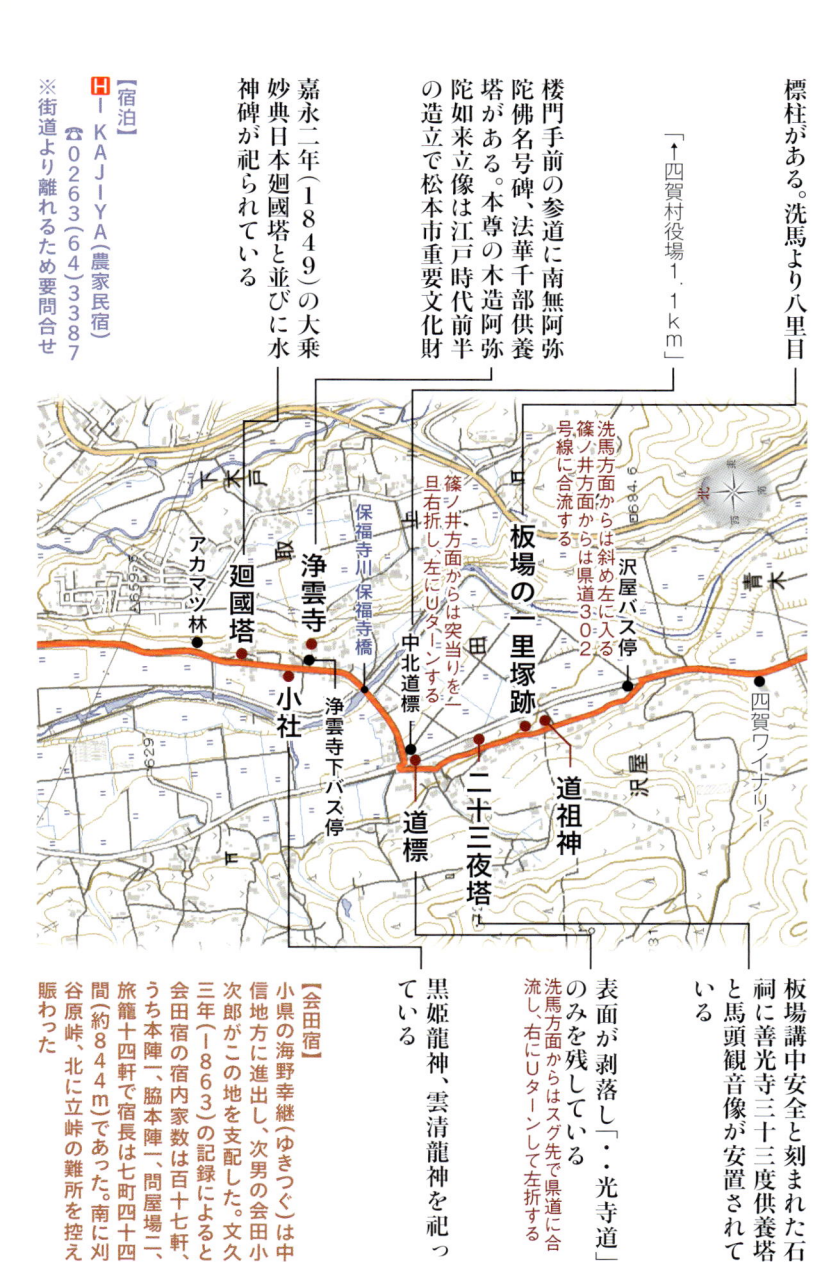

刈谷原

4.8km 一里十町

会田

10.9km 三里

青柳

エリア＝長野県松本市会田
最寄り駅＝松本駅 アルピコ交通四賀線バス四賀支所バス停下車

道祖神、馬頭観音等がある

「右いせ道 左ぜんかうし道」

常夜燈、異形の松、火の見ヤグラがある

対である。安政二年(1855)の建立(松本市指定重要文化財)

会田小次郎の位牌がある。楼門や本堂には家紋「六文銭」を掲げている

廣田寺参道口

祠内に嘉永二年(1849)の馬頭観音像が安置され、祠脇には馬頭観世音がある

石仏石塔群
会田川 会田大橋
洗馬方面からは左折する
篠ノ井方面からは右折する
道標
会田宿
津島神社碑
鶴屋
会田《あいだ》
廣田寺《こうでんじ》
善光寺常夜燈
念佛供養塔
馬頭観音
道祖神
会田宿上の問屋跡
道標
大町道
旧型郵便ポスト
会田橋 岩井堂川
会田宿本陣跡
釣瓶井戸
会田宿モニュメント
松本市役所四賀支所
柳屋前バス停
0
250
500m

木造燈籠に「善光寺街道会田宿」と記されている

旧四賀村役場

「會田宿本陣之跡」碑がある。横内家が勤めた

洗馬方面からは右折する
篠ノ井方面からは左折する

越後の糸魚川に至る

上部が欠け「・・光寺道 京いせ道」を残している

堀内家が勤め、江戸時代後期には本陣も兼ねた

祠内に男女双体道祖神と二基の道祖神が祀られている

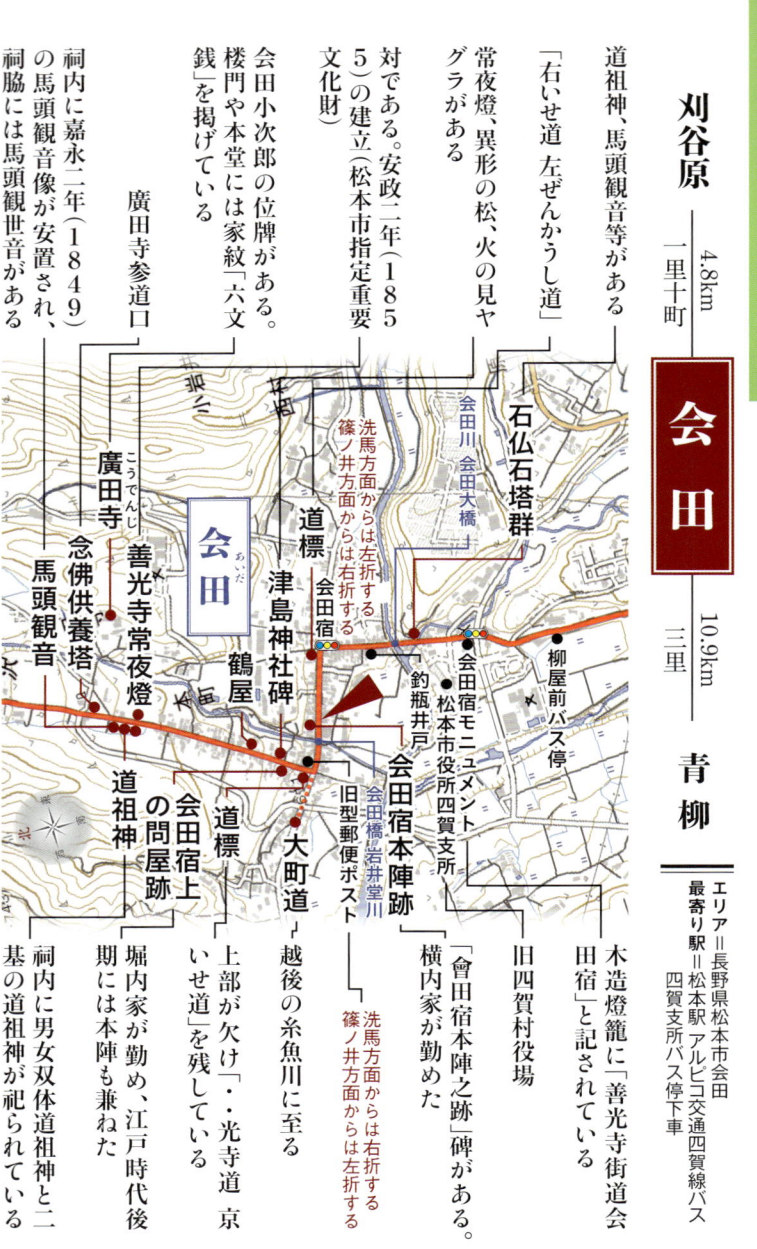

天明年間（1781~9）から寺子屋を開き剣法を指南した（松本市指定重文）

「弘法大師袈裟掛松跡」碑や嘉永二年（1849）の芭蕉句碑「身にしみて大根からし秋の風」等がある

武田信玄の五男五郎盛信が父の菩提を弔うために再興した。本堂、庫裏、鐘楼は国登録有形文化財

岩井堂観音への北参道口

ダム越しに虚空蔵山が望める

標柱がある。虚空蔵山は信仰の山であった。会田小次郎の山城があったところから会田富士とも呼ばれた

文化十四年（1817）の三面六臂忿怒像で善光寺街道中最大（松本市指定重文）

「峠までもう少し」

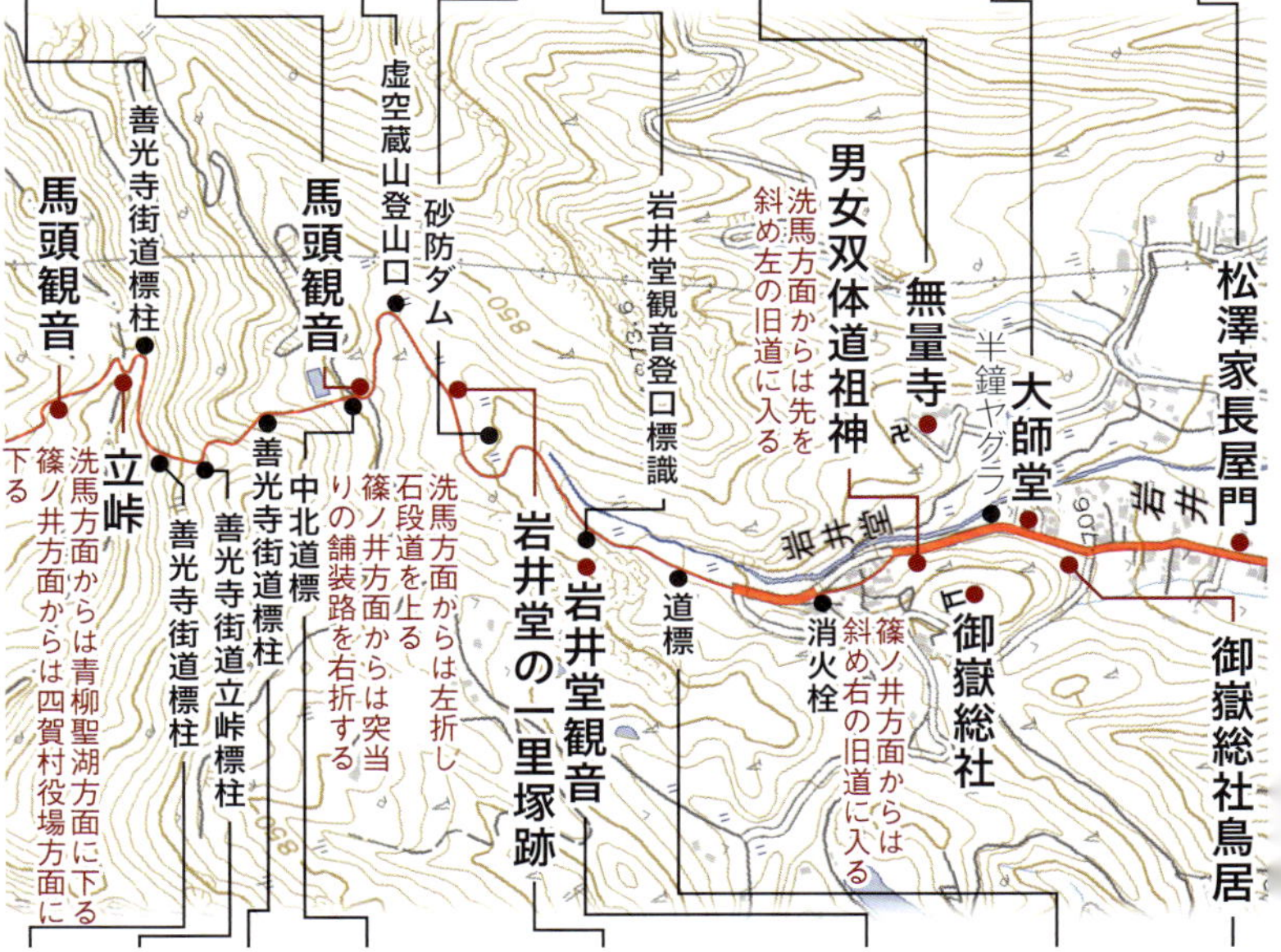

松澤家長屋門
御嶽総社鳥居
岩井
大師堂
半鐘ヤグラ
無量寺
男女双体道祖神
洗馬方面からは先を斜め左の旧道に入る
御嶽総社
篠ノ井方面からは斜め右の旧道に入る
消火栓
道標
岩井堂観音
岩井堂の一里塚跡
岩井堂観音登口標識
砂防ダム
洗馬方面からは左折し石段道を上る
篠ノ井方面からは突当りの舗装路を右折する
虚空蔵山登山口
馬頭観音
中北道標
善光寺街道標柱
善光寺街道立峠標柱
善光寺街道標柱
善光寺街道標柱
馬頭観音
立峠
洗馬方面からは青柳聖湖方面に下る
篠ノ井方面からは四賀村役場方面に下る

中北道標「←立峠2.0km／→四賀村役場1.5km」

「左善光寺近道　弘法大師霊場」、岩井堂観音への南参道口

千手観音坐像が安置され、境内には地蔵菩薩や大黒天の磨崖仏等がある

解説がある。洗馬より九里目。馬頭観音三基と「うつつの清水の水溜め石」がある。

弘法大師が掘り当てた虚空蔵山麓の名水

「←立峠0.6km／→四賀村役場2.9km」「立峠登り口」標柱

「立峠まで一〇〇〇m」

「峠まで五〇〇m」

「峠まで三〇〇m」

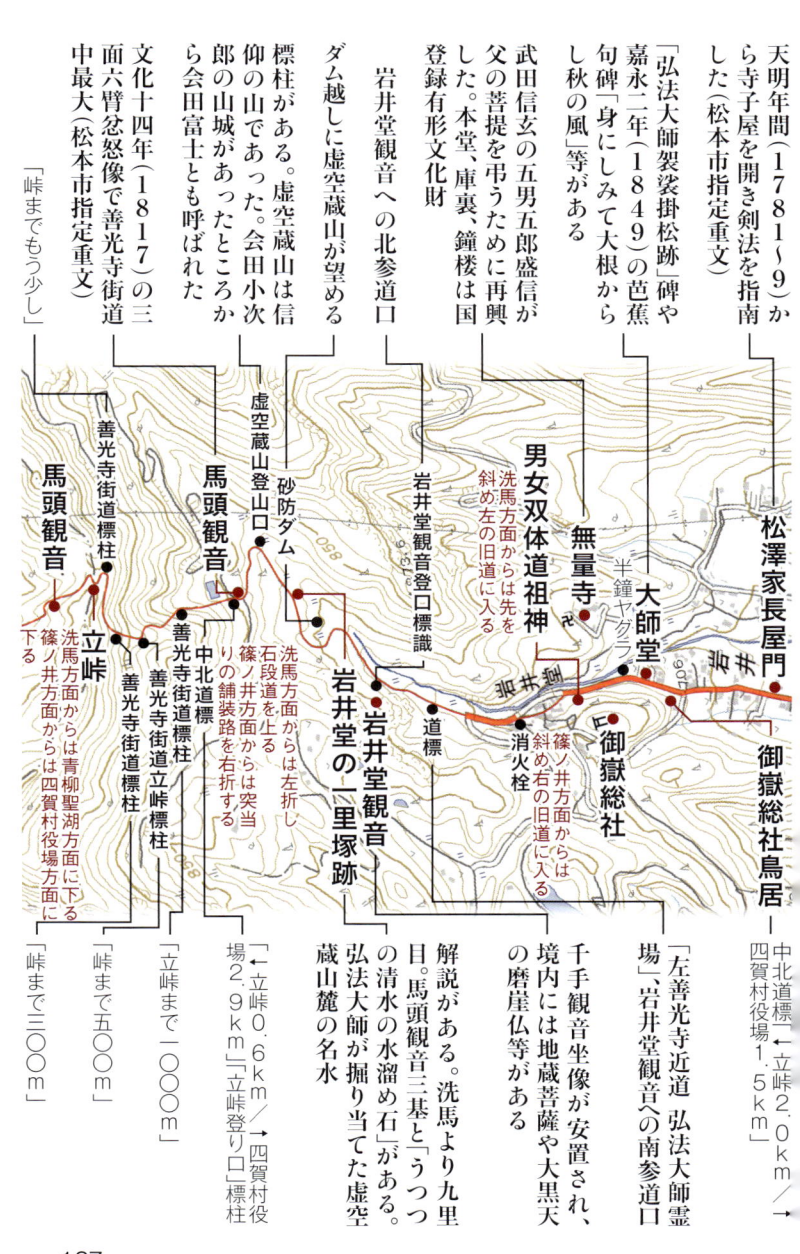

苔むした陽刻馬頭観音像

筑北村指定史跡

筑北村指定史跡

善光寺街道（芭蕉の小径）概念図
「更科紀行」の芭蕉は姨捨山観月のため麻績に向かった

洗馬方面からは突当りの舗装路を左折する
篠ノ井方面からは右折して石畳道に入る

「←聖湖18.8km／→立峠1.0km」

三面六臂の馬頭観音像がある

「←聖湖18.5km／→立峠1.3km」

「善光寺街道 乱橋宿」標柱がある。会田宿と青柳宿の中間に位置する「間の宿」であった。乱橋は「弥陀の橋」が転訛したものという

安政五年（1858）の建立

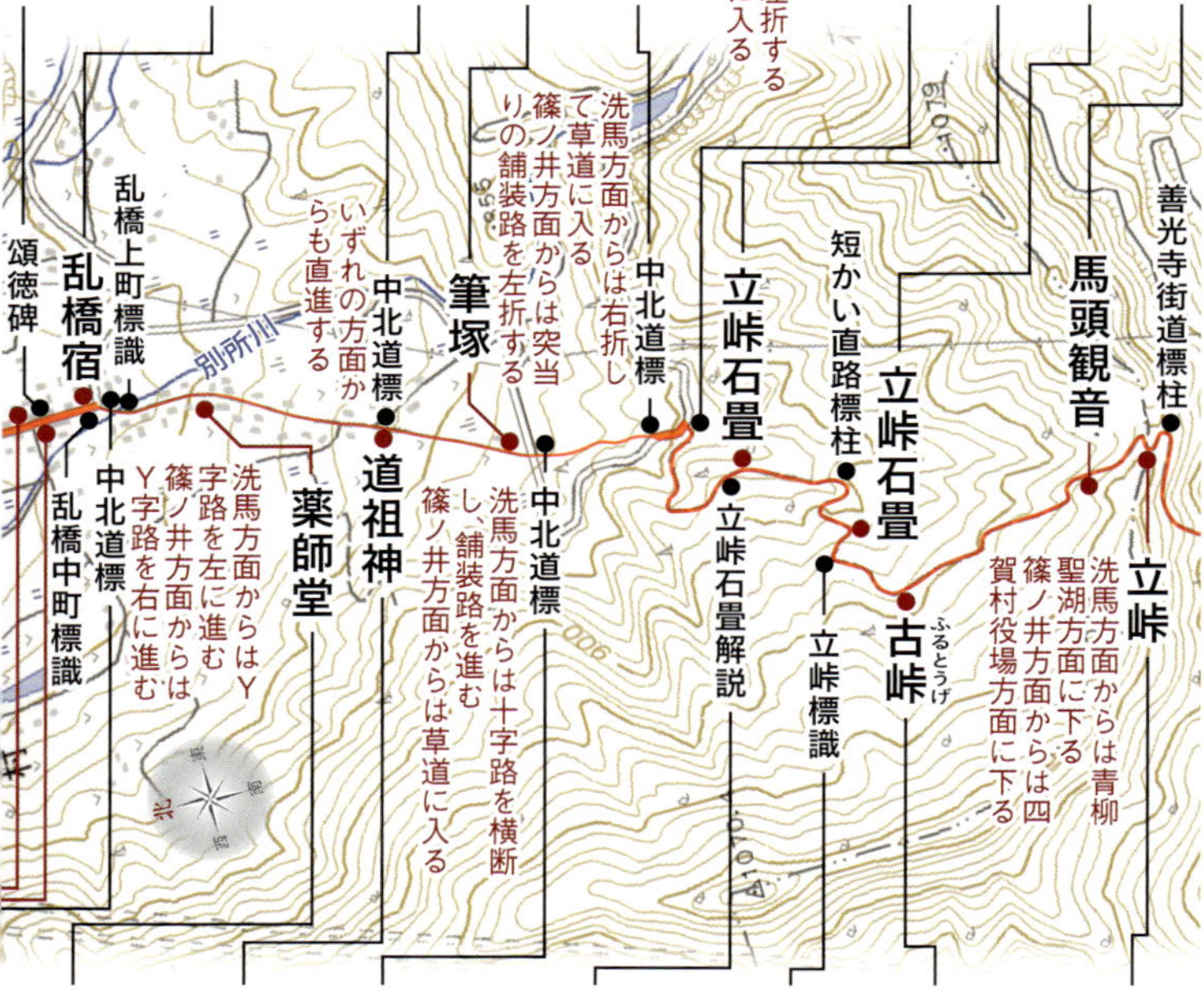
善光寺街道標柱
馬頭観音
立峠
洗馬方面からは青柳聖湖方面に下る
篠ノ井方面からは四賀村役場方面に下る
古峠《ふるとうげ》
立峠石畳
短かい直路標柱
立峠標識
立峠石畳
立峠石畳解説
中北道標
洗馬方面からは右折して草道に入る
篠ノ井方面からは突当りの舗装路を左折する
筆塚
中北道標
洗馬方面からは十字路を横断し、舗装路を進む
篠ノ井方面からは草道に入る
道祖神
中北道標
いずれの方面からも直進する
薬師堂
洗馬方面からはY字路を左に進む
篠ノ井方面からはY字路を右に進む
別所川
乱橋上町標識
乱橋宿
頌徳碑
中北道標
乱橋中町標識
0
250
500m

聖山方面への眺望が開け、四軒の茶屋があり、中でも「みたらしや」が一番大きかった

標識がある、古代の東山道であった。奥に地蔵原標柱があり、陽刻の地蔵立像がある

「芭蕉の小径」

将軍が変わるたびに巡見使の通行があり、その都度峠の道普請が行われた。村人は石畳を敷設し、その苦役から解放された

「←聖湖18.7km／→立峠1.1km」

台石上に男女双体道祖神と庚申塔がある

上町公民館の裏にある。十王堂跡標柱や百番観世音供養塔等がある

本町口バス停（筑北村営バス）がある

「←善光寺／→立峠」

「←聖湖17.9km／→立峠1.9km」

綿の実を握り合う大小の男女双体道祖神がある。この地は綿栽培が盛んであった

標柱がある。水溜りに馬頭観世音が二基ある

明治の建立

「←聖湖16.9km／→立峠2.9km」

「村指定史跡中の峠一里塚」、標柱、洗馬より十里目

標柱がある

斜面に二社が祀られている

「←青柳4.3km聖湖15.9km／→立峠3.9km」

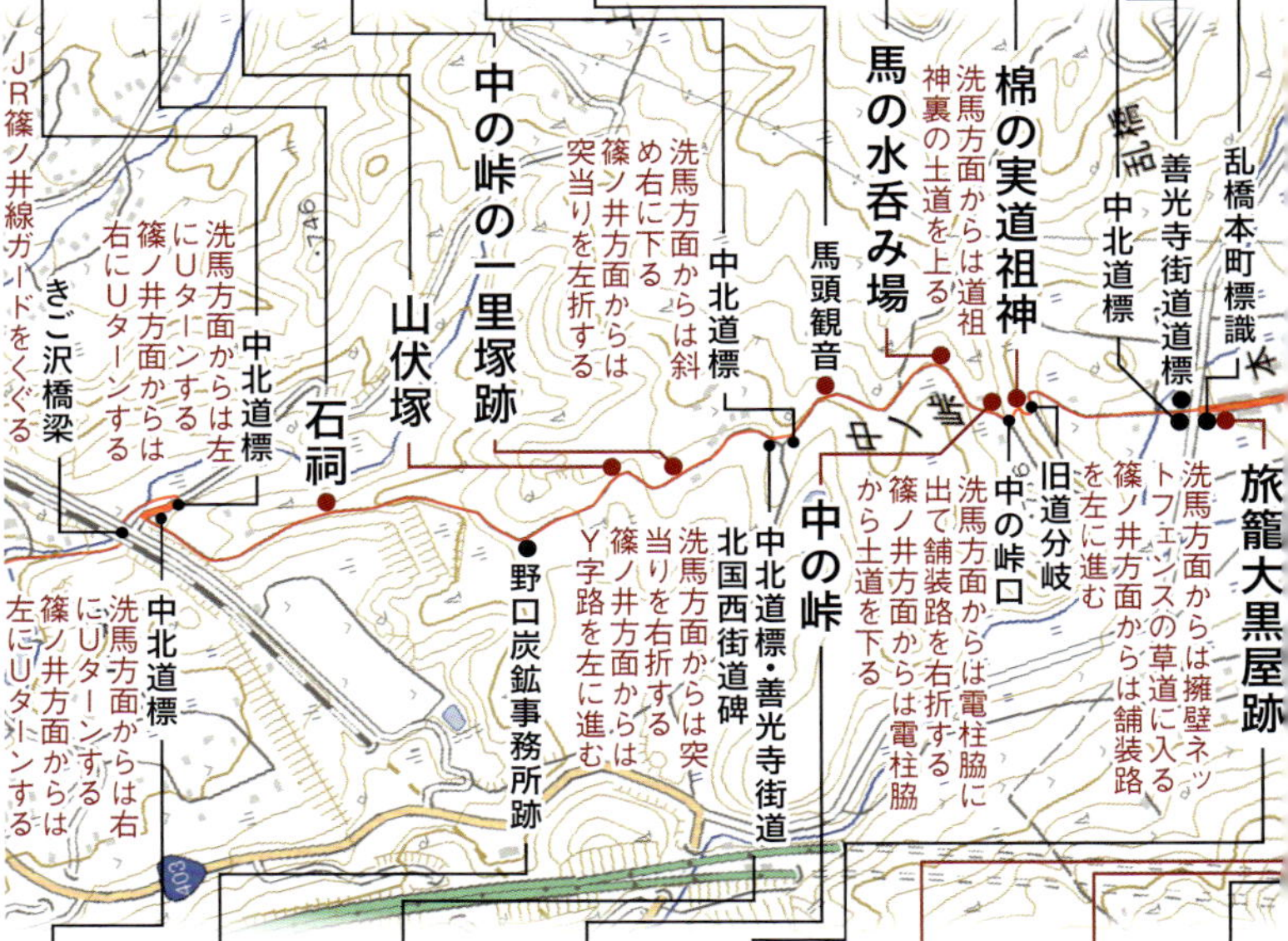

乱橋本町標識
善光寺街道道標
中北道標
棉の実道祖神
洗馬方面からは道祖神裏の土道を上る
馬の水呑み場
馬頭観音
中北道標
洗馬方面からは斜め右に下る
篠ノ井方面からは突当りを左折する
中の峠の一里塚跡
山伏塚
石祠
中北道標
洗馬方面からは左にUターンする
篠ノ井方面からは右にUターンする
きご沢橋梁
JR篠ノ井線ガードをくぐる
旅籠大黒屋跡
洗馬方面からは擁壁ネットフェンスの草道に入る
篠ノ井方面からは舗装路を左に進む
旧道分岐
中の峠口
洗馬方面からは電柱脇に出て舗装路を右折する
篠ノ井方面からは電柱脇から土道を下る
中の峠
中北道標・善光寺街道北国西街道碑
洗馬方面からは突当りを右折する
篠ノ井方面からはY字路を左に進む
野口炭鉱事務所跡
中北道標
洗馬方面からは右にUターンする
篠ノ井方面からは左にUターンする
403

「←聖湖18.1km／→立峠1.7km」

乱橋村高札場跡

標柱がある

旅籠古久屋跡

門構えと大マツがある

正岡子規が宿泊した

題目碑や物種太郎塚等がある。「ものぐさ者」であったが都で出世したという

「←聖湖16.9km／→立峠2.9km」

標柱がある。年間七千トンの石炭を採掘し、西条駅に搬送した

「←青柳4.3km聖湖15.9km／→立峠3.9km」

三面六臂馬頭観音像、安政二年（１８５５）の馬頭観世音、文化十二年（１８１５）の馬頭観音像が並んでいる

本城村道路元標と本城村役場跡碑がある。明治二十二年（１８８９）東条村、西条村、乱橋村、大沢新田村が合併し本城村となった。平成十七年（２００５）更に坂井村、坂北村と合併し筑北村が発足した

本尊は馬頭観音で馬の寺として篤く信仰された。仁王門脇に西条村の高札場があった

【観音寺の絵馬】
千頭の馬の中に一頭だけ牛がいる絵馬がある。この牛を見つけた者は幸せになれるが、他言するとご利益が無くなるという

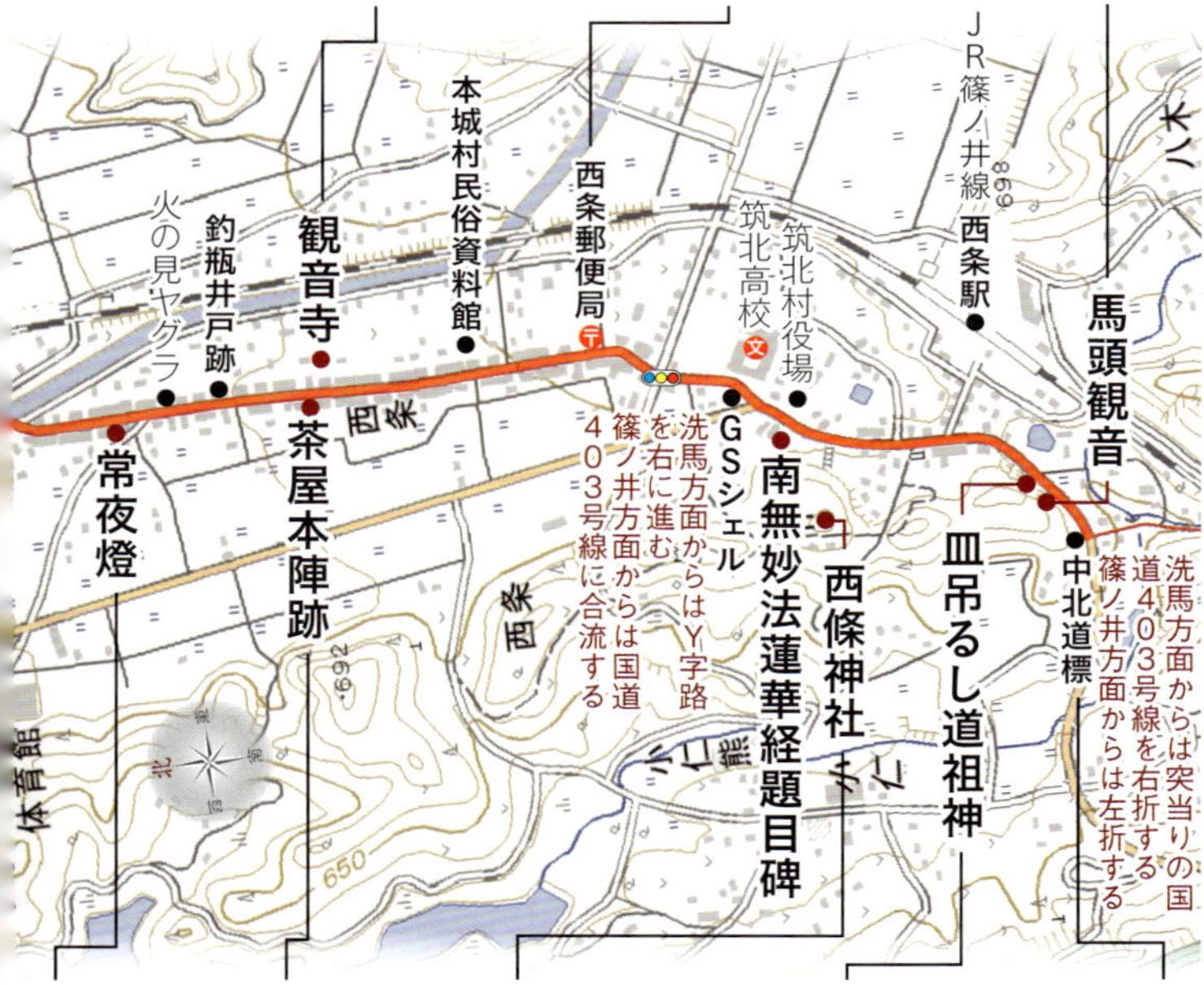
JR篠ノ井線
西条駅
馬頭観音
筑北高校
筑北村役場
西条郵便局
本城村民俗資料館
観音寺
釣瓶井戸跡
火の見ヤグラ
常夜燈
茶屋本陣跡
西条
GSシェル
洗馬方面からはY字路を右に進む
篠ノ井方面からは国道403号線に合流する
南無妙法蓮華経題目碑
西條神社
皿吊るし道祖神
中北道標
洗馬方面からは突当りの国道403号線を右折する
篠ノ井方面からは左折する
体育館
650
692
699
0
250
500m

「↓青柳４．０ｋｍ聖湖１５．６ｋｍ／↑立峠４．２ｋｍ」

崖をくり抜いた中に男女双体道祖神が祀られている。「皿吊るし」はこの地の小字名。武田晴信（信玄）の軍師山本勘助が「目の快癒」を願掛けしたという

社殿は山上に鎮座し、境内には地蔵堂がある

西条村は「間の宿」で、南に中の峠、立峠を控え賑わった

天保十年（１８３９）の建立、並びに石祠がある

洗馬方面からは渡詰めを左折する

日帰り入浴施設 0263(66)1126 単純硫黄冷鉱泉

馬頭観世音

「←青柳2.1km聖湖13.7km／→立峠6.1km」

「麻績組合高等小学校坂北分教場跡」標柱と昭和二年(1927)の「縣道西街道」標石がある

「←青柳1.6km聖湖13.2km／→立峠6.6km」

享和元年(1801)の馬頭観音像と甲子供養塔がある

明治三十三年(1900)築の旧坂北村役場。「縣道西街道」標石がある

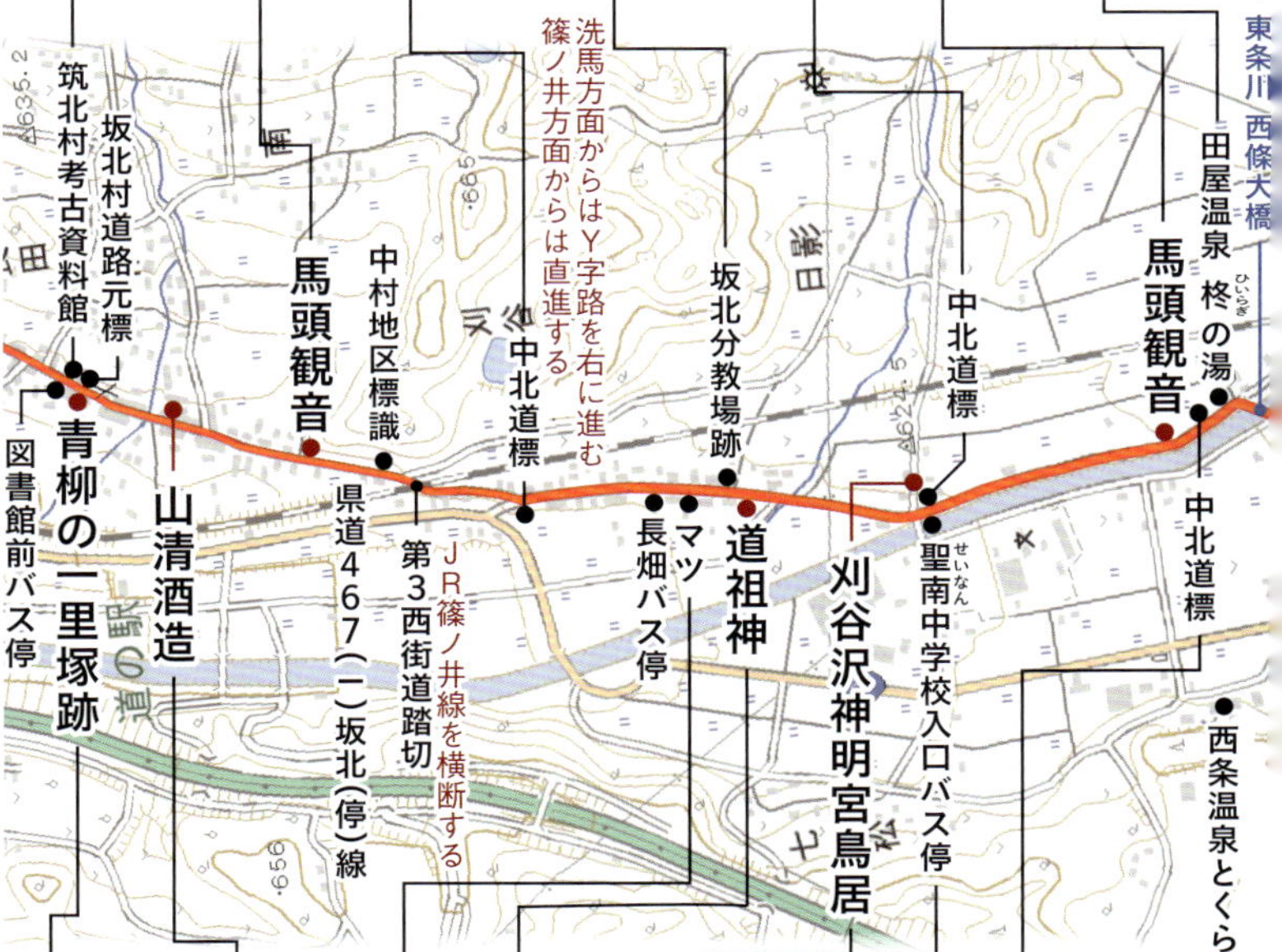

東条川 西條大橋
田屋温泉 柊《ひいらぎ》の湯
馬頭観音
中北道標
西条温泉とくら
中北道標
聖南《せいなん》中学校入口バス停
刈谷沢神明宮鳥居
坂北分教場跡
道祖神
マツ
長畑バス停
洗馬方面からはY字路を右に進む
篠ノ井方面からは直進する
中北道標
JR篠ノ井線を横断する
中村地区標識
第3西街道踏切
県道467(一)坂北(停)線
馬頭観音
山清酒造
坂北村道路元標
筑北村考古資料館
青柳の一里塚跡
図書館前バス停

宿泊可能 0263(66)2114 硫化水素の天然温泉

「←青柳2.4km聖湖14.0km／→立峠5.8km」

筑北村営バス

鳥居前には安政五年(1858)の常夜燈が対である。社殿は四阿屋(あずまや)山麓に鎮座している

火の見ヤグラの足元にある

街道に張り出している

創業寛文五年(1665)銘酒「山清」の蔵元であったが廃業した

一里塚跡標柱がある。洗馬より十一里目

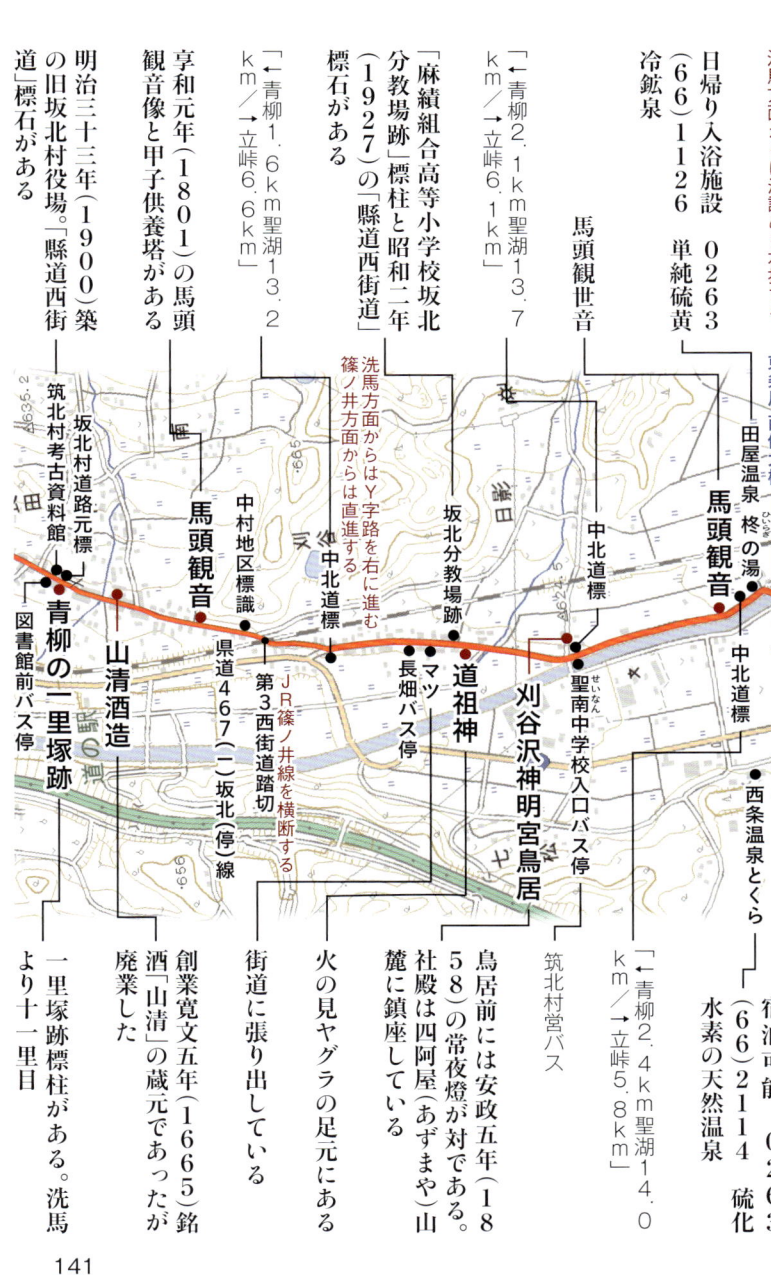

会田　10.9km 三里

青柳

5.3km 一里十町　麻績

エリア＝長野県東筑摩郡筑北村坂北
最寄り駅＝JR篠ノ井線 坂北駅

【青柳宿】戦国時代、青柳氏の城下町として開け、松本城主石川康長によって整備された。青柳宿は三方を山で囲まれた坂の宿場で建物は石垣上に建てられ、宿長は五町二十八間（約596m）で宿内家数は八十九軒であった

［↓青柳0.5km聖湖12.1km／↑松本四賀支所11.2km］

庚申塔、道祖神、狛犬がある

白い布を巻き付けて祈願すると腰痛にご利益がある

昭和町と青柳町の境

墓地前に文政三年（1820）の名号碑、二十三夜塔、文久元年（1861）の大日如来馬頭観世音等がある

標柱がある。石垣の下に用水路が通っている

遺構を残している。領主青柳氏の子孫青柳家が勤め問屋を兼ねた

旧屋号札を掲げている

洗馬方面からは左折する
篠ノ井方面からは右折する

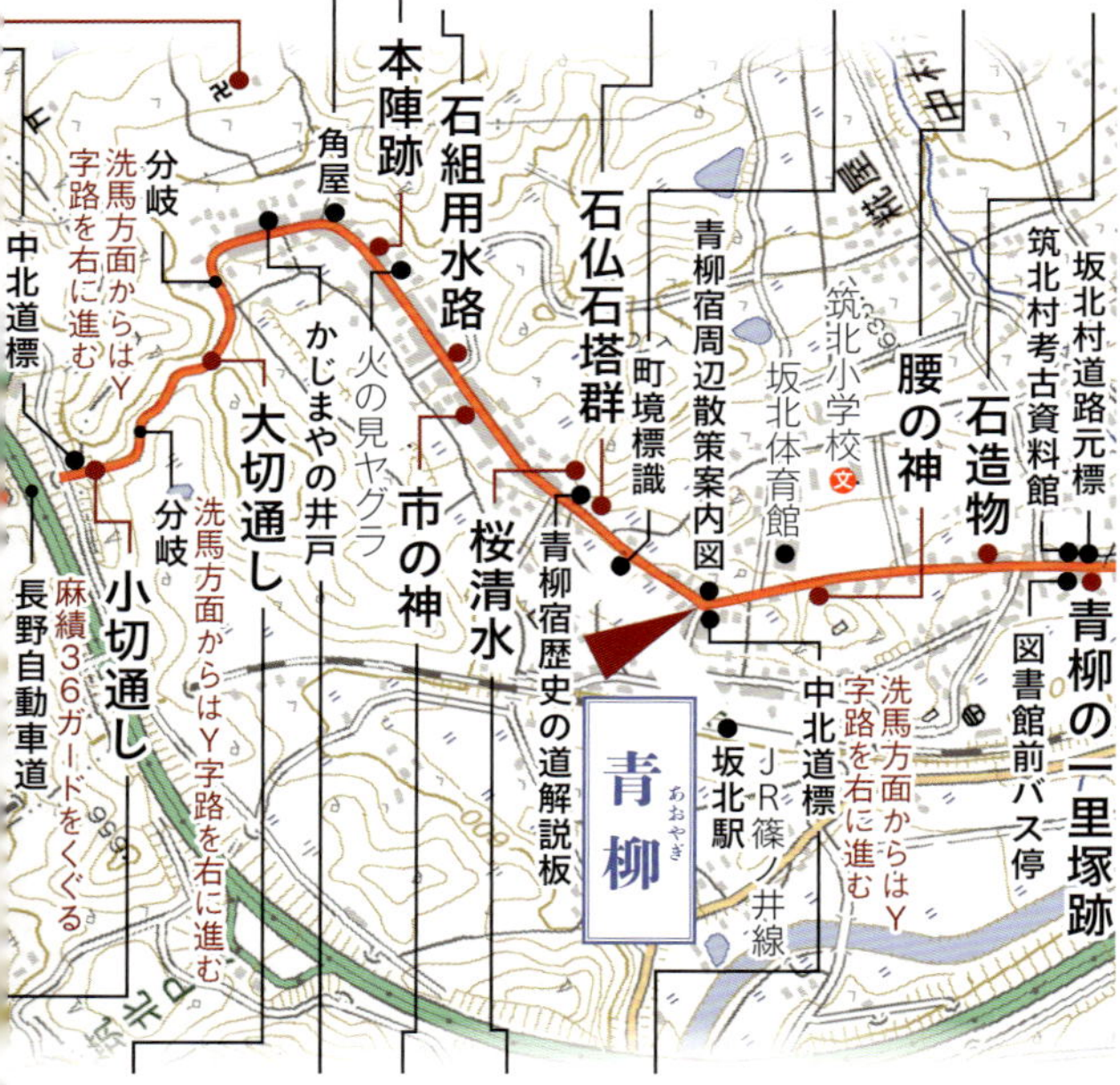
坂北村道路元標
筑北村考古資料館
石造物
腰の神
筑北小学校
坂北体育館
青柳宿周辺散策案内図
町境標識
石仏石塔群
石組用水路
本陣跡
角屋
分岐
洗馬方面からはY字路を右に進む
中北道標
かじまやの井戸
火の見ヤグラ
大切通し
市の神
桜清水
青柳宿歴史の道解説板
青柳の一里塚跡
図書館前バス停
洗馬方面からはY字路を右に進む
中北道標
坂北駅
JR篠ノ井線
青柳《あおやぎ》
洗馬方面からはY字路を右に進む
分岐
小切通し
麻績36ガードをくぐる
長野自動車道
0
250
500m

共同井戸であった。南無妙法蓮華経題目碑等がある

市の守護神

共同井戸であった

天正八年（1580）青柳頼長により切り開かれ、その後、三度切り広げられた。岩面には普請記録と馬頭観音が刻まれ、辺りには百体観音等がある

清長寺
天正元年(1573)青柳城主青柳頼長の開基で青柳家の菩提寺

「←聖湖10.9km/→青柳0.5km四賀村役場12.4km」

昭和の建立群で中に日支事変出征馬がある

筑北村バス滑沢線

石祠の市神があり、並びに筆塚、如意輪観音像、地蔵尊がある

標柱がある。並びに協志学校(南麻績学校)跡標柱、郷蔵跡標柱がある

麻績村滑沢線

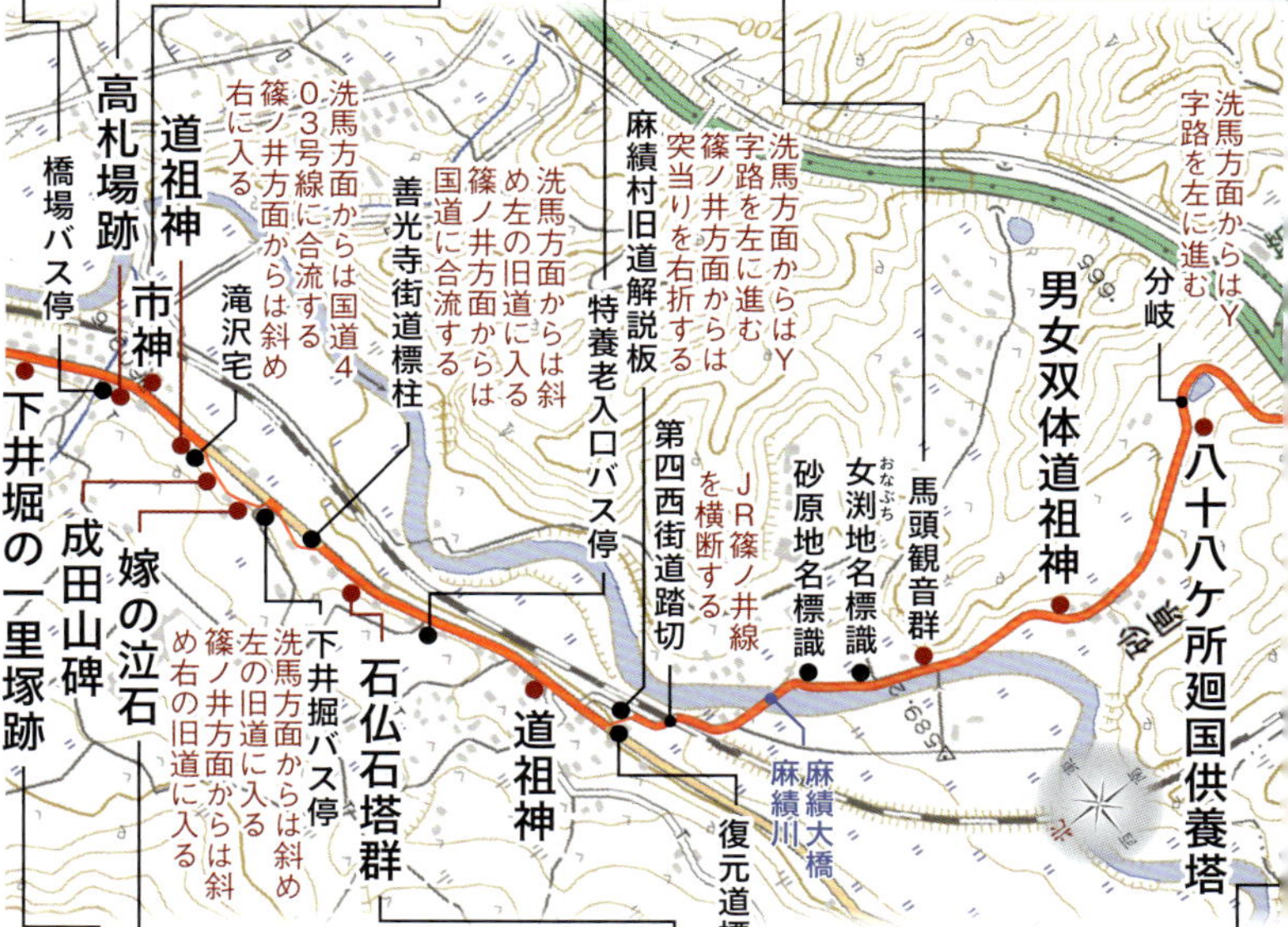

分岐
洗馬方面からはY字路を左に進む
八十八ケ所廻国供養塔
男女双体道祖神
馬頭観音群
女渕《おなぶち》地名標識
砂原地名標識
JR篠ノ井線を横断する
第四西街道踏切
洗馬方面からはY字路を左に進む 篠ノ井方面からは突当りを右折する
麻績村旧道解説板
特養老入口バス停
洗馬方面からは斜め左の旧道に入る 篠ノ井方面からは国道に合流する
善光寺街道標柱
洗馬方面からは国道403号線に合流する 篠ノ井方面からは斜め右に入る
滝沢宅
道祖神
市神
高札場跡
橋場バス停
下井堀の一里塚跡
成田山碑
嫁の泣石
下井堀バス停
洗馬方面からは斜め左の旧道に入る 篠ノ井方面からは斜め右の旧道に入る
石仏石塔群
道祖神
復元道標
麻績大橋
麻績川

大切通しと同時期に開削された。多数の石仏がある

「道標跡 右ハさくは道 左ハいせ道」
洗馬方面からは国道403号線を右折する 篠ノ井方面からは左折して旧道に入る

道祖神、馬頭観音、地蔵尊、大乗妙典六十六部供養塔等がある

嫁入りを嫌がる娘がこの石にしがみ付き、親は輿入れを諦めたという。並びに二十三夜塔がある

下井堀一里塚跡碑がある。「二口坂の一里塚」ともいう、洗馬より十二里目。段上に稲荷社が鎮座している

青柳
5.3km 一里十町

麻績

11.6km 三里
稲荷山

エリア＝長野県東筑摩郡麻績村《おみむら》麻績《おみ》
最寄り駅＝JR篠ノ井線 聖高原駅

【宿泊】
H－つづねの森ゲストハウス（古民家民宿）
☎0263(87)3438

「道標跡 右山道 左善光寺道」

木曽義仲軍が通り過ぎると、石に蹄の跡が刻まれていた

宝永五年（1708）の西国坂東秩父百番廻國巡拝塔

【姨捨山】
南東に望む三角形の山容。正式名は冠着山（かむりきやま）といい、山頂に冠着神社が鎮座している。月の名所で知られる

鳥居前に安永九年（1780）の常夜燈がある

解説がある。木曽義仲の愛馬が長旅の疲れから「ガッタリ」と膝を折った

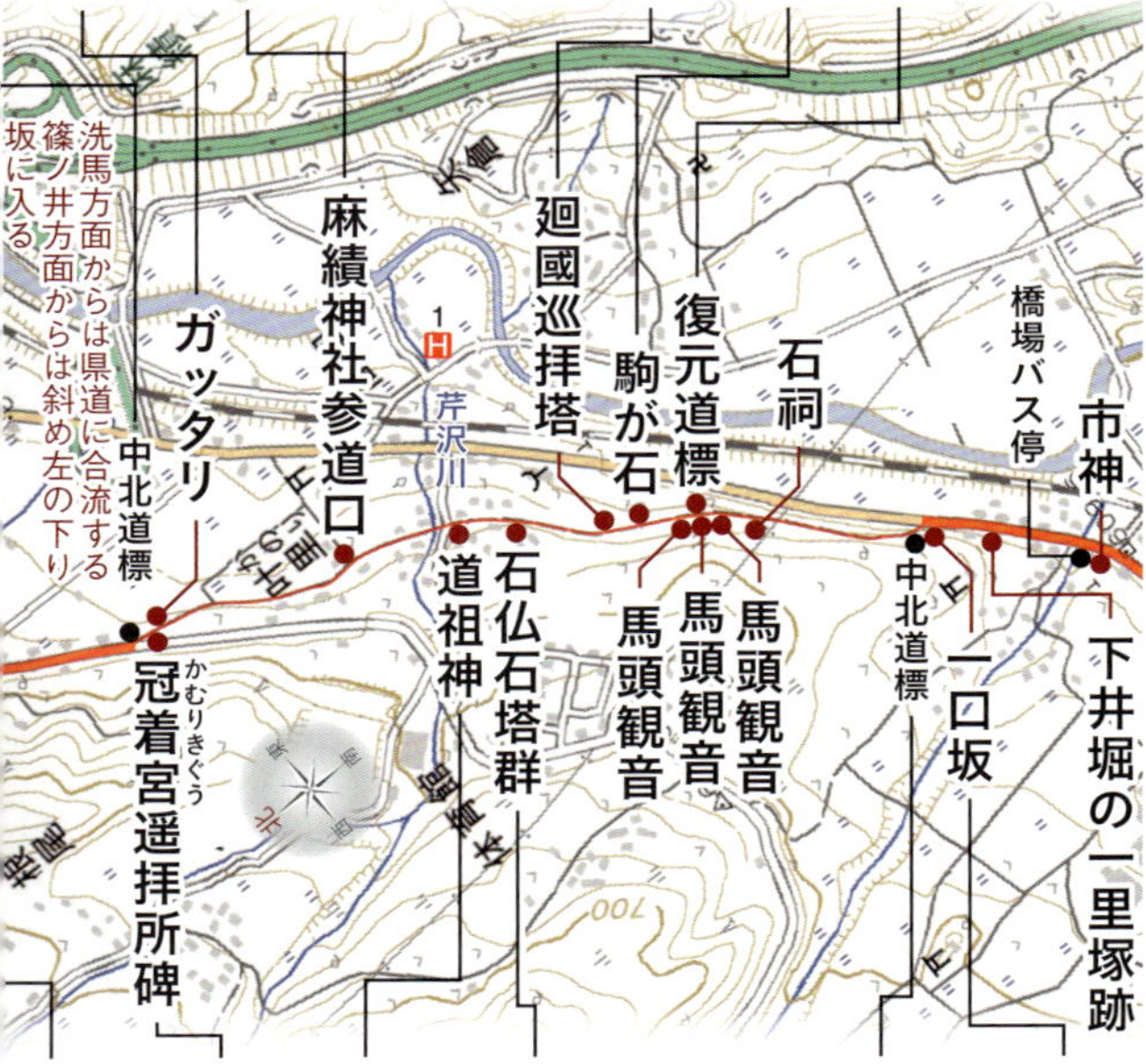

一口坂碑がある。疲弊した木曽義仲の馬が笹を一口食べると元気になったという

「↓聖湖7.7km／↑松本市四賀支所15.6km」

洗馬方面からは斜め左の一口坂に入る
篠ノ井方面からは国道403号線に合流する

文久三年（1863）の如意輪観音像や天明六年（1786）の庚申塔等がある

並びに男女双体道祖神がある

明治二十七年（1894）の建立。馬頭観音が多数ある

「善光寺街道（麻績宿周辺）」地図と解説がある

「←法善寺0.4km聖湖6.3km／→立峠13.5km松本市四賀支所17.0km」

石仏石塔がある。武田晴信(信玄)は川中島合戦の折、戦勝を祈願し寺領を寄進した

芭蕉句碑「ひょろひょろとなお露けしやをみなへし」「身にしみて大根からし秋の風」がある

旧役場跡標柱と中町標識がある

標柱がある

民家の玄関脇にある

「右うゐ田道左せんこう寺道」

洗馬方面からは左折する
篠ノ井方面からは右折する

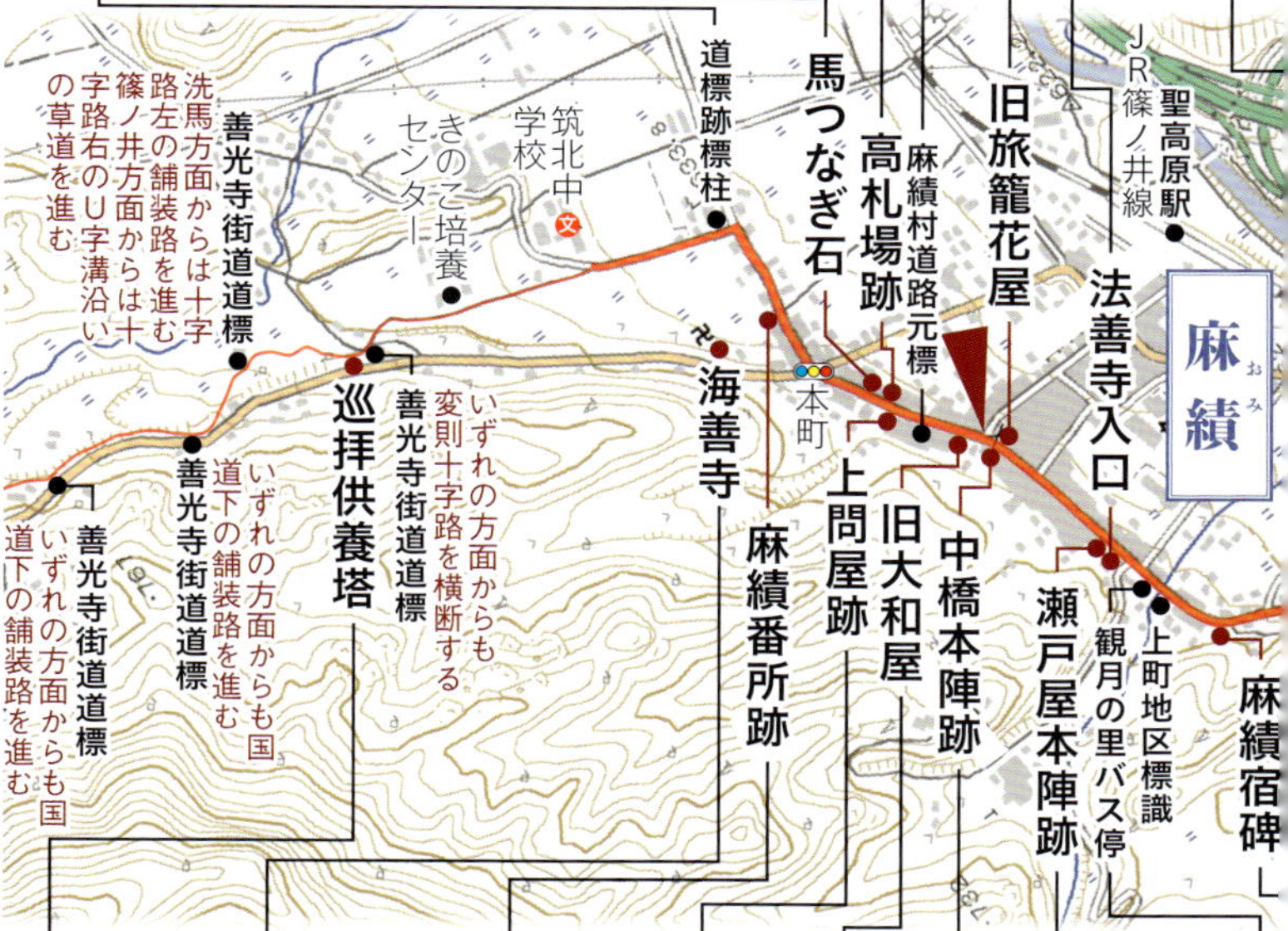

麻績《おみ》
聖高原駅
JR篠ノ井線
法善寺入口
旧旅籠花屋
麻績村道路元標
高札場跡
馬つなぎ石
道標跡標柱
筑北中学校
きのこ培養センター
善光寺街道道標
洗馬方面からは十字路左の舗装路を進む
篠ノ井方面からは十字路右のU字溝沿いの草道を進む
海善寺
本町
巡拝供養塔
善光寺街道道標
いずれの方面からも変則十字路を横断する
善光寺街道道標
いずれの方面からも国道下の舗装路を進む
善光寺街道道標
いずれの方面からも国道下の舗装路を進む
麻績番所跡
上問屋跡
旧大和屋
中橋本陣跡
瀬戸屋本陣跡
観月の里バス停
上町地区標識
麻績宿碑

麻績村営バス

瀬戸屋は大旅籠で代々臼井孫右衛門を世襲し、幕末には本陣を勤めた

代々臼井忠兵衛が勤め松本藩麻績組の大庄屋を兼ねた

造り酒屋であった

標柱がある。月の内前半は岩渕家、後半は下問屋の葦澤家が勤めた

標柱がある。松本藩の口留番所で女人改めと物資の出入りを厳しく取り締まった

服部清正の墓がある。武田氏が滅ぶと上杉の配下服部清正が麻績城主となったが、徳川に組したため上杉景勝に攻められ、磔になった

文政十二年(1829)の西国秩父四国坂東巡拝供養塔

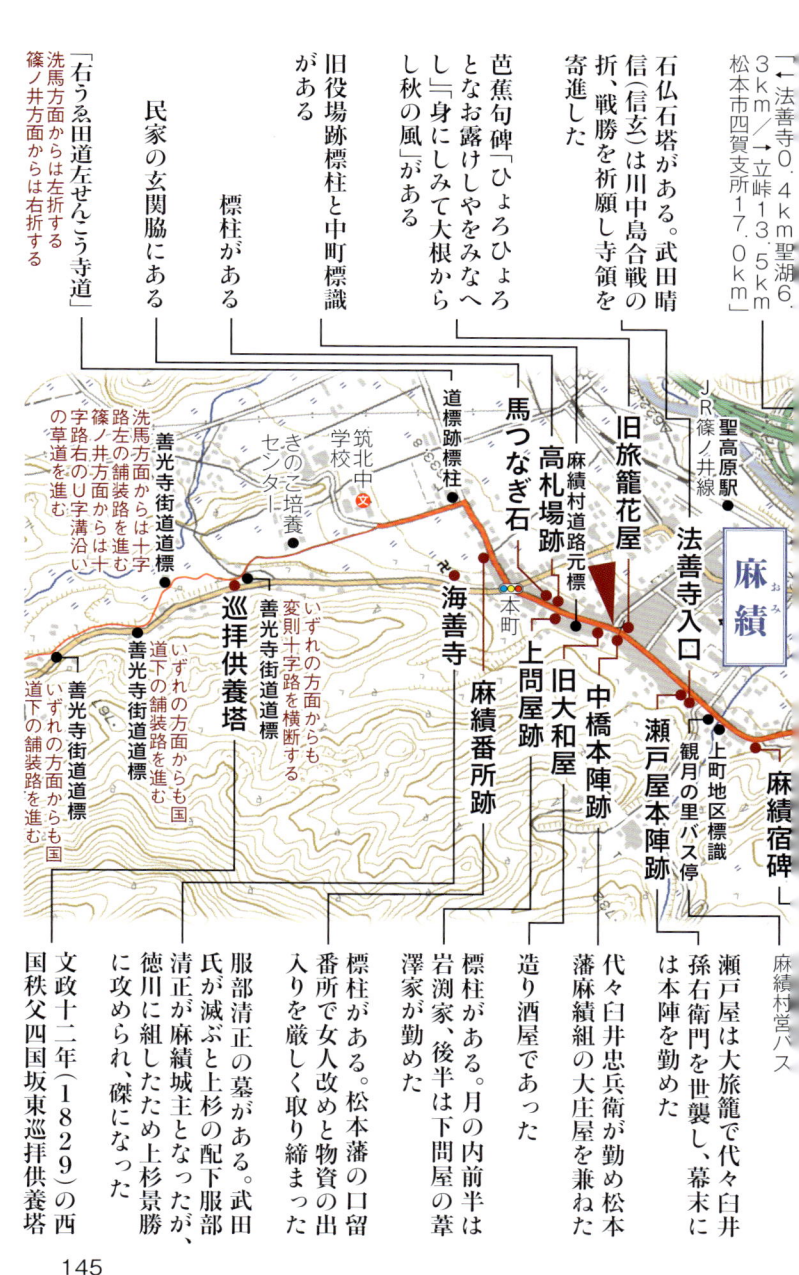

【麻績宿】
戦国時代麻績服部氏の麻績城の城下町として開け、後に松本藩領となり番所が置かれた。嘉永年間（1848～54）の麻績宿の宿内家数は二百四十軒、うち本陣一、問屋二、旅籠二十九軒、宿長は東西六町三十五間（約718m）で善光寺西街道最大の難所猿ケ馬場峠を控え賑わった

善光寺街道案内図（市野川番所跡）がある。麻績番所以前の口留番所跡

斜面上に髭文字南無妙法蓮華経碑がある

「市野川一里塚跡」碑がある。洗馬より十三里目

「←聖湖1．2km／↓松本市四賀支所22．1km」

洗馬方面からは左折して砂利道に入り、スグのY字路を左に進む
篠ノ井方面からは突当りの国道403号線を右折する

市野川番所跡
いずれの方面からも突当りを右折し、宮川を渡り左折する
枡形分岐
消火栓
市野川の一里塚跡
題目碑
善光寺街道道標
洗馬方面からは斜め左に入る
篠ノ井方面からは突当りを右折する
善光寺街道道標
いずれの方面からも十字路を横断す
中北道標
題目碑
市野坂バス停
分岐点
篠ノ井方面からは先を左に入る
洗馬方面からは国道403号線に合流する
古原バス停
市野川神社
市野川神社鳥居
集乳所バス停
洗馬方面からは県道に合流する
篠ノ井方面からは斜め左の旧道に入る
馬頭観音
善光寺街道道標
いずれの方面からも国道下の舗装路を進む
0
250
500m

馬頭観音像と馬頭観世音が並んでいる

【姥捨山伝説】
口減らしの為、老婆を背負って山道を登ると、道すがら小枝を折っている、問うと「お前が帰るときに迷わないように」と答えた

木造一の鳥居、高札場跡標柱、旧市野川公民館前バス停がある。市野川は「間の宿」で難所猿ケ馬場峠を控え旅籠が五軒あった

元慶四年（880）猿ケ馬場嶺に諏訪大社を祀り、後この地に遷座した

明治二十六年（1893）の讀誦普門品（どくじゅふもんぼん）六百巻供養塔がある

「←聖湖1.1km／→立峠18.7km松本市四賀支所22.2km」

「←聖湖0.8km／→立峠19.0km松本市四賀支所22.5km」

峠道には三十数基の句碑が並んでいる

【お仙(せん)伝説】茶屋の娘「お仙」は峠で行き倒れになった若侍を助け、介抱しているうちに恋仲になった。元気になった若侍は「必ず戻る」といい残して旅に出たが、木曽山中で山賊に殺されてしまった。若侍は亡霊となってお仙にその事を告げて去ると、お仙は後を追い、翌朝お仙の遺体が見つかった

馬場の池、夜ケ池と呼ばれた自然湖沼(こしょう)

千曲市境界標識の所に「善光寺道入口」標識がある

洗馬方面からはガードレールの切れ目から左の舗装路に入る
篠ノ井方面からは国道403号線に合流する

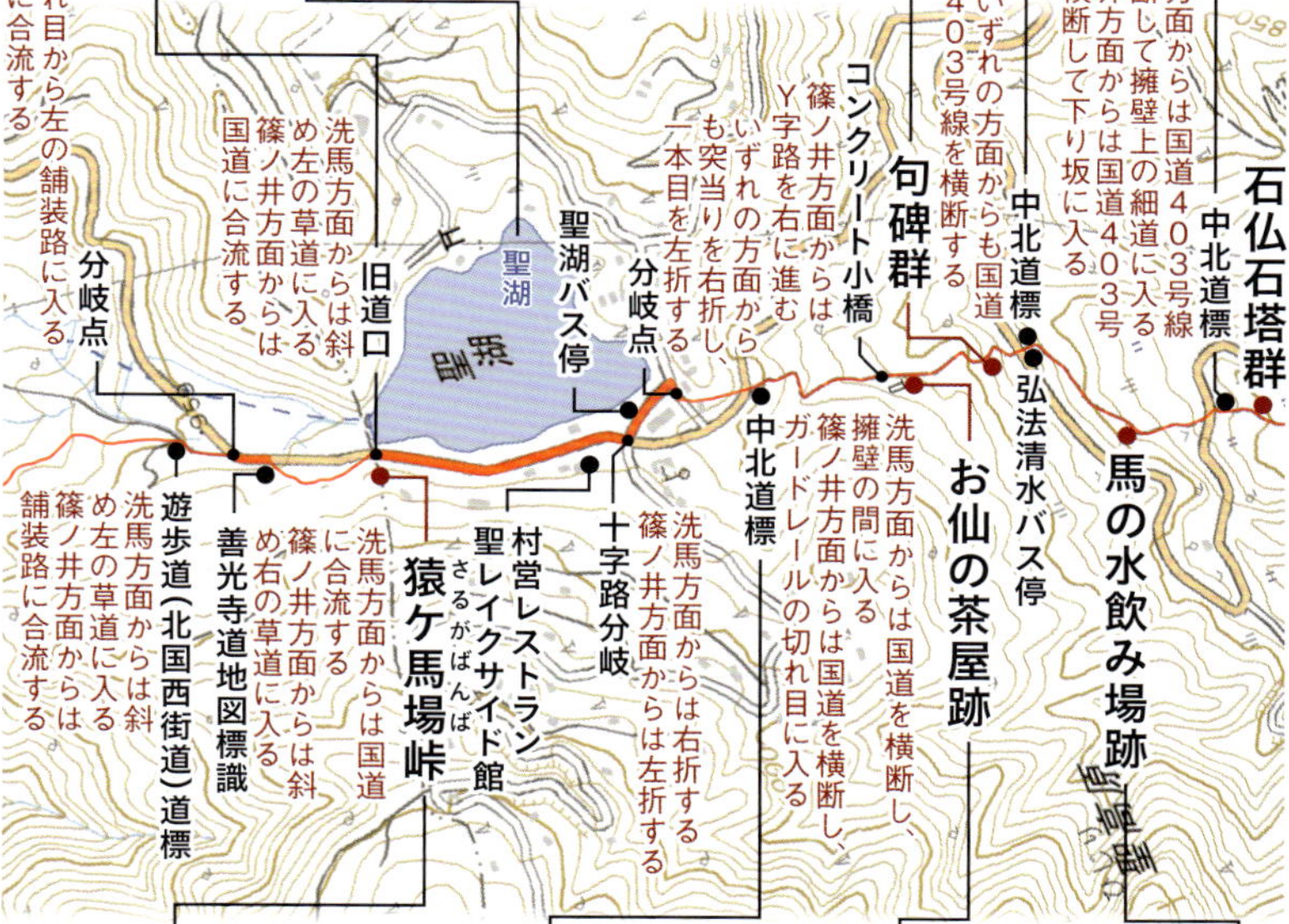
石仏石塔群
中北道標
洗馬方面からは国道403号線を横断して擁壁上の細道に入る
篠ノ井方面からは国道403号線を横断して下り坂に入る
中北道標
いずれの方面からも国道403号線を横断する
句碑群
コンクリート小橋
篠ノ井方面からはY字路を右に進む
いずれの方面からも突当りを右折し、一本目を左折する
分岐点
聖湖バス停
聖湖
旧道口
洗馬方面からは斜め左の草道に入る
篠ノ井方面からは国道に合流する
分岐点
弘法清水バス停
馬の水飲み場跡
お仙の茶屋跡
洗馬方面からは国道を横断し、擁壁の間に入る
篠ノ井方面からは国道を横断し、ガードレールの切れ目に入る
中北道標
洗馬方面からは右折する
篠ノ井方面からは左折する
十字路分岐
村営レストラン聖レイクサイド館
猿ケ馬場峠《さるがばんば》
洗馬方面からは国道に合流する
篠ノ井方面からは斜め右の草道に入る
善光寺道地図標識
遊歩道(北国西街道)道標
洗馬方面からは斜め左の草道に入る
篠ノ井方面からは舗装路に合流する

水舟があり、今も清水が湧いている

村の若者達の憧れの的であった「お仙」という美しい娘が住んでいた。一杯清水と呼ばれる「弘法清水」、芭蕉句碑「さざれ蟹足這いのぼる清水哉」がある

「←聖湖0.2km／→立峠19.6km松本市四賀支所23.1km」

(標高964m)松本藩(のち幕府領)と松代藩の境、今は東筑摩郡と千曲市の境。峠には明治二十八年(1895)の村境碑「従是北更級郡八幡村」と「北国西街道開鑿(かいさく)記念碑」がある

「南無阿弥陀佛」の名号が刻まれている。夜になると鉦（しょう）の音と念仏を唱える読経が聞えたという

馬塚碑がある。麻績村と八幡村との境界争いになった時、麻績村は一夜にして馬塚を築き領有の証とした。この馬塚は林道敷設の際に取り壊された

緑色に濁っている

「←一里塚 桑原宿へ↑姥捨近道 棚田5.9km→猿ケ馬場峠」

東塚が現存している。洗馬より十四里目。西塚は林道敷設の際に取り払われた

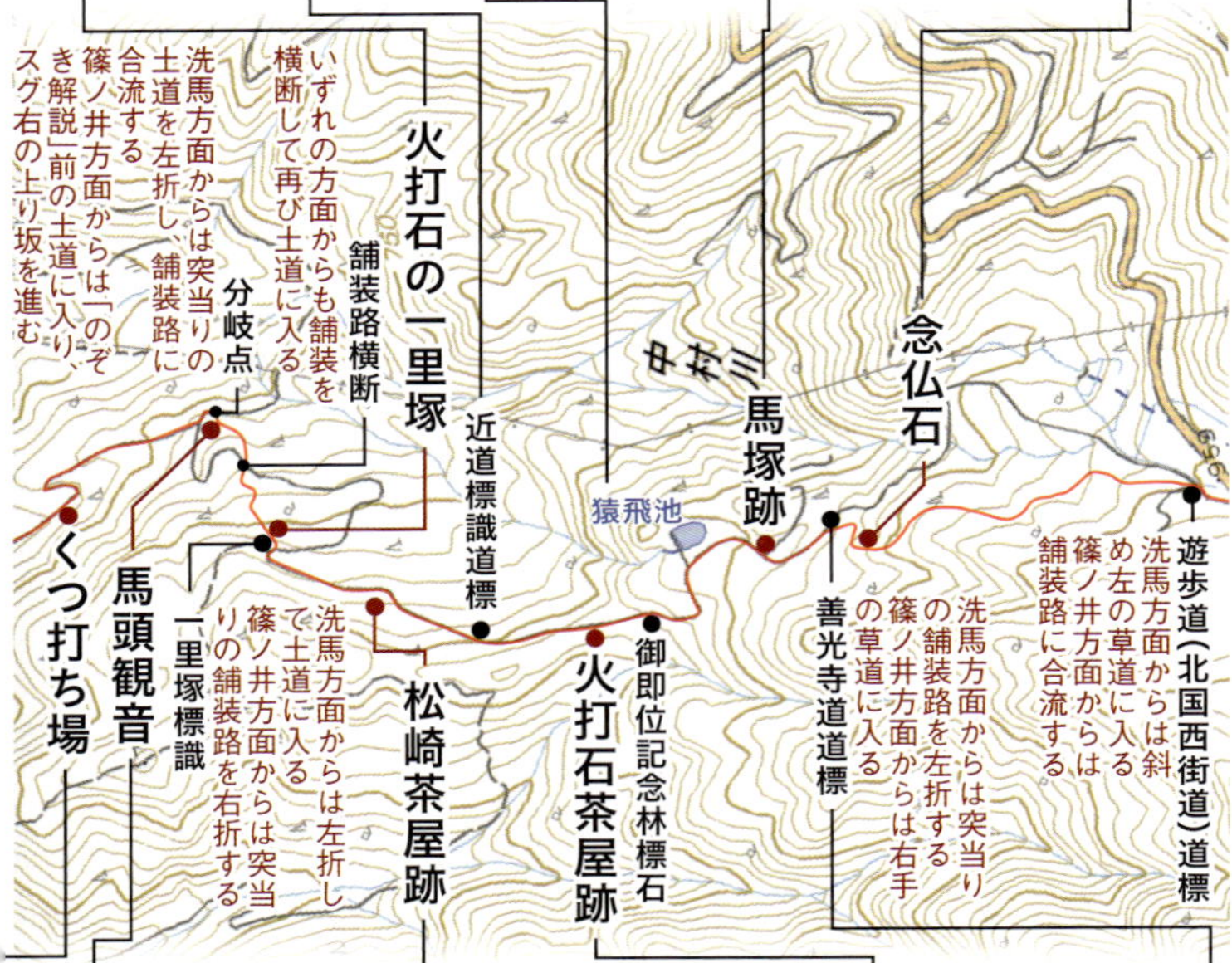
念仏石
馬塚跡
猿飛池
近道標識道標
火打石の一里塚
舗装路横断
いずれの方面からも舗装を横断して再び土道に入る
分岐点
洗馬方面からは突当りの土道を左折し、舗装路に合流する
篠ノ井方面からは「のぞき解説」前の土道に入り、スグ右の上り坂を進む
くつ打ち場
馬頭観音
一里塚標識
洗馬方面からは左折して土道に入る
篠ノ井方面からは突当りの舗装路を右折する
松崎茶屋跡
火打石茶屋跡
御即位記念林標石
善光寺道道標
洗馬方面からは突当りの舗装路を左折する
篠ノ井方面からは右手の草道に入る
遊歩道（北国西街道）道標
洗馬方面からは斜め左の草道に入る
篠ノ井方面からは舗装路に合流する
699

「→念仏石／馬塚←」

「旧御憩休本陣火打石」碑がある。最盛期には茶屋が九軒あり、中でも名月屋寅蔵は六文銭を掲げ茶屋本陣を勤め、座敷内に火打石を取り込み、小石で叩かせ火花に興じさせた。芭蕉句碑「をばすてはこれからゆくかかむこどり」がある

松代藩は猿ケ番場峠が難所であるため、扶持として一千坪の土地を与え茶屋を設置させた。大正十年（1921）迄営まれ石垣、井戸跡を残している

明治廿八年（1895）と三十二年（1899）の馬頭観世音が斜面上にある

0　250　500m

【のぞき】ここには「大井の茶屋」があり、遠眼鏡（とおめがね）を据え付け、銭を取って旅人に善光寺本堂を覗かせた

寛政九年（1797）の建立で「天下泰平国土安全」と刻まれている

文政十一年（1828）岩見國の住人弥七が善光寺詣での途中、この地で行き倒れになった。開眼寺住職と中原の人々が手厚く葬った

本堂は元禄四年（1691）の建立。境内のスギ、サワラは樹齢三百五十年で千曲市指定保存樹木

昭和三十九年（1964）の建立

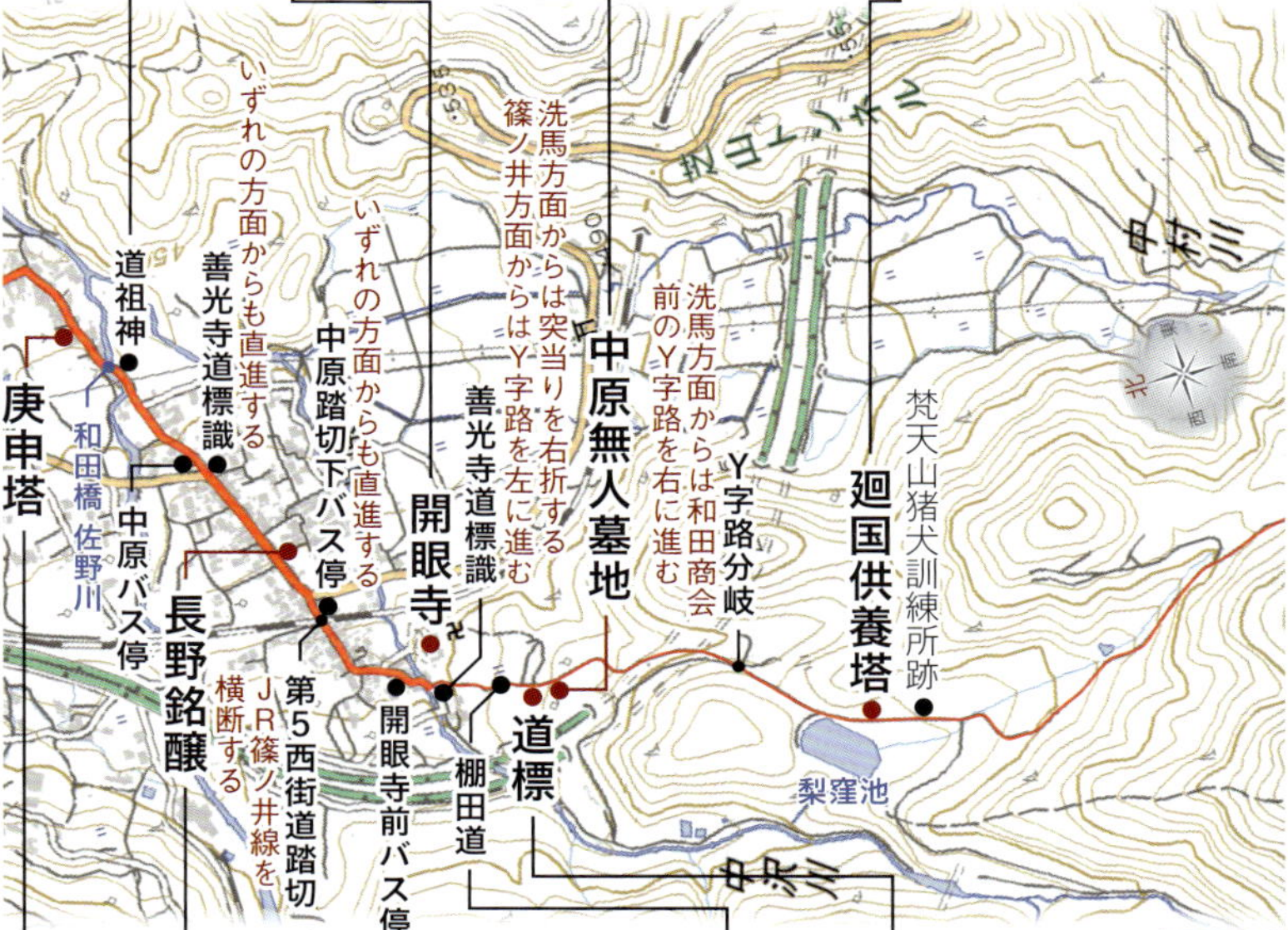

廻国供養塔
梵天山猪犬訓練所跡
梨窪池
Y字路分岐
洗馬方面からは和田商会前のY字路を右に進む
中原無人墓地
道標
洗馬方面からは突当りを右折する
篠ノ井方面からはY字路を左に進む
善光寺道標識
開眼寺
棚田道
開眼寺前バス停
いずれの方面からも直進する
中原踏切下バス停
第5西街道踏切
JR篠ノ井線を横断する
長野銘醸
いずれの方面からも直進する
善光寺道標識
中原バス停
道祖神
和田橋
佐野川
庚申塔

「くつうち場」碑と解説がある。ここで峠越えの馬の草鞋を履き替えさせた。かつては岩上に文久二年（1862）の馬頭観音があった

解説と一本杉がある。「右山みち 左いせみち」

北方向に善光寺平が望める

千曲市循環バス大田原線（やまぶき号）

創業元禄二年（1689）銘酒「姨捨正宗」の蔵元。前庭の「七曲の松」は嘉永二年（1849）刊の「善光寺道名所図会」に描かれている

寛政九年（1797）の建立

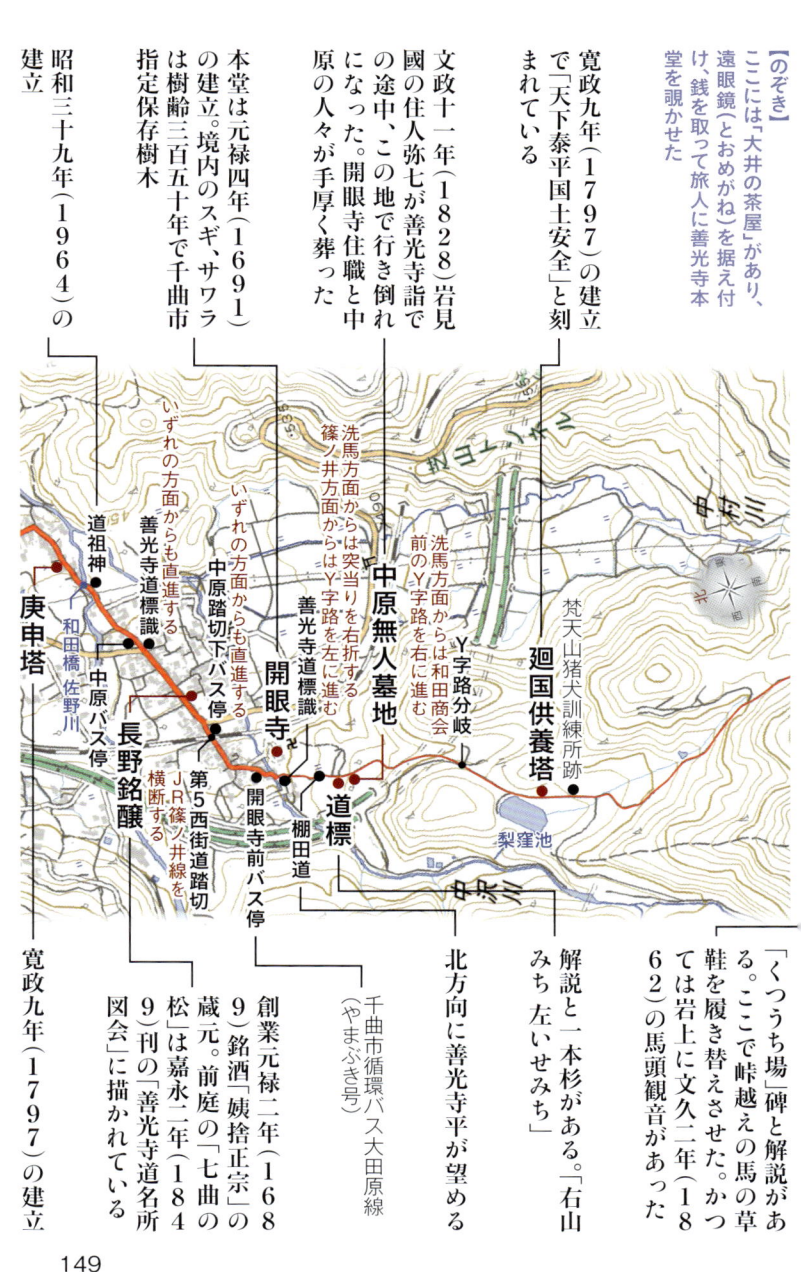

麻績

11.6km
三里

稲荷山

4.3km
一里

篠ノ井追分

エリア＝長野県千曲市稲荷山
最寄り駅＝ＪＲ篠ノ井線 稲荷山駅

【稲荷山宿】上杉景勝が築城の縄張りを行っていると白狐が現れ、これを吉兆としこの地を稲荷山と称した。稲荷山宿は稲荷山城の城下町として開け、文久二年（１８６２）の記録によると宿内家数は四百三十六軒で宿内人口は千六百二十五人であった。ひと月に市が九回立ち、商取引の町として栄えた

安政三年（１８５６）の築。関家は松代藩の産物会所役人を勤めた。佐久間象山は当家から路銀を借用した

「是より桑原宿／東へ善光寺まで四里半／西へ京まで九十二里」、道祖神や馬頭観音がある

洗馬方面からは突当りを右折する
篠ノ井方面からは左折する
天満宮前バス停
桑原《くわばら》村道路元標
長屋門
伴月楼《ばんげつろう》記念館
桑原バス停
桑原鳥居前バス停
善光寺道標識
火の見ヤグラ
善光寺道標識
稲荷山の一里塚跡
国道４０３号西京街道線
萌え出づる者達像
治田《はるた》神社上宮鳥居
浄光庵
間宿桑原本陣跡
上中区バス停
天満宮
390

恵心僧都（えしんそうず）作の菅原道真像が祀られている。この地を支配した桑原氏の守護神であった。境内には筆塚や道祖神がある

柳沢家が勤めた。稲荷山宿が上田藩領の為、松代藩は桑原を私宿とした

明和二年（１７６５）の創建で本尊は釈迦如来

天文年間（１５３２～５５）諏訪大社を祀る。延喜式神名帳に記載された古社で更級郡の総社

「史跡稲荷山一里塚」標柱がある。洗馬より十五里目

0　250　500m

明治十年（1877）建立の「右西京街道　左八幡宮道」。武水別（たけみずわけ）神社八幡宮を差している

享保三年（1718）の石造地蔵坐像を安置している。堂脇には更級郡稲荷山町道路元標がある

稲荷山銀行発祥の地
蔵造りの建物を残している

姨捨山道
月の名所姨捨山に至る

稲荷山城の鬼門除けであった

稲荷山城址碑がある。天正十年（1582）上杉景勝は松本の小笠原貞慶（さだよし）に備え平城を築いた。元和元年（1615）一国一城令により廃城となった

洗馬方面からは右側の歩道を直進し、突当りを左折して再び国道に合流する
コーエープラス
道標
更埴西《こうしょく》中学校
地蔵堂
極楽寺
稲荷山城址
稲荷山宿本陣跡
360
363
洗馬方面からは川を渡り交差点手前の階段を下り、ガードをくぐりY字路を左に進む
篠ノ井方面からは川を渡り、一本目を左折し、突当りを右折する
治田小学校東
グランドール伊勢宮
篠ノ井方面からはY字路を左に入り、突当りのガードをくぐり、階段で橋上に出る
治田町《はるたまち》
洗馬方面からは左折する
篠ノ井方面からは右折する
上八日町バス停
稲荷山《いなりやま》
治田神社下宮鳥居
二十三夜塔
蛇枕石
稲荷山
本八日町バス停
洗馬方面からは右折する
篠ノ井方面からは左折する
小公園
谷街道起点

【桑原伝説】

桑原に雷神が落ち、通りかかった領主桑原左近将監が捕らえた。すると雷神は「今後桑原には決して雷を落としません」と侘びたので放免した。以来雷鳴が轟くと「クワバラ　クワバラ」と唱えると雷が落ちないといわれた

稲荷山の氏神。社標は元帥伯爵東郷平八郎の揮毫

道祖神と井戸がある

篠山の大蛇の枕石であった。この石を動かしたところ大蛇が怒り大雨となり、洪水に押し流されてここに流れ着いたという

稲荷山郵便局前に「史跡谷街道稲荷山起点」標柱がある。飯山に至る

洗馬方面からは左折する
篠ノ井方面からは右折する

松木家が勤め問屋を兼ねた。元の門は稲荷山城本丸の裏門であったが弘化四年（1847）善光寺地震による火災で焼失した

稲荷山郵便局前に「史跡谷街道稲荷山起点」標柱がある。飯山に至る

洗馬方面からは左折する
篠ノ井方面からは右折する

蔵下の水路は稲荷山城の堀跡という

「左せんこうじ道　右東京並屋代道」

【宿泊】
H－稲荷山温泉ホテル杏泉閣　☎026（272）1154

清水家は旗本松平氏の大庄屋を勤めた

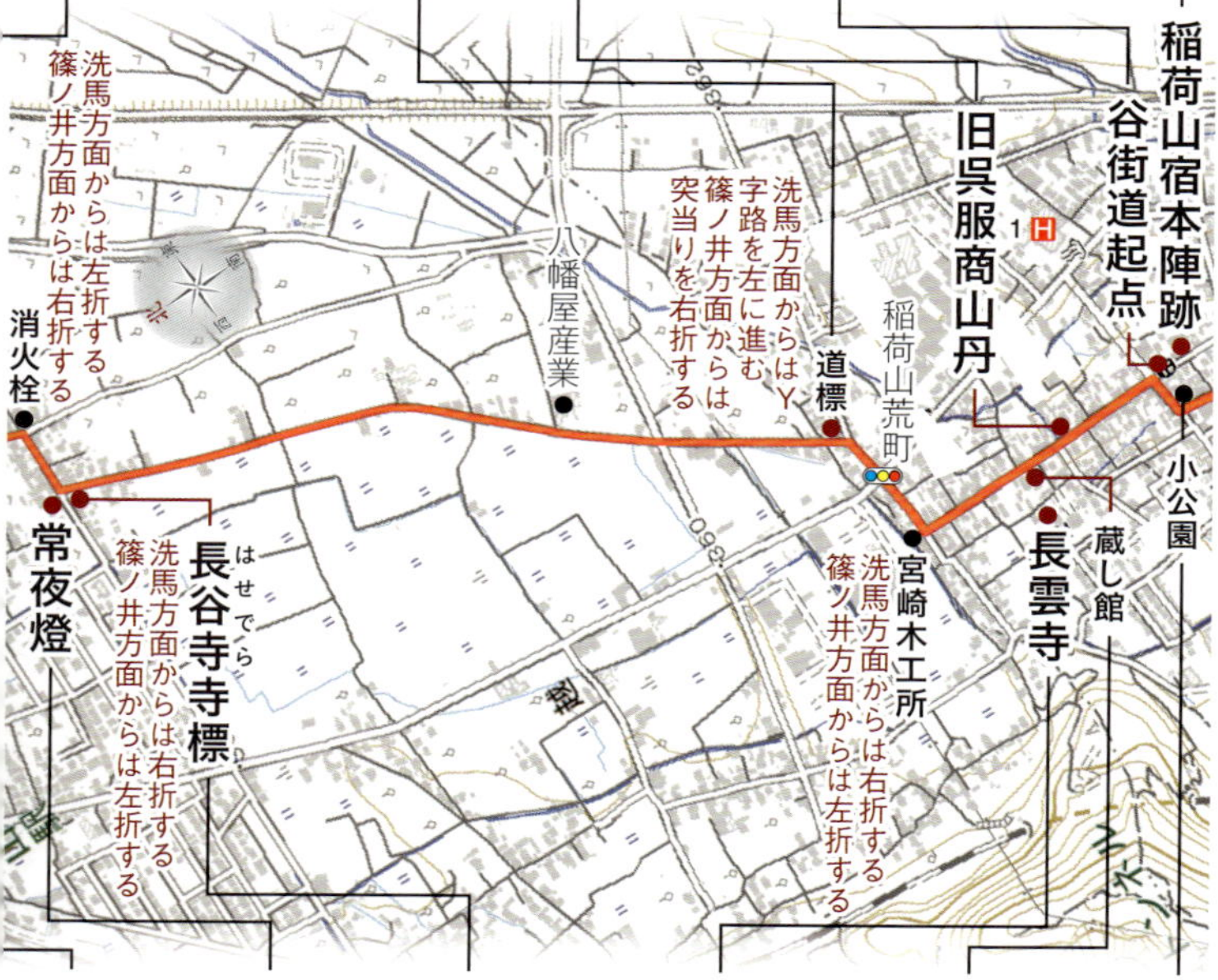
稲荷山宿本陣跡
谷街道起点
旧呉服商山丹
1 H
稲荷山荒町
道標
洗馬方面からはY字路を左に進む篠ノ井方面からは突当りを右折する
八幡屋産業
洗馬方面からは左折する
篠ノ井方面からは右折する
消火栓
常夜燈
長谷寺《はせでら》寺標
洗馬方面からは右折する
篠ノ井方面からは左折する
宮崎木工所
洗馬方面からは右折する
篠ノ井方面からは左折する
長雲寺
蔵し館
小公園

洗馬方面からは右折する
篠ノ井方面からは左折する

生糸輸出の先駆者「カネヤマ松源製糸」の松林邸が公開されている

正徳五年（1715）京仁和寺の末寺となった。本尊の木造愛染明王は国重要文化財

「日本三所長谷観世音菩薩」寺標がある。日本三所とは奈良、鎌倉の長谷観音

寛政十一年（1799）建立

譜代松平旧領主位牌所。参道口に徳本南無阿弥陀佛名号碑がある

0　250　500m

塩崎小学校が陣屋跡。享保十五年(1730)二代目上田藩主松平忠愛(ただざね)は弟忠容(ただやす)に更級郡内の飛領地一万石のうち四ケ村(塩崎村、今井村、上氷飽(かみひがの)村、中氷飽村の一部)五千石を分知した。これにより忠容は幕府の旗本寄合席となり、安永三年(1774)陣屋が設置され明治まで継続した

文化十三年(1816)の徳本南無阿弥陀佛名号碑や文化五年(1808)の常夜燈等がある

参道口に半鐘ヤグラがあり、境内には石祠庚申塔や二十三夜塔等がある

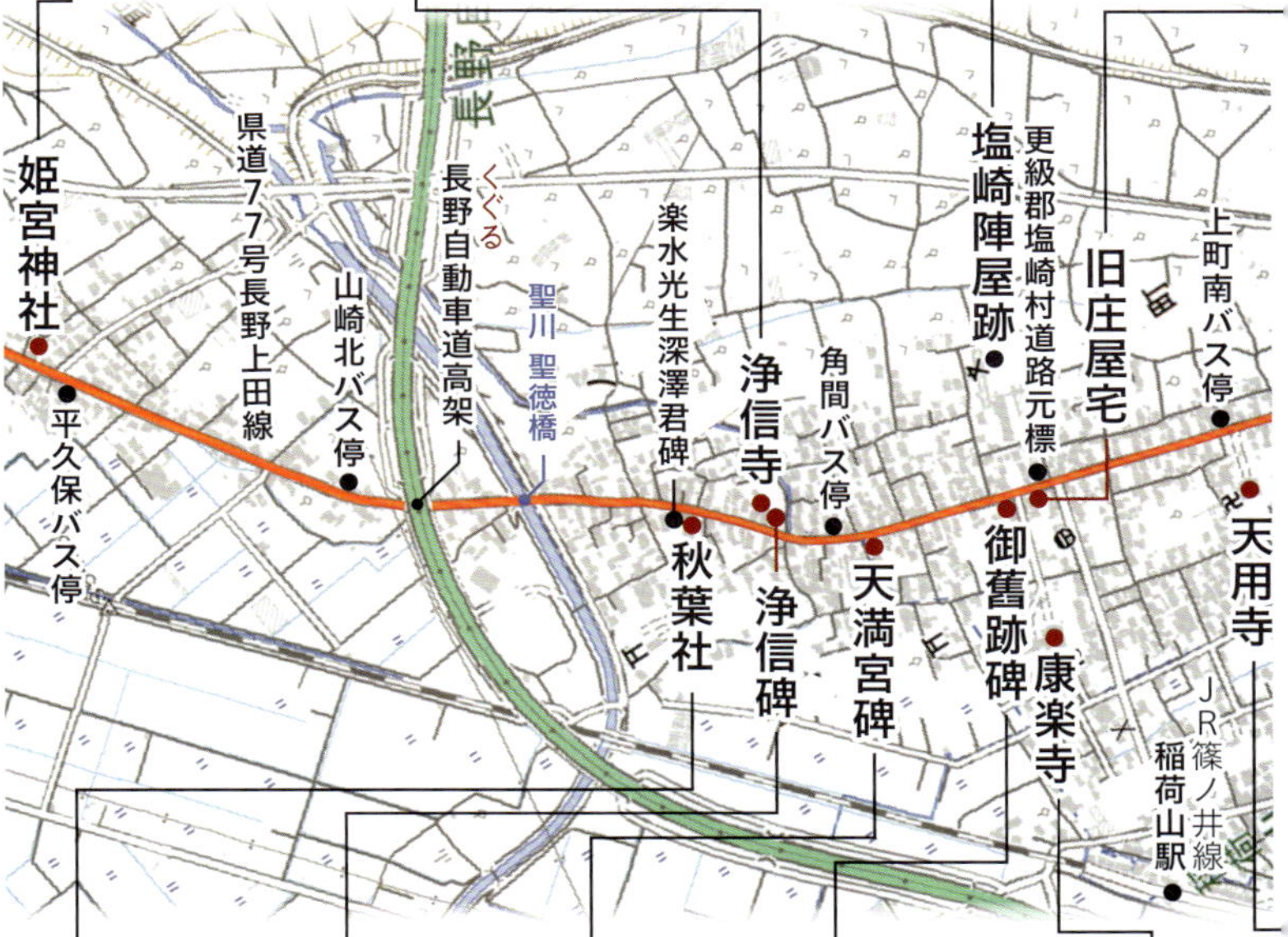

長野道
姫宮神社
平久保バス停
県道77号長野上田線
山崎北バス停
くぐる
長野自動車道高架
聖川 聖徳橋
楽水光生深澤君碑
浄信寺
秋葉社
浄信碑
角間バス停
天満宮碑
塩崎陣屋跡
更級郡塩崎村道路元標
御舊跡碑
旧庄屋宅
康楽寺
上町南バス停
天用寺
JR篠ノ井線
稲荷山駅

開基の西仏坊(さいぶつぼう)は木曽義仲の軍師として転戦し、後に親鸞上人の弟子となり「平家物語」を著したという

「高祖上人法然上人御舊跡」碑がある。法然上人の死を知った親鸞が一庵を結び報恩の経を読誦(どくじゅ)した

嘉永五年(1852)の「法然堂八世源説筆子中」

浄信寺川は田畑を潤し、「エビ」や「しじみ」が棲み、蛍が舞い、子供達の水遊び場であったが暗渠化された

山崎バス停がある。火の見ヤグラの足元に秋葉社が祀られている

稲荷山

4.3km 一里

篠ノ井追分

姫宮神社

参道口に半鐘ヤグラがあり、境内には石祠庚申塔や二十三夜塔等がある

善光寺街道

中山道追分の分去れに至る

信濃國
篠ノ井追分《しののいおいわけ》
追分バス停
塩崎郵便局
平久保バス停
0
250
500m

エリア＝長野県長野市篠ノ井塩崎
最寄り駅＝JR篠ノ井線 篠ノ井駅／稲荷山駅

塩崎の一里塚跡

塩崎一里塚解説がある。北塚は五間三尺（約10m）四方、南塚は四間（約7.3m）四方であった。洗馬より十六里目

篠ノ井追分宿跡碑

「間の宿」で善光寺街道と善光寺西街道の追分を控え賑わった

篠ノ井追分

善光寺西街道の起点（善光寺街道106ページ参照）

善光寺街道

善光寺に至る

善光寺街道解説

北国街道は中山道「追分の分去れ」から分岐して、小諸、上田、善光寺を経て越後國直江津に至り、北陸道へと連なる街道で、加賀藩をはじめとする北陸諸大名の参勤路であり、佐渡金山産出の金銀を江戸に搬送する重要路であった。

江戸方面からは中山道「追分の分去れ」から北国街道に入り、善光寺迄を「善光寺街道」といい、京方面からは中山道「洗馬の分去れ」から分岐し、松本を経て江戸方面からの善光寺街道に落合う篠ノ井追分迄を「善光寺西街道」といった。

善光寺の本尊「一光三尊阿弥陀如来像」は本堂瑠璃壇の厨子内に安置された絶対秘仏で現在に至るまで参拝者のみならず、善光寺の僧侶でさえ見たことがない。同じ姿とされる国重要文化財の前立(まえだち）本尊は七年に一度御開帳になる。

本尊の「一光三尊阿弥陀如来像」はインドから百済を経て、欽明天皇十三年（552）仏教とともに渡来した日本最古の仏像といわれる。

しかし古来からの神道を崇拝する排仏派の物部氏と崇仏派の蘇我氏との宗教争いとなり、一光三尊仏は物部氏によって難波の堀江へ打ち捨てられてしまった。

信濃国司の従者として都に上った本田善光《よしみつ》は水中から光を発している一光三尊仏を発見し、故郷の信濃に連れて帰り祀ったのが始まり。

物部氏が没落すると聖徳太子は仏教を篤く庇護し、普及につとめ、皇極《こうぎょく》天皇三年（644）勅願により信濃の地に伽藍が造営され、本田善光の名をとって「善光寺」と命名された。

善光寺はいずれの宗派宗門にも属さない、阿弥陀信仰の聖地であり、一貫して男女平等の衆生救済を説く極楽往生の門として「身は此処に心は信濃の善光寺、導きたまへ弥陀の浄土へ」と篤く信仰された。

来世での極楽浄土を願う人々にとって「遠くとも一生に一度は詣れ」「一生に一度は善光寺詣り」といわれ「一生に一度お参りするだけで極楽往生が叶う」と善光寺街道は善男善女で賑わった。

column

1

安全対策

ウォーキングにとって大敵とは何か？　人によって千差万別、さまざまな答えが返ってくるだろうが、やはり一番の大敵は「交通事故」ではないかと思う。

よく目にする光景は、先頭集団に遅れた人が何とか追い着こうと急ぐあまり、信号を無視した結果、危険な目に遭うことがある。こちらが充分に気をつけてさえいれば、クルマとの接触事故はある程度は避けることができるだろう。

◉歩道のない街道

東海道の箱根路、特に東坂の車道には歩道が無い箇所が多々ある。そんなワインディングロードの下り坂を、歩行者にはお構いなくマイカーやバスが勢いよく疾走……。確かに、歩道をつくるほど道幅に余裕がないのは百も承知だが、擁壁に張り出しを付けるくらいは、充分可能なはずだ。

さらに私が怒り心頭に達し、憤怒の怨が天を突いているのは「天竜川橋」だ。東海道の見付宿と浜松宿の間に横たわる天竜川に架かる橋である。

「暴れ天竜」の異名を持つこの川は、激流のため旅人に恐れられていた。往時の渡し舟に変わって現在は架橋され、これで安全に川が越せる……、と思ったら大間違い。橋に歩道はなく、片側二車線の直線路を体スレスレに車が爆走していくのである。大型車が来ようものなら、真の恐怖感が湧きおこり、欄干に身をあずけてやり過ごすしかないのだ。

良識ある地元のウォーキング・マップには、「徒歩で渡たるべからず、前後を跨いでいる路線バスにて渡るべし」と、悪しき天竜川橋の注意事項が記されているほどである。

しかしながら、「歩く」にこだわる我々はバスで迂回する訳にはいかず､正に現代の「親知らず子知らず」と言えるだろう。私自身過去3度経験しているが、すれ違った何人ものウォーカーも、同じ思いではなかっただろうか。この橋を孫を背負った高齢者や、自転車に乗った小学生は渡らないのだろうか。今日まで国土交通省（旧建設省）はどう考えているのか、地元自治体は……。理解に苦しむことばかりであるとこの橋を渡る時にいつも腹を立てていたが、新天竜川橋に歩道ができ、実に快適に歩けるようになったので報告しておく。

●クルマと向き合う

　ここで少々余談を。街道を歩いていると、かなりの交通事故を目撃する。無論、たいていは事故後なのだが、衝突そのものを何度も目撃している。何か直感的に「これはヤルゾ」と、何気なく見ると「ドカーン」と言った具合だ。

　東海道の蒲田村、および神奈川宿、そして日光道中の杉並木で目撃した3件の事故は、すべて同じ状況で、まったく同じ結果であった。

　被害者はいずれも小学生男児。状況は自転車に乗った子供が私を追い越し、その前方で横道から飛び出してきたクルマと接触し転倒したのだ。不思議に3件とも、ケガはかすり傷程度。黙ってみていると、3件とも子供は素直に「すみません」と謝り、それに対して運転手は判で押したように「大丈夫か、気をつけないと駄目だぞ」と応じた。冗談ではない、気をつけなければならないのは運転手ではないか。妙な義侠心にかられた私はいずれも中に割って入るのだが、子供たちは先を急いでいるのか、あるいはその場に居たたまれないのか、「大丈夫ですから」と言って帰りたがる。そのたびに私は、「僕、これは交通事故だから両親に連絡しなければだめだよ」と諭すのだった。そうするとたいていの運転手は「なんだお前は、関係ないだろう」と反論してくる。私は善良なる目撃者。警察官が駆けつけると状況を説明し、自分の住所、氏名、連絡先を伝え、立ち去るのだった。

　このような横道からクルマが飛び出してくるケースは案外多く、危険である。さすがに一時停止をせず、一気に横道から飛び出してくるクルマ

路地から一時停止なしでクルマが飛び出してくることも

論外だが、常識的に横道から本道に出る場合は、クルマは一時停止するものである。

この一時停止が曲者だ。我々街道ウォーカーは止まってくれたものと思ってクルマの前を横切ろうとするが、実際の処、運転者は我々を確認していない場合が多々ある。横道から出てくる運転者にとって気になるのは、自分の進行方向と逆のクルマの流れであり、それのみ集中して人の存在に気がつかないのだ。

そこで大事なのはクルマの挙動だけで判断するのではなく、必ず運転者の目を見ることだ。こちらを確認したか眼を合わせ、そして目が合えば、そのままでいてねと「念」を送るのだ。

ある程度の人数で歩く場合、先頭を歩く人は後続に気を配ることが大切だ。無理に信号を横断すると、後続は走る羽目になってしまう。特に最後尾には、経験者を配置するようにしたい。今は携帯電話があるので、先頭と互いに連絡を取り合いながら列の延び具合を確認し、休憩などを適時に入れて後続グループが遅れないようにする。

◉自転車の怖さ

このように、ウォーキングにとって交通事故は大敵である。しかし、何も交通事故は人とクルマとの接触だけでなく、人と自転車との接触も意外と多いのである（私自身何度も経験しているが……）。

一番派手だったのは数年前、品川宿を通過した美浜村の三原通りあたり。昼過ぎに恐ろしい鈴ケ森の刑場跡を横目で見ながら歩いていると、突然背後から自転車が激突。それも見事なほどに私の短い足の間に直撃し、正に「青天の霹靂」。相手は酔っ払いで、かなりの酩酊状態。まぁ、これは異例で、今となっては笑い話ではある。

街道ウォークの場合、予定より早く目的の宿場に到着することは稀と言える。陽の長い夏場であれば夕方7時くらいまでは充分明るいのだが、晩秋から冬ともなれば夕方5時にはもう真っ暗に。ましてや山深い街道では、陽が山に隠れると突端に暗くなり、寒気が襲ってきたりもする。

地方の旧道には街路灯などほとんどなく、暗くなりかけると家路を急ぐ無灯火自転車が疾走することも……。クルマであれば、例外なくライトが点灯しており、エンジン音などで充分確認でき対処も可能だが、音も立てずに忍び寄る無灯火自転車の来襲は防御できるものではない。逆に自転車側も、クマの如く暗闇の中から忽然と現れる我々の姿に驚くこともあり、急ブレーキで転倒したり、さらに接触事故をも起こしかねない。そこで日没後は我々の存在を認識してもらうため、自身をライトアップする必要がある。

◉ナイトウォークのライトアップの方法

ひとつは「消極的手法《パッシブ》」と言う方法。アウトドアショップなどで「反射テープ」を購入し、リュックの背やショルダーに取り付けるやり方だ(反射テープが最初から装備されているウェアもある)。

残念ながらこの方法は、反射テープが光るにはクルマのライトが直接当たる必要があり、無灯火自転車には期待できない。

そこでおすすめなのが、もうひとつの「積極的手法《アクティブ》」だ。これは言わば自ら光るホタルのような電飾だから、相手に認識されやすい。

まず先頭の人は前方を照らすヘッドライト(懐中電灯)を装備。この「懐中電灯」だが、イチ押しの優れモノはUSA製の「マグライト」だ。中でも小単四型乾電池1本で使用できる超小型のライトは、絞り機能もついており、非常に軽量。クリップなどを使ってキャップのツバにセットするだけで、歩行時の使用に最適である。

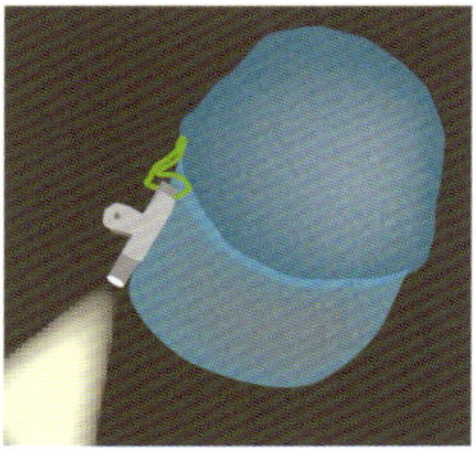
クリップでキャップに超小型マグライトを装着

アウトドアショップに行くとゴムバンドの付いた小型「カンテラ」も販売されているので、各自で研究しておくと良いだろう。

最後尾の人(単独の場合は自分)には、背に「テールランプ」をセット。自転車の座席《サドル》の背やウエストバックに取り付けられるライトで、発光ダイオードが使用され赤い点滅信号を発光する。

電池は、単四型を1~2本使用するタイプが多い。これもアウトドアショップの自転車《さいくる》コーナーなどで購入できる。

これでナイトウォークは完壁だ。

著者
八木牧夫（やぎ・まきお）　五街道ウォーク事務局代表
1950年生まれの神奈川育ち。25年ほど前に体調を崩し、医師から食事療法と運動を勧められウォーキングに出会う。この延長で街道歩きに目覚め、五街道を中心に脇街道を何度も往復するなど、街道歩きのスペシャリストに。街道歩きの詳細は「五街道ウォーク」HPへ。
http://gokaidou.sakura.ne.jp/5kaido/go-1.htm
住所／神奈川県横浜市神奈川区白楽5番地の10
電話／045-433-9310

カバー装丁――MIKAN-DESIGN
地図製作――河本佳樹（編集工房ZAPPA）
編集協力――八木康秋（五街道ウォーク事務局）
編集担当――藤井文子

ちゃんと歩ける 伊勢参宮道 善光寺街道

2019年11月15日　初版第1刷発行

著　者　　五街道ウォーク・八木牧夫
発行人　　川崎深雪
発行所　　株式会社 山と溪谷社
〒101-0051東京都千代田区神田神保町1丁目105番地
https://www.yamakei.co.jp/

■乱丁・落丁のお問合せ先
山と溪谷社自動応答サービス　電話03-6837-5018
受付時間／10:00-12:00、13:00-17:30（土日、祝日を除く）
■内容に関するお問合せ先
山と溪谷社　電話03-6744-1900（代表）
■書店・取次様からのお問合せ先
山と溪谷社受注センター　電話03-6744-1919
FAX 03-6744-1927

印刷・製本　図書印刷株式会社

ISBN978-4-635-60088-0

※「地理院地図データ」（国土地理院）（http://portal.cyberjapan.jp/）をもとに編集工房ZAPPA作成